ENCYCLOPÉDIE-RORET

NUMISMATIQUE

DU MOYEN AGE ET MODERNE

AVIS

SAINT-QUENTIN. — IMPRIMERIE J. MOUREAU ET FILS.

MANUELS-RORET

NOUVEAU MANUEL

DE

NUMISMATIQUE

DU MOYEN AGE ET MODERNE

PAR

J.-Adrien BLANCHET

A. C. N. de la Société des Antiquaires de France,
de la Société française d'Archéologie, etc.

Τό δὴ νόμισμα ὥσπερ μέτρον
σύμμετρα ποιῆσαν ἰσάζει·....
μετρεῖται γὰρ πάντα νομίσματι.
ARISTOTE, *Ethica Nicom.*, l. V, c. v.

Ouvrage accompagné d'un Atlas de quatorze planches

TOME SECOND

Première partie

PARIS
LIBRAIRIE ENCYCLOPÉDIQUE DE RORET
RUE HAUTEFEUILLE, 12,

1890

PRINCIPALES ABRÉVIATIONS

employées

DANS LE TOME SECOND

℟ Revers.
M. ou m. Monnaie.
P. ou p. Pièce.
R. N. Revue Numismatique française.
Rev. belge. Revue belge de Numismatique.
Z. f. N. Zeitschrift für Numismatik, de Berlin.
Num. Zeitsch. Numismatische Zeitschrift, de Vienne.
Num. Zeit. Numismatische Zeitung.
Num. Chron. Numismatic chronicle, de Londres.

NOUVEAU MANUEL

DE

NUMISMATIQUE

DU MOYEN AGE ET MODERNE

BELGIQUE

En 1801, la Belgique forma 9 départements français (Dyle, Escaut, Forêts, Jemmapes, Lys, Meuse-Inférieure, Deux-Nèthes, Ourthe et Sambre-et-Meuse) ; elle fit partie du royaume des Pays-Bas, en 1814, et fut reconnue indépendante en 1831. La couronne fut donnée à Léopold Ier de Saxe-Cobourg. Ce prince imita le numéraire de Louis-Philippe.

La Belgique fait partie de l'*Union monétaire*, depuis 1865; elle frappe les mêmes m. que la France, et en outre des p. de nickel de 10 et 5 centimes. La *Banque nationale de Belgique* émet des coupures de 20, 50, 100, 500 et 1,000 francs. Il y en a également des banques liégeoise et de Flandre qui ne sont pas reçues dans les caisses publiques.

La Belgique a adopté les armes du duché de Brabant *de sable au lion d'or, armé, lampassé de gu.*

ROIS DES BELGES

*1831. Léopold Ier.
*1865. Léopold II.

DUCHÉ DE LOTHIER
ou BASSE - LOTHARINGIE

Sous l'empereur Otton le Grand, la Lotharingie fut divisée en Haute et en Basse-Lotharingie ou Lothier. Ce dernier territoire comprenait le Brabant, le Hainaut, les pays de Namur, de Luxembourg, de Liège et de Limbourg.

Avec Godefroid VII (1095-1140), le Lothier entra dans la maison de Brabant.

On connaît un denier avec tête diadémée et GODEFRIDIVS ; ℟ LAMBERTVSI, croix. Cette p. fut frappée probablement par Godefroid III d'Eenham et Lambert de Louvain. Un autre denier, avec une épée dans son fourreau et VICTORIA, appartient peut-être à Godefroid IV. Gothelon, marquis d'Anvers en 1008, frappa à Verdun et à Herstal des deniers avec SCA.MARIA. Godefroid IV ajoute le mot VIRGO, et émet à Bouillon (BVLONVS) des deniers avec son buste, qui portent BEATrix, nom de sa femme. Il faut peut-être attribuer à Godefroid de Bouillon des deniers avec un château à trois tours (Dannenberg, *Die Deutschen Münzen..*, 1876, p. 95; C. Picqué, *Patria Belgica*, 1875, 3e partie, c. XXVI, p. 687).

DUCS DE LOTHIER *ou* BASSE-LORRAINE

959. Godefroid Ier, nommé duc par Otton Ier.
964. Godefroid II.
976. Charles, frère de Lothaire, roi de France.
992. Otton.
*1006. Godefroid III d'Eenham, GODEFRIDIVS.
*1023. Gothelon Ier, son frère, GOZELO.DVX.
*1043. Godefroid IV, GODEFRIDVS.
1048. Godefroid V.
Godefroid VI.
1095-1140. Godefroid VII.

DUCHÉ DE BRABANT

Le Brabant, qui ne comprenait d'abord que le comté de Louvain, sous Lambert (+ 1015), fut formé ensuite des provinces actuelles de Brabant, de Limbourg et d'Anvers, avec Malines. Le tout passa à Maximilien d'Autriche, en 1477. Aujourd'hui, le Brabant est divisé en B. sept. (à la Hollande) et B. mérid. (à la Belgique). Anvers et Malines forment une autre province, à la Belgique.

Après les deniers de Lambert avec Godefroid d'Eenham (v. *Lothier*), on peut classer à Lambert II les deniers anonymes avec BRVOCSELLA.IOTGERVS et GERTRVDIS.VIRGO.PRVDENS.NIVIELLA. La période des Godefroid offre des deniers avec un édifice, un buste et ensuite une bannière, des écus, des lions et des croix ornées au ℞. Quelques-unes portent les noms de Godefroid (III) et d'Henri. Ce dernier frappa encore à Arnhem (ARNVMI) un denier qui porte au ℞ l'étendard brabançon et BAN.DVC.LOV (*bandum ducis Lovanii*). L'atelier de Maestricht émit les deniers avec S'VA (*Servatius*) et le prince à mi-corps. M. R. Serrure attribue encore à Henri Ier les p. avec MADM, MAM, MOM *ou* MAMA. A Henri II sont donnés les deniers au lion avec H.DVX, auxquels succèdent les pièces frappées à Bruxelles, Halen, Louvain, Maestricht, Tirlemont, au nom des monétaires : BASTINVS, GOTI*nus*, GERA*rdus*, FRANCO, TENI*erus ?*, BOLLI*nus*, etc. On attribue à Alix, veuve de Henri III, les deniers avec ALIT et N.V (*nobilis vidua ?*). Un esterling avec WALT est attribué à Gauthier-Berthoud, co-tuteur pendant la minorité de Jean Ier, de 1061 à 1068. Jean émet des deniers, des gros *à l'ange* et *au châtel*, et des esterlings dans les ateliers de Louvain (LOVA), Bruxelles, Anvers, Maestricht, Daelhem (DALE). Il émit des m. en commun avec Arnould VII, comte de Loos. Jean II eut en plus les ateliers de Genappe (GEMEPIA) et de Dordrecht, et frappa des gros au châtel, des esterlings et des cavaliers. Des gros tournois frappés en commun avec Jean Ier, comte de Namur (1297-1331) portent IOHS.COS.NAMR, BRABANTIE.DVX.

Jean III introduit les *florins de Florence*, les *chaises* et les moutons d'or ; il émit aussi des gros *aux 4 lions*, *au châtel*, *au Saint-Pierre*, des esterlins et des gros au type anglais.

Des m. portent le nom des ateliers d'Halen (HALENS) de Herstal (HARSTAL, HARSTEL). Par convention avec Louis de Crécy, en 1339, des *gros au lion*, battus à Gand et à Louvain portent GANDEN.LOVAIN et LVD.COM.IOH.DVX.

Jeanne et Wenceslas émettent des florins *au Saint-Pierre*, *au Saint-Servais*, des *gros au lion*, des *brymannen*, des *tourelles*, des *esterlings à l'écu*. Philippe le Hardi, comte de Flandre, frappe à Gand des *roosenbekers* d'or et d'argent, avec le nom de Jeanne et le sien. L'atelier de Vilvorde (FILFORDENS) paraît sur des m. de Jeanne.

En 1405, le Brabant passa à la maison de Bourgogne, dont le monnayage comprend, en or : des *heaumes*, des *florins*, des *couronnes*, des *chaises*, des *Saint-Pierre*, des *cavaliers*, des *lions*, des *florins Saint-André*; en argent : des *botdraegers*, des *croomsteerts*, des *Saint-Pierre*, des *mites*, des *vierlanders*, des *doubles sous à l'écu*, des *doubles* et *simples briquets*, des *gros* à l'M (Maximilien), des *griffons*, etc.

Citons aussi les *anges* d'or de Jean IV frappés pour le Hainaut, le Brabant et la Hollande (R. Serrure, *Ann. Soc. Num.*, 1888, 140). Philippe de Saint-Pol et Ligny, nommé gouverneur de Brabant, inscrivit sur ses m. ses divers titres. En 1474, le millésime paraît sur la m. de Charles le Téméraire.

Les premières m. de Philippe, fils de Marie de Bourgogne, sous la tutelle de Maximilien, portent MONETA. ARCHIDVCVM. Pendant la révolte contre Maximilien, Gand, Bruxelles, Louvain et Malines frappèrent des florins, des deniers, des gros *au Saint-Michel*, avec le nom du jeune Philippe le Beau. Lorsque la paix fut rétablie, Maximilien signa ses m. de PATER.PHILIPPI, dans les ateliers d'Anvers et de Malines.

Philippe le Beau rouvrit l'atelier de Maestricht, qui prit pour différent une étoile et frappa : des *grandes toisons d'or* (44 mill.), des *vieilles* et *nouvelles toisons*, des *doubles sols à l'écu*, des *patards* ou *sols*, des demi-sols, etc.

Les m. de Charles-Quint sont rapportées à la *mite* comme unité : *mite*, *sexain* (3), *gros* (12), *double gros* (24), 1/2 *réal*, *réal* (72), *vlieger* (96), *florin Carolus* ou écu d'argent (480), florin (480), 1/2 *réal* (720), *couronne* (864) et *réal* d'or (1440). Les m. de Philippe furent selon le système de son père.

Après la mort de François d'Alençon, les Etats battirent, à Anvers, en 1584 et 1585, des p. avec MONETA.DVCATVS. BRABANTIAE.

Alexandre Farnèse, après avoir rétabli l'autorité de l'Espagne, fit travailler les ateliers de Bois-le-Duc, de Bruxelles, Anvers et Maestricht. Albert et Isabelle, ARCHIDVCES. AVSTRIAE, frappèrent de nombreuses m., parmi lesquelles : le *souverain*, le *ducat*, le *florin* (20 sols), le *réal* (5 sols), le *ducaton* (60 sols), le *patagon* (48 sols) et leurs divisions ou multiples.

Il faut encore mentionner les m. de Maximilien de Bavière (1712), puis du roi d'Espagne, Charles III (VI comme emp.). Marie Thérèse et Joseph II monnayèrent à Bruxelles. En 1789, les Etats s'emparèrent de l'autorité et frappèrent des *lions* d'or et d'arg., des florins et 1/2 florins, des p. de 5 deniers, de 1, 2 et 10 liards, AD.VSVM.FOEDERATI.BELGII.

Léopold et François II furent les derniers qui frappèrent avec le titre de duc de Brabant (C. P. Serrure, *Cab. du Prince de Ligne*, 1847 ; A. Heiss., *Desc. gen. de las Monedas hispano-christianas*, t. III ; L. de Coster, *Atlas* contenant les m. du Brabant, frappées de 1000 à 1506).

COMTES DE LOUVAIN, DUCS DE BRABANT

Lambert.
1015. Henri le Vieux.
1038. Otton.
1040. Lambert II dit Balderic.
1062. Henri II.

1075. Henri III.
1095. Godefroid Ier, le Barbu, *duc* de Louvain.
1140. Godefroid II.
*1143. Godefroid III, GODEFRIDVS.
*1190. Henri Ier le Guerroyeur. HENC *ou* HAINRICVS.
*1235. Henri II. H.DVCIS.
*1248. Henri III.
*1272. Jean Ier. I *ou* IOHANNES.
*1294. Jean II. IOHANNES.
*1312. Jean III. IOHIS.
*1355. Jeanne de Brabant et Guillaume III, comte de Hainaut ; puis *Wenceslas,* duc de Luxembourg. WENCESL.Z.IOH.
1404. Marguerite, duchesse de Bourgogne, nièce de la précédente.
*1405. Antoine de Bourgogne, deuxième fils de Philippe le Hardi. ANTHONIVS.
*1415. Jean IV, IOHANES.
*1427. Philippe, comte de Saint-Pol, de Ligny, de Brabant, Limbourg et Luxembourg, frère du précédent. PHS.
*1430. Philippe le Bon, duc de Bourgogne. PHS.DVX, BVRG, etc.

COMTÉ DE NAMUR

Ce comté, cédé par Jean III à Philippe le Bon, en 1421 suivit le sort de la Bourgogne. Les premières m., anonymes, paraissent sous Albert II et III, et portent une tête avec CAPVT *ou* ALBERTVS, des croix et le nom des ateliers de Namur (MONE$^{T}_{A}$·NAMVCENSIS) et de Dinant (DIONAM, DIONANT). C'est dans ce dernier atelier que frappe Godefroid. On attribue à Henri l'Aveugle des p. avec un profil de guerrier casqué, COMES et une fois EINRIC ; au ℞ une croix et NA-MV-CE-SO, CRVX, un agneau avec AGNVS, l'abside d'une église, etc. Baudouin V frappe des deniers au château (MARCIS.NAMVR), dont l'émission fut probablement continuée jusque sous Baudouin de Courtenay (1237-65) ; des deniers au cavalier armé appartiennent à la même époque.

· Gui de Dampierre introduit la grosse m. : esterlings *à tête et à l'écu,* gros à l'écu ; il prend le titre de G.COMES.FLANDRIE MARCHIO.NAMVRC. Jean Ier frappe à Namur et à Vieuville (VILECS, VILLENSIS, VILLSIS), des gros *au châtel, au cavalier, au lion, aux 4 lions dans l'épicycloïde,* des esterlings, etc. Il émet des gros aux 4 lions en commun avec Louis de Crécy, comte de Flandre et des gros au portail avec Jean II de Brabant.

A la mort de Jean II, dont les m. se confondent avec celles de son père, Gui, son frère, lui succéda pendant un an et monnaya un gros au lion.

Guillaume Ier, après la mort de son frère Philippe III, commença son règne sous la tutelle de sa mère Marie d'Artois, qui frappa en son propre nom des esterlings et des deniers au châtel à Méraude (Poilvache) ; l'une de ces pièces porte MARIE.D'ARTOIS. Guillaume frappe un florin d'or, sur lequel le prince est représenté dans une niche ogivale. Ses m. d'arg. de billon et de cuivre sont au nombre de plus de 80 variétés. Ses ateliers sont Namur, Vieuville, Méraude (MERADE), Bouvigne (BOVINES, BOVVINES), et Neuveville-lez-Namur (NVVILLE, NOVEVILLA). Guillaume frappa, à Namur, des *blancs au lion,* des 1/2 *gros à la tête de face,* qui portent son nom et ceux d'Adolphe de la Marck, évêque de Liège, et de Jean de Bohême, duc de Luxembourg.

Les m. de Guillaume II ne se distinguent pas de celles de son père. Jean III frappe du cuivre à Namur, et imite, sur ses rares m. d'arg., les p. de Jean sans Peur. Philippe le Bon, devenu maître du comté par acquisition, y frappe de 1421 à 1434. Philippe le Beau rouvrit l'atelier de Namur en 1494 ; on y frappa de 1513 à 1516, de 1527 à 1528. de 1578 à 1580 et en 1592.

Lorsque Philippe V eut cédé ses droits à Maximilien-Emmanuel (1711), ce dernier frappa de nombreuses m. d'or, d'arg. et de cuivre : *doubles souverains, souverains, lions d'or ; écus,* 1/2 et 1/4 escarlins, 1/2 *escalins* ou *plaquettes* et liards. Les armes du comté : *d'or au lion de sables péri en bande, de gu.*, devinrent dans la suite : *d'or au lion de sable, armé, lampassé, cour. de gu.* (C. P. Serrure, *Cab. du prince de Ligne*, 1847 ; R. Chalon, *Rech. sur les m. des comtes de Namur*, 1860, suppl., 1870 ; R. Serrure, *Rev. belge*, 1879, p. 79.)

COMTES DE NAMUR

908. Bérenger de Lomme.
973. Ratbode Ier, comte de Lomme et de Namur.
Ratbode II, comte de Namur.
Albert Ier, son frère.
*1016. Albert II.
*1037. Albert III, c. de Namur et Brugeron, ALBERTVS·
*1105. Godefroid.
*1139. Henri Ier l'Aveugle, EINRIC.
1189. Baudouin V.
1196. Philippe le Noble.
1212. Pierre de Courtenay et Yolande.
1216. Philippe II.
1226. Henri II.
1229. Marguerite et Henri de Vianden.
1237. Baudouin de Courtenay.
*1263, Gui de Dampierre, G ou GIDO.
*1297. Jean Ier, sire de l'Ecluse. IOHES.
*1331. Jean II, IO.
*1335. Gui, G ou GVYDO.
*1336. Philippe III, PHS.
*1337. Guillaume Ier, GVILLELMVS.
*1391. Guillaume II. GVILLELN.
*1418. Jean III dit Thierry, IOHANNES.

ÉVÊCHÉ ET PRINCIPAUTÉ DE LIÈGE

On ne connait pas la date exacte à laquelle commence le monnayage des évêques de Tongres ou Liège. Louis IV donna à l'évêque Etienne la m. de Maestricht (28 janvier 908) et Otton II permit à l'évêque Notger d'établir un atelier à Fosses (974). L'atelier de Huy était épiscopal. Mais les premières espèces épiscopales ne se distinguent pas des m. impériales. C'est seulement sur un denier d'Otton III (996-1002) que l'on voit la crosse épiscopale (A. de Witte, *Rev. belge*, 1888). On voit ensuite paraître la tête de saint Lambert, patron de l'église de Liège, dont le nom se retrouve souvent sur les m. postérieures. On a attribué sans certitude à l'évêque Reginard (1025) le denier suivant: ENIRRDVS.EP, l'évêque debout ; ℟ chevreuil et VIOZA (Vizé). L'emp. Henri III accorda à l'évêque Nithard des droits monétaires sur le comté de Hesbaye. Avec Theoduin de Bavière paraissent des deniers frappés à Liège (LEGIA), à Huy (HOIVM), à Ciney (CEVNVS) et à Thuin (TVINVS), avec buste tenant un livre et une crosse et au ℟ un bâtiment, une croix, une dextre ou les bustes de la vierge et de saint Domitien. C'est à ce même évêque que Henri IV concède la m. de Dinant (1070).

On a ensuite des deniers de l'évêque Henri Ier ; ceux d'Otbert dont quelques-uns portent le nom de l'emp. Henri IV ou un aigle avec VICTRIX.A*quila*. On attribue à Frédéric un denier anonyme avec un agneau pascal et AGNVS.PATIENS. Pendant les vacances du siège épiscopal, le prévôt de l'église saint Lambert signait les m. de son nom ; on en possède d'André de Cuyk (1121-23) avec une tête coiffée d'un bonnet et ANDREAS ; puis d'Albert de Rethel (1191-94) avec ALBERT.PPOSITV et au ℟ EQVVS.VENALIS, un cheval attaché à un arbre (ou un mouton, ou une église). Un autre prévôt, Alexandre d'Orey (1163) frappe à Visé (VIESEZ) avec A.PREPOS, avant de devenir évêque (1164) ; il prend alors le titre de PRESVL sur un denier au type de l'agneau. Les deniers de Raoul de Zaeringhen (1167-91) sont très variés de types et de légendes. Après sa mort, Lothaire de Hochstaede, soutenu par l'empereur fut un instant évêque et frappa des deniers et des oboles (LOTHER.ELEC). Simon de Limbourg (SIMO.EL) lui succéda en 1194, mais fut cassé par le pape et remplacé par Albert II de Cuyck dont les deniers portent un édifice et quelquefois MARIA comme quelques deniers de Hugues de Pierrepont qui monnaya à Maestricht, à Liège et à Huy. Robert de Langres ouvre l'atelier de saint Trond (TRVDONEN). Henri de Gueldre émet un denier à Dinant (DION).

Avec Jean d'Enghien (1274-82) et Jean de Flandre, qui avait déjà monnayé comme évêque de Metz, la grosse m. commence à paraître, et des esterlings *à l'écu au lion* sont frappés à Huy. Hugues de Chalon introduit le type tournois et frappe des esterlings et des *gros à l'aigle* à Statte près Huy (MONETA.LESTAT) et à Fosses (FOSES *ou* FOSSES) (R. Serrure, *Ann. Soc. Num.*, 1888, 259). Thibaut de Bar bat des *gros tournois* à Waremme, Thuin et Fosses, des *gros au portail* à Statte et à Liège, des deniers à l'*évêque assis*, imités de ceux de Milan avec saint Ambroise. Adolphe de la Marck frappe à Avroy (AVROTN), et Engelbert introduit le florin de Florence et le gros au buste épiscopal. Jean d'Arckel émet des grands moutons et des *piètres*, avec saint Pierre, imités du *peeter d'or* de Louvain ; il prend le titre de duc de Bouillon et frappe aussi à Tongres (TONGRS). Pendant la révolte des Liégeois contre l'évêque Jean de Bavière, Thierry de Perwez, nommé évêque, frappa des deniers noirs avec THEOD.D.G. ELECT LEOD et son buste (1406-08). Jean de Bavière, revenu à Liège, frappa de nombreuses et remarquables m. parmi lesquelles les *griffons* d'or et d'arg., dont la fabrication fut continuée sous Jean de Heinsberg. L'atelier de Curange paraît à cette époque (CVRIGHE, CVRINGEN). En 1437, on trouve le millésime marqué sur la m. Sous Louis de Bourbon, on a les florins *à la Vierge* et au *saint Lambert*. Guillaume de la Marck, qui prit le titre de *mambour* (1482), frappa des pièces avec son buste.

A partir de l'épiscopat de Jean de Horn, le classement des m. devient très facile. Robert de Bergues frappe des écus aux noms de Charles V et de Ferdinand ; Ernest (1581), des florins au nom de Rodolphe II. Ferdinand de Bavière émet une grande quantité de m. diverses. Pendant l'interrègne entre Maximilien-Henri et Jean-Louis d'Elderen (1688) le chapitre de saint Lambert frappa, SEDE.VACANTE, des *doubles ducats, patagons* et *liards ;* en 1744, nouvelles m. de vacance de siège. Jean-Théodore de Bavière (1744-63) est le dernier qui ait monnayé à son nom. Le Chapitre termine la série des m. liégeoises par des émissions en 1771, 1784 et 1792 (Bon J. de Chestret de Haneffe, *Num. de la princip. de Liège*, 1888 ; *Rev. belge*, 1888-89 ; R. Serrure, *Dict. Hist. Monét. belge*, 1880, etc).

ÉVÊQUES DE LIÈGE

856. Francon.
903. Etienne.
920. Richer.
945. Hugues Ier.
947. Farabert ou Floribert.
954. Rathier.
956. Baudri Ier.
959. Eraclius.
972. Notger ou Notker.
1008. Baudri II.
1018. Walbodon.
1021. Durand.
1025. Reginard.
1039. Nithard.
1042. Wazo.
*1048. Theodwin.
*1076. Henri. HENRIC.
*1092. Otbert. OBERTVS.
?1119. Frédéric.
*1121. Alberon Ier. ALBERO.
*1128. Alexandre. ALEXAND.
*1136. Alberon II de Gueldre.
*1145. Henri II de Limbourg. HENRICVS. SECVNDVS.
*1166. Alexandre II. A.
*1167. Raoul. ROT. RODE.
*1191. Albert. ALB.
*1194. Albert II.
*1200. Hugues Ier.
*1229. Jean II d'Epée. IOHS.
1238. Guillaume.
*1240. Robert. ROBT.
*1247. Henri III.
*1274. Jean III d'Enghien.
*1282. Jean IV. IOHANNES.
*1292. Gui.
*1296. Hugues III de Chalon. HVGONIS.
*1301. Adolphe de Waldeck. ADVLF.
*1303. Thibaut de Bar. THEOB
*1313. Adolphe II de la Marck. ADVLPHVS.
*1345. Engelbert de la Marck
*1364. Jean V d'Arckel. IOH.
1378. Arnould de Hornes.
*1390. Jean VI de Bavière. IOHS. DE. BAVIARA.
1418. Jean VII de Walenrode.
*1419. Jean VIII de Heinsberg. IOHES.
*1456. Louis de Bourbon. LVDO.
*1484. Jean IX de Horn. IO. D. HOR.
*1506. Erard de la Marck.
*1522. Cornelius de Berghen.
*1544. Georges d'Autriche.
*1557. Robert II de Berghen.
*1562. Gerard de Grosbeck.
*1581. Ernest de Bavière.
*1600. Ferdinand de Bavière.
*1649. Maximilien-Henri de Bavière.
*1688. Jean-Louis d'Elderen.
*1694. Jean-Clément de Bavière.
1724. G.-Louis de Berghen.
*1744. Jean-Théodore de Bavière, etc.

COMTÉ DE LOOS

Ce fief fut donné au xe siècle, à Rodolphe, fils du comte de Hainaut, Rainier II. En 1363, Arnould, seigneur de Rummen, devint maître du comté que lui avait cédé Godefroid, mais il fut forcé de l'abandonner à l'évêque de Liège, Jean d'Arckel (1367).

On donne à Jean des mailles anonymes à l'écu fascé et des esterlings à l'écu de Loos (*burelé d'or et de gu.*) signés par les monétaires PETR*us* et GEOR*gius*. Arnould VIII (1280) imite les m. de Flandre et frappe des gros *à l'aigle au portail*, des gros tournois, des cavaliers, des esterlings à la tête nue ou couronnée, des deniers, des deniers parisis et doubles deniers (MONETA.DVPLEX). Les ateliers sont Hasselt (ASEL, HASELT, ASSELÉTENSIS) et Hendrieken (ENIDERI). Arnould frappe aussi une m. commune avec Jean Ier de Brabant; ce sont des esterlings avec les écus et les noms des deux princes. Louis IV imite la m. de l'évêque de Liège, gros et 1/4 de gros à l'aigle. Thierry frappe des moutons et des florins d'or, des gros *à l'aigle* et aux 4 lions (imités de ceux de Brabant), des gros *au lion* (imités de ceux de Louis de Male), des gros *au prince assis*, etc. Quelques pièces de Godefroy, frappées à Heinsberg, portent GOD.DE.LOS.DNS.DE.HEINSB. L'évêque de Liège Jean de Bavière se nomme sur ses m., COMES.LOSSENSIS (*Rev. belge*, 1846, 87 ; 1852, 18 ; Chijs, *Limbourg*).

COMTES DE LOOS

1107. Arnould V.
1146. Louis Ier.
1171. Gérard Ier.
1191. Louis II.
1218. Arnould VI.
1223. Louis III.
1229. Arnould VII.
*1256. Jean.

*1280. Arnould VIII, A *ou* ARNOLDVS.
*1328. Louis IV. LVDOVICVS.
*1336. Thierry de Heinsberg. T. COM.
*1361. Godefroid de Dalembroek. GOTFRIDVS.
1363. Arnould d'Orey, sire de Rummen.

DUCHÉ DE LIMBOURG

Depuis 1061, le Limbourg eut des souverains particuliers dont quelques-uns furent ducs de Lotharingie. En 1288, Adolphe de Berg céda ses droits à Jean Ier, duc de Brabant, qui réunit le Limbourg à ses états.

Waleran IV frappa un esterlin à Rolduc ou Saint-Hertogenrode (Prusse-Rhénane), que l'on trouve, sous le nom de *Rode*, dans une charte de 1282, par laquelle l'empereur Rodolphe donna à Renaud, duc de Gueldre, le droit de de transférer à Rolduc l'atelier qu'il possédait à Limbourg. On a voulu, à tort, donner cet esterling à Waleran de Ligny, gouverneur du Limbourg (*Rev. belge*, 1880, 251). Jean Ier de Brabant frappe à Rolduc, à Bonn, et prend le titre de DVX. LIMBVRGIE, conservé par Antoine de Bourgogne. Les armes du duché étaient : *D'arg. au lion de gu. la queue fourchée et passée en sautoir, armé et lampassé d'azur*. (Van der Chijs, *De Munten der Hertogen van Brabant en Limburg*, 1851.)

DUCS DE LIMBOURG

1061. Waleran.
1081. Henri.
1118. Waleran II.
1139. Henri II.
1170. Henri III.
1210. Waleran III.
1226. Henri IV.
1246. Waleran IV.
1276. Ermengarde et Renaud, duc de Gueldre.

VILLES ET SEIGNEURIES DIVERSES

Anvers. — Atelier des ducs de Brabant. Gros au type de la tête de face avec MONETA.NRA ANTWERP*iensis* (convention entre Louis de Bavière, Edouard III d'Angleterre et Jean III de Brabant). La marque monétaire d'Anvers est une main coupée qui se retrouve sur des sculptures sur bois, des tableaux, etc.

Bruges. — Atelier des comtes de Flandre et des rois d'Espagne. Différent ; un lis et ensuite un petit lion.

Bruxelles. — Atelier des comtes de Brabant. Mailles du XIIe siècle avec pont ou tour. Différent : B en 1592, remplacé par une tête d'ange sous Albert et Isabelle.

Courtray. — Mailles du XIIIe siècle, avec CVRT.

Dixmude. — Deniers de la commune au XIIIe siècle, avec DIXM.

Donck. — *Mites* de Jean van der Donck (fin XVe siècle) frappées à Bicht; autres avec MONETA.MIOL? etc. Cf. p. 31.

Eenaeme. — Deniers du XIIe siècle avec crosse et EGAMIO. (Grote, *Blaetter für Münzfreunde*, 1879, pl. 58, n° 7).

Fagnolles. — Ducats de Charles, feldmarchal, prince de Ligne, 1770, C.FAGNOLENSIS.

Florennes. — Atelier des ducs de Lorraine, XIVe siècle, FLORINENSIS.

Gand. — Mailles des XIIe et XIIIe siècle avec GANT et un casque; atelier des comtes de Flandre.

Gavre. — Adrien de G. et d'Elsloo frappa au XVe siècle, des m. avec ADRIANVS.DE.GAVEREN.DO.

Gerdingen. — Jeanne de Merwede, dame de Stein et de Gerdingen jusqu'en 1450, frappa des m. noires avec GERD ou GHR et IOHANNA.DNA'.DE.GERDIN ou IANNA.DE.GERDINGEN (*Rev. belge*, 1855, 347).

Ghistelles. — Deniers de Charles le Bon, comte de Flandre (1119-27) avec K.COMES et GISTLE.MO.

Gruitrode. — Deniers noirs des commandeurs Iwan de Cortenbach (1430-40), Mathias van der Straeten (1460) et Nicolas van der Dussen (1467); autre inexpliqué avec

MATHIAS.DE CORTEDA (Van der Chijs, *De Munten der Leenen van Brabant en Limburg*, 1862, 152).

Herstal. — Ce fief forma, avec Gaesbeke, Léau et Russon, l'apanage de Godefroid, fils puîné d'Henri Ier le Guerroyeur, duc de Brabant. Henri (1253-85) émit à Herstal des *deniers à l'écu au lion* et des esterlings avec des noms de monétaires : PETR, GISB et BALD. Jean Ier dit Tristan (1285-1309), sa veuve, Félicité de Luxembourg, comme tutrice de Jean II (1309-24) et ce dernier émettent aussi des esterlins. L'atelier de Russon paraît sur les m. (RVTE, RVTHES, RVTTEN). En 1324, les fiefs revinrent au duc de Brabant (*Rev. belge*, 1845, 283 ; 1870, 234 ; Van der Chijs. *De Munten der Leenen...*, p. 3).

Jupille. — Deniers du XIIe siècle, avec AMANNDV (*Rev. belge*, 1856, 44).

Kessenich. — Deniers noirs, imités de ceux de Namur et de Liège, frappés par Jean Ier de Wilde, sire de Brunshorn, époux de la dame de Kessenich, KESSE. Leur fils Jean II frappa à Kinroy, KINI (*R. N.*, 1852, 34).

Léau. — Denier du XIe siècle avec LEWE et buste de face (*Rev. belge*, 1857, 103).

Loo. — Denier du XIIIe siècle, avec aigle et TELO.

Louvain. — Atelier des ducs de Brabant ; différent : un petit lion sous Marie de Bourgogne.

Malines. — Deniers du XIIe siècle, avec MADM, MAMA, MOM. et des types variés : aigle, dragon, buste avec épée, cygne, édifice, etc. (Cf. p. 3). Atelier des comtes de Flandre.

Mons. — Mailles du XIIe siècle, avec porte de ville à 3 arcades. Atelier des comtes de Hainaut. M. des Etats et de Philippe II avec petite tour comme celle de Tournai pour différent.

Munsterbilsen. — Deniers de l'abbaye avec figure debout tenant une crosse et un livre ; ℟ SCTI.AMEVR, croix. (*Rev. belge*, 1856, 420).

Nivelles. — L'abbaye obtint une concession de l'emp. en 1040, confirmée en 1209, et frappa de grands deniers avec S.PRVDENS.NIVIELLA ; ℟ S.GERTRVDIS.VIRGO. Les deniers frappés au XIIIe siècle portent un buste nimbé (S.GERTRVDS) et un portail d'église avec une crosse ;

mailles anonymes avec portail (C. Picqué, *Patria Belgica*, III, 1875, ch. XXVI, p. 691).

Ordingen ou *Gerdingen.* — Denier de Jeanne de Wesemael (ou de Gerdingen) portant MONETA.NOVA.O (ou G).

Ostende. — Denier du XIIIe siècle, avec buste de Saint Martin et OSTD.

Perwez. — Thierry (fils de Gérard, comte de Hornes, frappa à Grave, vers 1350, comme tuteur de Jean IV, sire de Cuyck, des *Botdraegers* avec THEODORICVS.DEI.GRA.DNS.PARVIENSIS (*Rev. belge*, 1850, 40).

Petersheim.— Vers 1310, Guillaume, seigneur de P. près Maestricht, frappa des oboles : WIHS'.DE.PETERSEM, tête à g.; ℟ SIGNVM.CRVCIS, croix cantonnée de fleurons (Gersdorf, *Blaetter f. Münzfreunde*, n° 26, 1871).

Reckheim.— La seigneurie de R. passa, au XIe siècle, au sire de Stein, époux de Marguerite de Sombreffe, puis à Guillaume de Sombreffe, en 1397.

On a des agnels d'or, des *cromsteerts*, des *gros au prince debout*, imités des monnaies de Charles II de Lorraine, des deniers imités de ceux de Philippe le Bon et des évêques de Liège. Ces monnaies, au nom de GVILLELMVS.DE.SOMBREF, sont à partager entre les trois seigneurs de ce nom. Ces monnaies portent REKE ou REKEM; une avec MONETA.NOVA.DE.BROT (Bortheim ?). Sur une pièce, on lit : DNS.DE.KERPHEN (Kerpen en Juliers). On a de Jean de Pirmont des imitations des doubles tournois de Charles VII, frappées à Wezet (MONETA.NOVA.IO'.DE.WE). Au XVIe siècle, on trouve des florins et thalers anonymes aux armes de la famille Vlodorp : *Ecartelé, aux 1 et 4, fascé d'argent et d'azur de 6 pièces à la bordure d'or; aux 2 et 3, d'argent au lis de gueules.* Herman de Lynden et Ernest, qui fut fait comte de l'empire en 1620, imitent les monnaies de Brabant. Ferdinand de Lynden contrefait les liards et doubles liards d'Espagne, de Liège, d'Utrecht et de Westfrise. On trouve ensuite des florins de François-Gobert et de Ferdinand avec un écusson, un buste et OMNIA.FORTITVDINE.ET.PRVDENTIA. Reckheim porte : *d'or, au lion de gueules.* (*Rev. belge*, 1872, 480.)

SEIGNEURS DE RECKHEIM

*1397. Guillaume Ier.	...-1541. Robert de la Marck.
*1400. Guillaume II.	1545. Jean de Hennin.
*1442. Guillaume III.	*XVIe siècle. Les Vlodorp.
*1480. Isabeau et Jean de Pirmont.	* ..... Herman de Lynden.
1501. Gérard de Pirmont.	*1603. Ernest.
..... Jean de Pirmont et Anne de la Marck.	*1636. Ferdinand.
	*1665. François-Gobert.
	*1703-08. Ferdinand-Gobert.

Rummen. — En 1331, Louis IV, comte de Loos, céda le fief de Rummen à Arnould d'Orey (1331-64) qui copia les monnaies de Jean II de France et de Louis de Crécy, comte de Flandre ; cavaliers d'or, agnel, demi-gros à l'écu, *botdraegers* avec DNS.DE.QVAECBECKE, gros au lion, etc. Il s'appelle ARN.DE *orey*, ou ERNOL.DNS.RVMINEN.

Jean Ier de Wesemael (1415-64) frappe des *chaises* et florins d'or, des gros à l'écu, des *cromsteerts* (MONETA. ROMANORVM), des *gros aux deux écus sous le heaume* et des *mites* de billon. Henri de Diest, seigneur de Stalle et de Rivière, époux de Jeanne de Wesemael, frappe des demi-agnels et des gros (avec trois lis sous une couronne) ; il prend une fois le titre : DNS.DE.·RIVIA. Jeanne, devenue veuve, émet une grande quantité de monnaies de billon, DNA.DE.WESMAL. (Van der Chijs, *de Munten der Leenen van Brabant*, 249).

Salm (Nieder-).— Gros à l'aigle de Henri IV (1280-1339) imité de ceux de Luxembourg et Loos avec HENRIÇVS. COMES.DE.SALE.℟ MONETA.SALEMIS.

Stavelot. — Abbaye fondée par saint Remacle, en 656. Deniers du XIe siècle, avec profil, crosse et RIMACLV. ℟ croix sortant d'une plante. Christophe de Manderscheidt, *abbas Stabulensis et Prumensis*, frappe des florins, des écus, demi-écus et liards de cuivre, de 1567 à 1572. Ernest de Bavière, évêque de Liège, frappa à Stavelot des liards avec un loup pour différent. (*Rev. belge*, 1848, 153.)

Straeten (aujourd'hui Saint-André). — Mathias (fils de Jean, bailli de Goch en Gueldre) frappa des deniers avec MATHIAS.VAN.DER.STRAS ou STRATE. Il mourut en 1467. (Van der Chijs, *de Munten der Leenen...*, 154.)

Termonde. — Denier du XIIe siècle avec châtel et D.C. Atelier des comtes de Flandre. La confrérie Notre-Dame obtint de Philippe le Bon le droit de frapper des deniers. Ces pièces portent la Vierge debout et au ℟ DENARIVS. SANCTAE.MARIAE.TERREMONDENSIS. (*Annales Cercle archéol. de Termonde*, 1863, 21; 1870, 51.)

Tirlemont. — Mailles du XIIIe siècle, avec agneau pascal.

Tournai. — Deniers de Lambert, évêque de Noyon (1113-21). Denier de Nicolas d'Avesnes (1149-50), MONETAE. NICOLON, et mailles d'Etienne (1193-1203), évêque de Tournai, avec tête d'évêque, STEPHA et TORNACVS. Atelier des rois de France et d'Espagne. (*Rev. belge*, 1846, 306, etc.).

Vilvorde. — Deniers avec châtel, XIIIe siècle.

Well. — M. de Jean d'Arendal (1454), et des sires de Rheidt et de Well, près Liège. D.DE.WE (*Rev. belge*, 1873, p. 87).

Ypres. — Gros à l'aigle de Gui de Dampierre. En 1345, Gand, Bruges et Ypres permirent au roi d'Angleterre, Edouard III, de monnayer dans le comté. Les initiales des trois villes paraissent se trouver sur des nobles.

Zolder. — En 1300, Zolder, Zonhoven, Vogelsanck et Houthalen furent donnés en dot par Arnould VIII de Loos à sa fille Mathilde. Ces terres passèrent ensuite à Arnould d'Orey, puis à Jean d'Elteren. Ce dernier frappa des monnaies de billon imitées de celles de Liège, avec le titre : IOHS.DE ELTEREN.DNS.DE.VOGE. Son successeur, Henri de Bastogne, continua ce monnayage; XIVe siècle, MONETA.NOVA.SVLRENS. (*Rev. belge*, V, 1850, 70; 1888, 143.)

Zonhoven. — Engelbert de la Marck (ENGELB.D.MAR. DNS.SON) et Henri de Bastogne (HER.DE.BAST.DNS.SONVE) frappèrent des deniers noirs. (*Bull. Num. et d'Arch.*, IV, 1884-1885, p. 58, pl. IV.)

COMTÉ ET DUCHÉ DE LUXEMBOURG

Le Luxembourg, devenu duché en 1354, fut vendu par Elisabeth à Philippe le Bon, duc de Bourgogne (1444). Après la révolte des provinces du Nord, il resta à l'Espagne. Louis XIV se fit céder le *Luxembourg français* (Thionville, Damvillers, Marville, Ivoy, Montmédy). Après avoir appartenu à la France, de 1793 à 1815, le Luxembourg fut érigé en grand-duché avec le duché de Bouillon et annexé au royaume des Pays-Bas. C'est un un état indépendant depuis 1867.

Les premières monnaies sont d'Henri II l'Aveugle et portent un cavalier, un donjon et LVSENBOR. Henri III frappe avec un lion un château, un écu au lion, une figure tenant un lis et les légendes LVCMBOR.HANRI. LVCENBOR, COME.LVCEB ou TIONVILLE. Henri IV frappa des deniers et gros à l'aigle dans les ateliers de Luxembourg, de Poilvache ou Méraude (ESMERAVDA, MERAVDENSIS, etc.), de Durbuy (DVRBVCESIS), de Bastogne (BASTONIAM) et de Thionville.

Henri V (COMES.LVCEBVRGE-SIS, ET.RVPE, ROM.REX, ET. MARCHIO.ERLON) frappe des gros au *châtel*, au *lion* (imités de ceux de Robert de Béthune), à *l'aigle*, à *l'écu au lion*, des tiers de gros, des esterlings et des deniers. Jean l'Aveugle émet des *gros au cavalier*, *au lion*, *aux 4 lions*, des *esterlings aux 2 ou 4 lions* et d'autres avec sa tête imités des esterlings anglais, avec la légende : EIWANES.DNS.Z.RE.YB, etc.

Ce prince frappa aussi avec Henri IV de Bar des monnaies qui portent MONETA.SOCIORVM (1342-45). Jean fit une autre convention avec Guillaume Ier de Namur et Adolphe de la Marck, évêque de Liège (entre 1337 et 1345). On connaît des *blancs au lion* et des *petits gros avec tête de face* fabriqués à Namur au nom des trois seigneurs.

Charles IV frappe différentes monnaies d'argent (à Luxembourg, Damvillers, Luzille et Méraude) ; il introduit le florin d'or *au lis* et *au buste* et la chaise. Wenceslas, son frère, émet à Luxembourg et au château de Mouzaive (MOVZADIES) des florins de Florence et *au prince à mi-corps*, des gros, des esterlings, des oboles (TVRONVS.LVCEB). Il fit des conventions avec Bohémond de Sarrebrück et Conon de Falkenstein, archevêques de Trèves. On possède des gros à l'écu écartelé de Luxembourg-Trèves avec : WINCEL'.DVX.ET.BOEMVD.ARCHPS. SOCII.IST.MONETE.FCE.LVCEBVRG.

Wenceslas II frappa à Luxembourg et à Laroche (WELSFEIL) des florins au saint Jean et divers gros. Antoine, duc de Brabant, et Elisabeth, sa veuve, en 1415, émirent des *gros cromsteert*. De Jean de Bavière, on a des gros *au griffon tenant l'écu*, *à l'écu* heaumé, des florins *au saint Pierre*. Philippe le Bon frappa des florins anonymes au type de saint André et Philippe le Beau des gros et divisions. L'atelier, fermé en 1504, fut rétabli en 1577. Albert et Isabelle frappèrent à Luxembourg différentes espèces avec un petit lion pour différent; Philippe IV mit un petit écusson burelé au lion. Les monnaies de Marie-Thérèse, AD.VSVM.DVCATVS.LVXEM, sont forgées à Bruxelles, de même que les pièces de Joseph II. Celles de Léopold II, avec H, le furent à Guntzbourg. Depuis 1854, on frappe à Bruxelles des pièces de 10,5 et 2 1/2 centimes aux armes du duché de Luxembourg. (*D'argent à 5 fasces d'azur au lion de gueules couronné d'or brochant sur le tout.*) (*Rev. belge*, 1849, 5; R. Serrure, *Dict. géogr. Hist. monét. belge*, 1880).

COMTES DE LUXEMBOURG

963. Sigefroi, frère de Godefroi, comte de Verdun.
998. Frédéric Ier.
1019. Gilbert Ier.
1057. Conrad Ier.
1086. Henri Ier.
1096. Guillaume Ier.
1128. Conrad II.
*1136. Henri l'Aveugle, fils de Godefroi, comte de Namur, petit-fils, par sa mère, de Conrad Ier. HANRI.
1196. Thibaut, comte de Bar.
1214. Ermesinde de Luxembourg et *Waleran de Limbourg.

*1226. Henri III, comte de Luxembourg et de Ligny, marquis d'Arlon. HANRI.
*1280. Henri IV.
*1288. Henri V, empereur en 1308. H. HENRICVS.
*1309. Jean, roi de Bohême. IOHANNES . REX.BOEMIE.ET.POLO.
*1346. Charles, roi de Bohême et empereur. KAROL.
*1353. Venceslas (et Jeanne), premier duc. WINCEL.
*1383. Venceslas II, empereur, WENCEL.
*1388. Josse de Moravie, empereur. IODOC.MARCH'.DNS. MORAVIE.
1402. Louis, duc d'Orléans.
1407. Josse, pour la seconde fois.
*1411. Antoine de Bourgogne, duc de Brabant. ANTHO.
*1415. Elisabeth de Gœrlitz et Jean de Bavière. ELIZAB, IOH.
*1451. Philippe le Bon, duc de Bourgogne.

PROVINCES-UNIES, ROYAUME DE HOLLANDE

En 1579, la Hollande, la Frise, la seigneurie de Groningue, la Zélande, la Gueldre, Utrecht et Overyssel, se révoltèrent contre l'autorité du roi d'Espagne et formèrent la république des Provinces-Unies, gouvernée par un stathouder et des Etats généraux composés des députés de chaque province. Elles se réservèrent chacune le droit de battre m., à la condition que cette m., devant avoir cours dans toute l'étendue de la république, serait d'une valeur uniforme. Pour veiller à l'exécution de cette convention, on institua une chambre générale des monnaies, à la Haye, composée de 3 conseillers inspecteurs généraux, d'un secrétaire et d'un essayeur général.

Les armoiries des Provinces, qui se trouvent sur les m., sont les suivantes :

Hollande : *D'or au lion de gu.* (HOL).

Gueldre : *D'azur au lion d'or, armé, lampassé et couronné de gu., parti d'or au lion de sable ; coupé d'or au lion de gu.* (pour Zutphen) (GEL).

Zélande : *D'or au lion issant de gu., coupé, fascé, ondé d'arg. de 6 pièces* (ZEL).

Utrecht : *Tranché d'arg. et de gu.* (TRAIECTE).

Frise : *D'azur semé de billettes d'or à deux léopards d'or, l'un sur l'autre* (WEST.FRISIAE).

Overyssel : *D'or au lion de gu. à la fasce ondée d'azur, hochant sur le tout* (TRANSISVL).

Groningue : *D'or à l'aigle éployée de sable, chargée en cœur de l'écu d'Autriche* (GRON).

Pour l'Union : *De gu. au lion d'or tenant un faisceau de 7 flèches d'argent.*

Les m. frappées par les Etats, du XVIe au XVIIIe siècle, sont très variées : *Riksdaalder ;* 1/8 de riksdaalder ; *daalder* (30 sols) ; schilling (6 sols) ; 3 et 1 florins, 1/2 et 1/4 ; *ducat* d'or ; 1/2 *ducaton* (30 s.); *Stooter* (1/20e de réal) ; 2 *sols ; sol ; liard* ou *duit ;* 2 duits ; *noble* et 1/2 *noble* d'or, etc. (Verkade, *Muntboek..*).

Il faut citer aussi les nombreuses m. de même nature frappées par la Compagnie des Indes, avec les armoiries de Zélande, Hollande, Utrecht, West-Frise, Gueldre, etc.

Les 7 provinces, après avoir formé la république batave en 1798, furent érigées en royaume sous Louis-Napoléon (1806-10) qui frappa des ducats et des p. de 20 florins en or et des *riksdaalders* (50 sols) en arg.

De 1810 à 1814, la Hollande fut réunie à la France, et Napoléon frappa, à Utrecht, des m. d'arg., qui portent un mât de vaisseau.

Le royaume des Pays-Bas, établi en 1814, frappa des p. de 5 et 10 florins en or, de 25 cents, 1/2 florin, 1 e. 3 florins, en arg., de 1/2, 1, 5 et 10 cents en cuivre et billon

Les m. actuelles sont : en or, le *ducat* et le double, le *guillaume*, le 1/2 et le double, la p. de 10 florins ; en arg. : le *riksdaalder* (2 1/2 florins), le *gulden* (florin), le 1/2 florin, les p. de 5, 10 et 25 *cents ;* en cuivre : le *cent* (1/100 du florin), le 1/2 cent.

L'atelier est à Utrecht. La Banque des Pays-Bas (*Nederlandsche Bank*) émet des coupures de 25, 40, 60, 80, 100, 200, 300, 500 et 1,000 florins, sans cours légal, qui sont reçus dans les caisses de l'Etat.

ROIS DE HOLLANDE

*1814. Guillaume Ier.
*1840. Guillaume II.
*1849. Guillaume III.

COMTÉ DE HOLLANDE

Ce pays, érigé en comté par Charles le Chauve en faveur de Thierry Ier (863), passa dans la maison de Hainaut en 1229, et dans celle de Bavière par mariage, en 1345. Jacqueline de Bavière céda ses Etats à Philippe de Bourgogne (1433) et la Hollande passa ensuite dans la maison d'Autriche. Dès 1579, elle fit partie des Provinces-Unies.

Le monnayage des comtes de Hollande débute par les deniers de Thierry VI et de Florent III, qui portent une tête et une double croix avec HOLLANT. On donne à Thierry VII, à Florent IV des deniers qui portent toujours la tête de profil. A Florent de Voogd, on attribue les deniers avec COMES.HOLLADIE, tête de profil; ℟ HOLLANT, double croix. Enfin, on peut partager entre Florent IV et Florent V, les deniers frappés à Dordrecht (MONETA.DORD'CI). Florent V introduit le gros tournois, sur lequel il conserve TVRONVS.CIVIS, et l'agnel. Jean Ier continue la frappe des deniers à Dordrecht (DORDRACENSIS) ; Guillaume III émet aussi des demi-gros avec le lion. Guillaume V, de la maison de Bavière, frappe des *grands moutons*, des *chaises* ou *schildens*, des *florins* avec le duc debout entre un écu et un lion, des *botdraegers* avec le lion heaumé, des gros tournois, des gros avec un heaume entre des armoiries, des *lions*, etc. Ces m. portent presque toutes les armes écartelées de Bavière et de Hollande. Albert de Bavière émet des gros à l'écu penché ; Guillaume VI des écus d'or dits *clinckaerts*, avec le duc assis dans un épicycloïde ; Jean, des florins avec les écus de Bavière, d'Arnhem, Nimègue, Roermonde et Zutphen.

Philippe le Bon émet le *cavalier* d'or, le sol dit *vierlander*; Maximilien, le *sol au grand M*, le *griffon*, le *réal* d'or (avec le prince sur un trône) sur lequel on trouve la rose, marque de l'atelier de Dordrecht. Après les différentes m. de Philippe le Beau, on trouve des florins, au buste de saint Philippe sur un écu, qui furent frappés pendant la minorité de Charles V. Ce prince et son successeur frappent encore de nombreuses m. diverses (Van der Chijs, *De Munten der voormalige graafschappen Holland en Zeeland*, 1858).

COMTES DE HOLLANDE

1061. Thierry V.
1091. Florent II.
*1122. Thierry VI.
*1157. Florent III, FLORENZ.
*1190. Thierry VII.
1203. Ada.
*1204. Guillaume Ier.
*1223. Florent IV, FLORENS.
*1235. Guillaume II.
*1257-58. Florent de Hollande, régent.
*1266. Florent V, F ou FLORENTIVS.
*1296. Jean Ier. I ou IOHES.
*1299. Jean II de Hainaut.
*1304. Guillaume III, W ou GVILLELM.
*1337. Guillaume IV.
*1356. Guillaume V, GVILL ou GVL, etc.
*1377. Albert de Bavière, ALBERT.
*1404. Guillaume VI, GVILL, GVILLELM.
1417. Jacqueline.
*1421. Jean de Bavière, IOH'.
*1428. Philippe le Bon, PHS, etc.

ÉVÊCHÉ D'UTRECHT

Les évêques établis à Utrecht, après les conquêtes faites sur les Frisons par Pépin d'Héristal ou Charles Martel, furent forcés de se retirer à Prum lorsque les

Normands ou Danois envahirent la Frise au IXe siècle. Thierry, premier comte de Hollande, ayant refoulé les envahisseurs, Baldric, quinzième évêque d'Utrecht, reconstruisit sa métropole qui avait été ruinée et obtint d'Otton Ier un privilège, daté de 936, dans lequel il est dit :

« Licentiam concedimus monetam fiendi in civitate Tra-
» jectensi, in qua modo venerabilis vir Baldricus episco-
» pali officio fungi dinoscitur, et nullus comes, neque
» aliqua judiciaria potestas, licentiam habeat theolonium
» vel aliud quodlibet deditum sive quaesitum ex ipsa
» moneta exigendi,... interdicimus », etc. (J. de Leyde, *Ant. Belg.*, l. VII, c. XVII).

Les évêques d'Utrecht avaient une certaine suprématie sur les comtes de Hollande, de Gueldre, de Clèves, de Bentheim et de Ghore.

Les évêques frappèrent d'abord au nom des empereurs, puis ils mirent sur les deniers le nom de saint Lambert : SCS.LAMBERVS.EPS, tête de profil ; ℟ + TRAIECTVM, monogramme de A et ω. Bernold ou Bernulf, qui signe le premier sa m., y place une tête barbare de face et au ℟ HEINRICVS.REX. Sur d'autres deniers, des bustes de saint avec les légendes SCS.MARTINVS.ARCBIE.P.S, ou SCS. BONIFACIVS.ARCHEPS. Des pièces portent une crosse entourée du mot BACVLVS ; d'autres ont des légendes plus ou moins barbares. Les ateliers sont : Deventer (DAVENTRENSIS), Utrecht (S.TRAIECTV), Groningue (GRVNINGE). Guillaume frappe des deniers avec HENRICVS.RE, la tête de l'emp., et la sienne au ℟ ; sur d'autres p., on trouve des noms de saints, une tête de face entre A et ω, etc. Depuis Conrad, on ne voit plus le nom de l'empereur, et les m. présentent un buste de face ou de profil, généralement mitré, avec une crosse et un livre. Après Henri de Vianden, on trouve une lacune dans le monnayage, qui reprend avec les doubles gros et m. diverses, au buste mitré, frappées par Jean d'Arckel à Utrecht et à Deventer. Florent de Wevelinkhoven met un aigle sur l'écu à la croix de l'évêché. Après les florins de Frédéric de Blankenkeim (1394) et ceux de Rodolphe de Diepholt, on trouve la riche série de David de Bourgogne, florins, plaques, doubles gros, gros, etc., avec le lion assis ou à mi-corps, saint Martin assis de face ou à mi-corps, armoiries, etc. Citons encore la curieuse p. d'or avec MEMENTO.DOMINE.DAVID. et David à mi-corps, jouant de la harpe.

En 1528, Henri de Bavière, las des révoltes de ses sujets, vendit à Charles-Quint la domination temporelle de la principauté avec le droit monétaire. L'évêché subsista et fut érigé en archevêché en 1559 (Dannenberg; Van der Chijs, *Munten der Bischoppen van Utrecht*).

ÉVÊQUES D'UTRECHT

870. Odilbald.
900. Egibold.
901. Ratbod.
918. Balderic.
977. Folkmar.
991. Baudouin.
995. Ansfrid.
1010. Adelbold.
*1028. Bernold. BERNOI *ou* BERNOLDVS.
*1054. Guillaume Ier. WIHELMVS.
*1076. Conrad. CONRADVS.
*1099. Burckard. BVRCARDV.
1113. Godebald.
*1128. André de Cuyk. AD.
1138. Heribert.
*1152. Herman. HVMAN.
*1156. Godefroi.
1178. Baudouin.
1196. Arnould.
*1197. Thierry. THEODORICVS.
1198. Thierry II de Nuenar,
*1213. Othon de Gueldres. OTTO.
1215. Othon II de Lippe.
1228. Willebrand.
1235. Othon III.
1249. Godwin.
*1250. Henri de Vianen. HENRICVS.
1267. Jean de Nassau.
1288. Jean II de Zirk.
1296. Guillaume II.
1301. Gui de Hennegau.
1317. Frédéric II.
1322. Jacques.
1322. Jean III de Diest.
1341. Nicolas Capucci.
*1341. Jean IV d'Arckel.
1364. Jean V.
1371. Arnould de Horn.
*1379. Florent. FLOREN.
*1393. Frédéric III. FREDERIC.
1425. Suederus.
*1433. Rodolphe de Diepholt. RODLP'.
1456. Gisbert.
*1457. David de Bourgogne.
*1496. Frédéric de Bade.
*1519. Philippe de Bourgogne.

COMTÉ ET DUCHÉ DE GUELDRE

La Gueldre, comté depuis 1079, fut érigé en duché en 1339. Elle passa dans la maison de Juliers en 1371 et dans celle d'Egmont en 1423. Charles-Quint l'incorpora au cercle de Bourgogne en 1543. Après avoir fait partie de la France, la Gueldre fut partagée entre les Pays-Bas et la Prusse (1814).

Le monnayage commence avec les deniers de Henri et de son fils Gérard, A Otton Ier, Van der Chijs attribue un denier avec profil couronné et croix double, qui est plutôt d'Otton II. Gérard IV imite les types de Hollande et de Brabant ; on lui donne aussi un denier avec figure de face, tenant une épée sur ses genoux ; au ℟, un écu avec trois fleurs de nèfle (armes anciennes des comtes de Gueldre).

Otton II frappe, à Arnhem (ARNENENS), des deniers avec son buste de face. Ses m. sont faciles à reconnaître, car il abandonne les anciennes armoiries de Gueldre pour prendre le lion sur champ billeté, et met sur ses m. son profil couronné, type conservé par son fils Renaud (1271-1326), qui introduit aussi la croix pattée. Le même Renaud reçut de l'empereur Rodolphe le droit de frapper des esterlins à Arnhem, et il imita ceux d'Angleterre. Il frappe aussi le premier de la grosse m.

Les m. de Renaud II (1326-43), frappées après 1339) portent le titre de duc qui lui fut donné cette année-là. Il obtint aussi le droit de frapper de la m. d'or et émit un florin à Roermonde, ainsi que des m. diverses avec un lion ou le profil hollandais que l'on trouve sur les m. des ducs de Brabant, de Juliers et des comtes de Loos. Les m. de Renaud III sont difficiles à distinguer ; mais le classement devient facile à partir de la duchesse Eléonore, tutrice (1343-44), qui frappe avec ALYNORA.DVCISSA, lion ; ℟ MONETA.HERDEWIEN. Edouard, seigneur en 1350 et duc en 1360, frappe monnaie à Roermonde (RVERMVN'), Arnhem (ARNIMENSIS) et Venlo (VENENEIS) aux types de l'écu penché ou du lion passant avec un heaume sur la tête.

Guillaume frappe des florins avec les écus accostés de Gueldre et de Arnhem et son buste à mi-corps ; des gros avec un heaume et une croix cantonnée des lettres A N R S (Arnhem, Nimègue, Roermonde et Zutphen) ; d'autres gros portent un heaume entre deux lions couronnés.

Reinaud IV frappe un florin avec les écus des quatre villes, et Arnould fait de même. Ce dernier prince place sur ses gros les écus de Gueldre et de Juliers ; il frappe à Nimègue (NOVIMAGENS') et à Roermonde (RVMED'). Maximilien frappe m. seul en 1487, puis avec Philippe, de 1488 à 1492. (MO.DVCIS.GELRIE.ET.COMIT.ZVT, etc.) Philippe le Beau frappe seul (1492-94) des *briquets*, etc.

Charles d'Egmont (1492-1538), KAROL'DVX GELRE.IVL'C ZV', met sur ses florins les écus de Juliers, Gueldre et Zutphen, et la figure du Christ, ou Saint-Jean et l'écu part de Gueldre-Juliers. Il frappe aussi des cavaliers d'or, des *snaphans* avec l'écu parti sur une croix fleuronnée, dont les bras se terminent par des lions, des 1/2 *snaphans*, des *stuivers* avec le lion couronné, des *doubles stuivers*, etc.

Guillaume de Juliers (1538), Charles III de Lorraine (1555-1608), et Philippe II d'Espagne (1555-98) émettent des m. diverses avec leur buste.

Les Etats de la province de Gueldre frappent, aux XVIIe et XVIIIe siècles, des m. diverses parmi lesquelles il faut citer le *demi-noble* avec figure sur un bateau, et le *rixdaldre* au cavalier et à l'écu, soutenu par deux lions. (Van der Chijs, *De Munten der voormalige Graven en Hertogen, Heeren en Steden van Gelderland*, Haarlem, 1853 ; *Rev. belge*, 1847, 7, etc.)

SEIGNEURS, COMTES, PUIS DUCS DE GUELDRE

878. Guichard.
910. Gerlac.
937. Geoffroi.
978. Guichard ou Gerlac II.
973. Mengose.
1001. Wiking.
1025. Guichard ou Gerlac III.
1079. Alix et Otton de Nassau, comte de Gueldre.
Gérard de Nassau.
*1134. Henri. HENRICVS.

*1163. Gérard II. G.
1182. Otton Ier.
*1207. Gérard III, GERAR.
*1229. Otton II. OTTO.
*1271. Renaud Ier.
*1326. Renaud II, duc de Gueldre. REYNALDV.
*1361. Edouard. EDEWARDVS.
1371. Renaud III.
*1372. Marie et Guillaume de Juliers. WILH.
*1402. Renaud IV. REINALD.
*1423. Arnould, comte d'Egmont. ARNOLD.
1472. Charles le Téméraire, duc de Bourgogne, par acquisition, Arnould ayant déshérité son fils Adolphe.

FRIESLAND ou FRISE OCCIDENTALE

La Frise, que se disputèrent les comtes de Hollande et les ducs de Saxe, se soumit à l'empire en 1457. Albert de Saxe en fut nommé gouverneur par Maximilien (1498). La Frise, après s'être donnée à Charles, duc de Gueldre, fut cédée à Charles-Quint (1523), puis entra en 1579 dans l'union d'Utrecht.

Il n'est pas certain que le fameux triens AVDVLFVS. FRISIA porte le nom de la contrée, mais on est d'accord pour reconnaître ce nom sur le denier de l'emp. Conrad II avec FRESONIA (Cf. Van der Chijs, *De Munten der frankisch-en duitsch-Nederlansdche Vorsten*, p. 66, 366, XVI, I; *Bullet. de Numism.*, t. VI, 129, etc.)

M. Dannenberg attribue à Ludolf (+ 1038) un denier avec LIVDO.., tête diadémée ; ℟ S.COLONIA.A.

Le comte Brunon III (1038-57) place d'un côté le nom de l'emp. Henri III, HENRICVS.REX, avec une tête couronnée ; au ℟ le nom du comte BRVN entre deux traits est accompagné d'une légende circulaire donnant le nom de l'atelier : STAVERVN (Staveren), DOCCVGA (Dokkum), LIVNBORT, LIVNVERI (Leeuwarden), ROVINDIA, VEROZIAV, AVRI. VERO, etc. Egbert Ier (1057-68) remplace le nom et la tête de l'empereur par son propre nom, EGBERTVS et une croix ; un denier avec BODLINGVE est attribué à l'atelier de Bolsward. On donne à Egbert II (1068-90) les deniers avec ✠ VECBERTVS, ECBERTVS ou IEGBERTVS, avec une tête couronnée de face et au ℞ les têtes de face de saint Simon et saint Jude, frappés dans les ateliers de DOGGINGVN (Dokkum), BODLINWERT (Bolsward)), STAVERONV (Staveren), EMNIGHEM, GEROIEVVRE ou GEREWERE (Gernrode ou Garrelsweer), WINSHEM (Winsum), etc. Le m. s'arrête à cette époque (Van der Chijs, *De Munten van Friesland;* Dannenberg, *Die M. der fr. und S. Kaiserzeit*, p. 200). Au xve siècle, Albert de Saxe, gouverneur de la Frise, frappe m.. Ses successeurs cèdent leurs droits à Charles d'Autriche, en 1515. On a des m. de Georges et Hendrik, ducs de Saxe, comme gouverneurs du Friesland (1500-1504), avec les légendes : GEOR & HENT.DVCV.SAXON. et au ℞, SAXON. FRIS. Georges, duc de Saxe (1504-1515) est nommé : GEOR : DVX : SAXO : GVB.FRISIE.

'S HEERENBERG

(pour *Des Heeren Berg*; **Berg en Zutphen**)

Seigneurie puis comté de Berg. M. frappées dans les ateliers de 'S H., Gendringen, Hedel, Dieren et Stevensweerd. Gros, esterlin, thaler, etc., avec le comte à cheval, le buste du comte ou de saint Oswald, écu aux armes de 'S H. (*D'arg. au lion de gu., armé, lampassé et cour. d'or ; à la bordure de sable chargé de 11 besants ;* DOMINVS.BERGE, MONETA.BERGENSIS. Guillaume IV prend sur des m. le titre de *comes* DE MON*te* *z* (et) DNS.DE BIL*ant*, H*edel*, BOX*meer*, H*omoet* *z*.WISC*h*.

(C. A. Serrure, *Hist. de la Souveraineté de 'S Heerenberg*, 1860.)

COMTES DE 'S HEERENBERG

*1331. Adam III. ADE.D.MOTE.
*..... Marguerite, sa veuve. MARGRETA.
*1354. Guillaume Ier. WILHELMVS.
*1387. Frédéric III. FREDERICVS.
*1416. Guillaume II. WILHELM.DNS.DE.BERGE.
1465. Oswald Ier.
1506. Guillaume III.

*1511. Oswald II. OSWALD.
*1546. Guillaume IV. GVIL. etc.
*1577. Frédéric de Berg. FRE.C.D.MO. etc.
*1626. Henri. HENRICVS.
*1627-31. Herman-Frédéric. HER.FRID.

VILLES ET SEIGNEURIES DIVERSES

Almelo. — M. du seigneur Evert de Hekeren, XVe siècle.

Arnhem. — Obtint en 1452, le droit de frapper de petites m. au profit de l'église de saint Eusèbe.

Batenbourg. — Gros au lion dit *cromsteert* de Thierry de Bronckhorst (℟ MONETA.DE.BATENBO.NOVA, croix cantonnée de ANDR.) M. imitées de celles de Gueldre et de Hollande ; XVe au XVIIe siècle. (*Rev. belge*, 1852, 166.)

Bicht. — Deniers noirs de Jean van der Donck (XVe siècle) avec IOHNS.VANDER.DOEK et MONETA.NOVA.BICH (*Rev. belge*, 1857, 300).

Bolsward. — M. avec BCWERD, BOLSW, BOLSWERDIA, BOELSWERDENS.

Born. — M. des seigneurs du XIVe siècle, DNS.BORN ou H.VAN BORNE.

Bunde. — Deniers noirs de Jean (vers 1444) avec écu surmonté d'une branche d'arbre; IOHANS.DE.BVNDE ou IOHS..DE.BROEGHL (*Rev. belge*, 1857, 277 et 1875, 451; Van der Chijs, *Limbourg*).

Campen. — M. diverses, or, arg., avec figure debout, écu de la ville, édifice à 3 tours ; florins et riksdaalders avec les noms de Charles V et de Rodolphe II.

Cuinre. — Gros au cavalier, gros d'Alost et esterlings de Jean (XIIIe siècle) avec DOMI.DE.CVNRE ou MILITIS.D. CVINRE, etc. Anonymes avec SALVE REGINAM.AVE et CIVITAS. CVNREN. On a également une m. d'un seigneur de Cunre, frappée à Emeloord, dans l'île de Schokland : MONETA. EMELWAR, tête ; ℟ MONETA.CVNREN, croix. (Chijs, *Overijssel* ; *Rev. belge*, 1867, 109; 1869, 65.)

Deventer. — Deniers au nom des emp. Otton, Henri II et Conrad II. M. de la ville du XVIe siècle avec les noms des empereurs ; droit monétaire accordé par Frédéric en 1486.

Deventer, Campen et Zwolle. — Ces trois villes frappèrent en commun des florins, des thalers et divisions avec l'aigle de l'empire, le nom de Charles-Quint et la légende: MO.NO'.TRIV'CIVIT.IMPERIA.D.C.Z.D et trois écus ; autres avec le nom de Rodolphe II.

Elsloo. — Imitations des m. de Philippe le Bon par Conrad II de Schonvorst, sire d'Elsloo (+ 1457), KONS.DE. SCONVOERST ou KONRADVS.DE.ELSLAE; ℟ MON.NOVA.DE. SCON.EL' ou DE.HIELST, etc. (*Rev. belge*, 1852, 142 ; 1857, 277.)

Fauquemont. — Imitation des gros de Cologne avec le nom de Frédéric II, comte de Moers et de Saarwerden (1416) avec FRED.C.D.MOIRS.Z.SVD' et MONETA. NOVA.VALKB' (*Rev. belge*, VI, 1850, 12). Denier de Jean, comte au XIVe siècle, avec IOHANES.DE.VALKEBO (*Rev. belge*, 1851, 108). Florin de Renaud Ier (1305-32) avec RN'D'D' VALKEB' (*Rev. belge*, 1851, p. 384). V. *Ravestein.*

Fivelgo. — Gros tournois, TVRONVS.CIVIS avec MONETA. FIVLGOE.

Franeker. — M. de la ville, XVe siècle, avec un lion; FRANKERE. FRANKAREN.

Heusden. — M. des seigneurs au XIVe siècle, avec MONETA.DOEVSDA ou DOAESDE, etc. (*Rev. belge*, 1855, p. 47 ; Van der Chijs, *Limbourg.*)

Hoorn. — M. des comtes, DIDERIC.D.HOI, buste; ℟ MONETA.WISSENSI, deux clefs ; autre avec ALT.Z.HOR ℟ MONEEA.DOVERDIS (*Num. Zeitsch.*, 1871, 209. et *Rev. belge*, 1877, 337.) V. *Weert.*

Groningue. — Gros tournois avec TVRONVS.CIVIS et MONETA.GRONIN. M. diverses avec l'aigle éployée et l'écu de la ville à une fasce. La ville reçut en 1487 le privilège de battre de la m. d'or.; GRONIEN, GRONEENSIS, MO.NO.COMI. Z.SENAT.GRON.

Koevorden. — Gros à l'aigle et au cavalier de Renaud II (REINOL.DNI.DE.KOVORDE ou RENOLD.DVS.KOVORD). Anonymes avec tête de profil ét MONETAE.KOV, XIIIe siècle ; la plus ancienne m. porte COMES.KOVORDIE et une tête de profil (*Rev. belge*, 1867, 496).

Leeuwarden. — M. de la ville depuis 1472. LEWERDSIS, LEWERDE.

Limbricht ou Limborg. — M. des Scheiffard de Mérode, seigneurs de L. (fin xve siècle); SHEIPHIRVS.DE.hI'NER' (Himmersbach), MONETA.LEMBR ou LINB, etc. (*Rev. belge*, 1854, 322.)

Maestricht. — Denier avec buste couronné, IPE et au ℟ clef avec CIA-TIA dans un quadrilobe. (*Rev. belge*, 1846, pl. VII, 5).

Megen (comté). — Denier de Jean III (1359-1415) IOH. COM.MEG, champ ihs ℟ MONETA.MEGEM. (*Rev. belge*, 1855. 221.)

Nimègue. — Florins, gros, depuis le xve siècle, avec saint Etienne, cavalier armé, écu à une aigle éployée portant un écusson au lion, (NOVIMA); thalers, *stooters*, *snaphans*, etc., avec le titre de ville impériale et l'aigle).

Randerode. — Gros tournois de Arnould (1300-33) avec ARNOLD.DNS.REX et TVRONVS.CIVIS. (Chijs, *Limburg*).

Ravestein. — M. de Renaud de Fauquemont, fin du xive siècle, avec REI.DE.BOR (*nem*) et au ℟ MONETA NOVA DE RAVES (*Rev. belge*, 1852, 244, 412).

Roermonde. — Cette ville obtint en 1472 le droit de frapper des m. avec l'effigie et les armes du duc de Gueldre, RVRE-MVNDENS.

Schonvorst. — Gros, 1/2 et 1/4, deniers des sires de Sichen de la famille de Schonvorst, SCHOVORST ou SCOVORST.Z.SICH; Renaud Ier (1358-91) RENARD; Renaud II (1391-1419); *Rev. belge*, 1848, 373.

Selwerd. — Gros au lion debout avec MONETA.ZELWORDIENSIS.

Sneek. — M. avec écu parti à une aigle et à trois couronnes; SNEKENSIS.

Steyn. — Imitation du *botdraeger* de Louis le Male par Arnold, seigneur de Steyn, xive siècle, avec DNS.STEIN, frappée à Karinia, KARINIE (*Rev. belge*, 1851, 388; 1852, 179).

Utrecht. — Deniers avec MONETA.S.MERTINIS ou avec MVNT.DE.STAT.VAN.VTR, écu a une bande; liards, xviiie siècle, etc.

Weert. — M. avec lion heaumé, type du *botdraeger* de Louis de Male, avec HERE.VAN.HOR.Z.ALTEN (Altena) ℞ MONETA.DE.WIERDEN (*Rev. belge*, 1851, 148). Cette ville était l'atelier ordinaire des comtes de Horn. Jean, comte de Horn, ayant institué son héritier Philippe de Montmorency-Luxembourg, celui-ci frappa m. d'or et d'arg. comme seigneur de Weert (WIERTE). Le comté de Horn fut réuni à l'Espagne en 1562.

Workum. — M. de la ville, XVe siècle, avec écu parti à une aigle et à trois lis ; WOLDERV.

Zalt-Bommel. — M. diverses avec M, initiale de Maximilien.

Zutphen. — Riksdaalder, schellings, liards. etc., du XVIIe siècle.

Zwolle.— Droit monétaire accordé en 1488 ; m. d'or et d'arg. avec le nom des emp. et le titre de cité impériale ; liards, etc.

On peut citer encore Cuyck, Gembloux (abbaye), Gronsveld, Heydt-Terblyt, Thorn (abbaye), Vogelsanck, dont les m., comme celles de la plupart des seigneurs du Brabant et du Limbourg, sont des imitations parmi lesquelles on retrouve des types de France, de Lorraine, de Hainaut, de Flandre, de Namur et de Brabant (Chijs, *De Munten der Leenen... van Brabant en Limburg*). Pour les seigneuries de Vianen, Asperen, Heukelom, Grave, Buren, Hulhuizen, Cranenbourg et Borculo, consulter Chijs, *De Munten der Voormalige graafschappen Holland en Zeeland.*

ALLEMAGNE

Le traité de Verdun (843) créa le royaume de Germanie et ceux d'Alemannie et de Bavière, qui se fondirent peu après dans le premier, sous le nom d'Allemagne. Après l'extinction de la famille carolingiennne dans la personne de Louis IV l'*Enfant* (911), les nobles et les prélats réunis à Worms, élurent empereur Conrad, duc de Saxe, de Franconie et de Hesse. Ce fait politique est important pour l'origine des électeurs de l'empire. A partir du règne d'Othon le Grand, la couronne impériale, portée alternativement par les rois de France, d'Allemagne et d'Italie, appartint exclusivement à l'Allemagne, qui prit le titre de *Saint Empire romain*. La maison de Saxe réunit à l'empire la Lotharingie, l'Italie et la Bohême ; le royaume d'Arles fut apporté par la maison de Franconie (1024-1125). Vint ensuite la maison de Souabe ou de Hohenstaufen qui, voulant réunir les couronnes d'Allemagne et d'Italie, se vit combattre par le pape, qui appuya la maison rivale des *Guelfes* de Saxe et Bavière. Frédéric II fut déposé et après la mort de Conrad IV, l'empire fut donné à Guillaume, comte de Hollande; avec lequel commence le *Grand interrègne* (1254-73), époque d'anarchie. Rodolphe de Habsbourg releva un peu l'empire; mais, sous ses successeurs, on vit grandir la puissance des feudataires et électeurs de l'empire dont les droits furent sanctionnés par la fameuse *Bulle d'or* de Charles IV (1356). En 1438, la couronne impériale entra dans la maison d'Autriche qui la conserva toujours. L'empire atteignit son apogée sous Charles-Quint, mais ne tarda pas à être divisé par la Réforme qui amena la guerre de trente ans, fatale pour la suprématie et l'unité de l'Allemagne, que les empereurs ne réussirent pas à rétablir par les guerres contre Louis XIV. Après la mort de Charles VI, la guerre de la succession d'Autriche assura la couronne à François de Lorraine, époux de Marie-Thérèse, fille de Charles VI. En 1806, l'empereur François II, abdiquant, ne conserva que ses états héréditaires avec le titre d'empereur d'Autriche, tandis que les petits états de l'ancien empire formaient la *Confédération du Rhin* sous le protectorat de Napoléon. En 1815, on établit la *Confédération Germanique* dans laquelle entrèrent l'Autriche, la Prusse, le Danemark et 35 états, représentés par une diète de 11 membres siégeant à Francfort. Après des tentatives faites en 1848 et 1849 pour reconstituer une *Allemagne Unitaire*, l'empire a été rétabli en 1871, et le titre donné au roi de Prusse.

Les premiers souverains allemands continuèrent le monnayage carolingien et frappèrent dans des ateliers groupés dans les régions du Rhin. Peu à peu, les empereurs accordèrent des concessions monétaires au clergé. Les évêques frappèrent généralement m. avec le nom de l'empereur, si bien qu'il devient difficile de distinguer, parmi les m. du XIe siècle, qui portent des noms de villes, celles qui ont été émises par l'empereur.

On a prétendu à tort que l'on connaissait des m. des empereurs seulement dans les villes épiscopales : Les empereurs ont frappé m., sans leur nom, il est vrai, à Bruxelles, Esslingen et Remagen.

Grote pense que les m. frappées dans les villes épiscopales, avec la tête et le nom de l'empereur, sont épiscopales et que les seules m. impériales sont celles frappées dans les domaines royaux.

Il reste à expliquer pourquoi l'on trouve dans un même lieu deux m., l'une à un type exclusivement impérial, l'autre à un type épiscopal. A Strasbourg, on trouve deux deniers semblables avec le nom d'Henri II, et avec celui de l'évêque Wicelin ; à Mayence, deux deniers portent le nom d'Henri III, mais la légende *Urbs Mogoncia* de l'un est remplacée sur l'autre par *Liubold Archiepc.* M. Dannenberg est disposé à admettre que les m. ne portant ni le nom de l'évêque, ni celui de l'empereur appartiennent à dès vacances de siège. Il pense qu'il faut considérer comme impériales toutes les m. qui ne portent pas de signes de l'influence épiscopale.

Les deniers des empereurs de Saxe et de Franconie pèsent de 1 gr. à 1 gr. 56.

Souvent les angles de la croix au ℟ des deniers sont occupés par le nom de l'empereur ou de l'évêque ou par des mots comme CRVX, PAX, PISCIS, VITA, etc.

Les constructions paraissent figurer un palais, le mur d'une ville, une ville et plus souvent une église qui représente, soit le temple à colonnes des Carolingiens, soit la grossière église en bois qui s'éleva dans la plupart des contrées sous les empereurs saxons.

Les légendes présentent les noms des empereurs, des seigneurs, des évêques, des villes, des saints et très rarement le nom de maîtres de monnaie comme ANSHELM sur un denier d'Essling.

On trouve encore les légendes suivantes :

A ω, AGNVS.PATIENS, BACVLVS, A(*quila*), VICTRIX, CAPVT, CRVX, SANCTA.CRVX, CRVX.XRISTI, CLAVIS, LEX, PAX, SCA. PAX, TERRA.SALIS.

Il existe de nombreuses pièces qui sont des dégénérescences ou des imitations maladroites de types connus et en grande vogue. Le classement de ces pièces est naturellement impossible.

Ce que nous venons de dire s'applique aux deniers. Il faut maintenant parler des bractéates.

On a donné ce nom à de nombreuses plaques d'or ou d'argent estampées, souvent imitées de monnaies romaines, byzantines, anglo-saxonnes ou cufiques, et qui servaient d'ornements ou d'amulettes, principalement en Suède et en Norwège, de 450 à 700. Ce nom de bractéates appartient aussi à de nombreuses monnaies, portant une seule empreinte, en creux d'un côté et en relief de l'autre.

Les *bractéates* (de *bractea*, mince feuille de métal) sont presque toutes en argent. Quant aux *bractéates* de cuivre, pièces unifaces de billon, plus modernes, elles n'ont aucun rapport avec les autres.

Il existe quelques bractéates en or, surtout des rois de Bohême. Celles qui sont authentiques pourraient être, selon M. Schlumberger, des pièces d'essai (Cf. *Z. f. M. Siegel u. Wappenkunde*, 1846, 165).

A l'origine, la bractéate allemande équivalait au denier à double empreinte, et pendant les XIIe et XIIIe siècles, on lui donna le nom générique de *pfennig*, qu'il ne faut pas confondre avec celui de *hohlpfennig* (pfennig creux) qui paraît déjà, en 1368, dans un titre de Gerlach de Nassau, archevêque de Mayence, et qui s'applique à des monnaies divisionnaires de billon, unifaces.

Les premières bractéates paraissent vers 1125, sous Lothaire II, et furent probablement fabriquées en Thuringe et dans les pays voisins de la Saxe. Il faut citer comme les plus anciens ateliers: Erfurt, Saalfeld, Eisenach, Mülhausen, Nordhausen et Goslar. La plus ancienne bractéate impériale appartient à Frédéric Ier Barberousse, après 1152, avec le titre REX.

Les grandes bractéates appartiennent en majorité à la Thuringe, au Harz et aux régions de haute et de basse Saxe (Anhalt, Brunswick, Hanovre, etc.). Elles sont une exception sur les bords du Rhin inférieur, et en Westphalie où persista le denier à deux faces. Plus tard, les bractéates envahirent la Souabe et la Suisse.

Les bractéates de la belle époque sont plus plates que celles du XIIIe siècle. On a donné le nom de *cupulaires* (*Schüsselfoermig*) aux grandes bractéates du XIIIe siècle, que leur bordure circulaire, d'un relief considérable, fait ressembler à des écuelles.

Au XIIe siècle, on frappa, dans un certain nombre d'ateliers, des deniers à double empreinte, très minces, d'un large diamètre, auxquels on donne le nom impropre de *demi-bractéates* ou encore *doubles bractéates*.

Les reliefs de ces monnaies étaient toujours peu distincts à cause du peu d'épaisseur du flan. C'est cet inconvénient qui fit fabriquer les bractéates à une seule empreinte. Les demi-bractéates furent en usage dans le Sud de l'Allemagne et en Suisse. Il est probable que l'adoption de la bractéate eut lieu par économie de métal et pour faciliter le découpage des flans.

Le denier ne disparut pas complètement, car les archevêques de Mayence en frappaient sur le Rhin en même temps que des bractéates en Thuringe.

On trouve fréquemment des bractéates coupées en deux ou en quatre pour les besoins du petit commerce. Ces pièces furent la seule division du pfennig bractéate jusque vers le milieu du XIIIe siècle, époque à laquelle on commença à frapper, à Brunswick, Goslar et dans les ateliers d'Anhalt, des bractéates appelées *haelblinge*, puis *scherfe*, qui étaient la moitié du pfennig. Dans l'Allemagne méridionale, les *haelbling* furent remplacés par une petite monnaie marquée d'une main, très mince, mais à deux faces, qui parut d'abord à Halle, en Souabe, et prit le nom de *heller*.

Les *hohlpfennige*, trop souvent confondus avec les vraies bractéates, ne sont que des petites monnaies divisionnaires de billon, unifaces, et se rattachant à un autre système monétaire, généralement celui du *schilling* ou gros monnayé dont ils étaient le douzième. Ces pièces eurent cours en même temps que les *hellers*.

Peu à peu, les bractéates diminuent de diamètre et de poids, si bien que, après l'apparition du *gros* de Prague, à deux faces, elles ne furent plus qu'une monnaie de billon.

Parmi les plus curieuses bractéates, il faut citer celles d'une abbesse de Nordhausen et d'Adalbert, archevêque de Mayence, frappées à Erfurt, qui présentent des légendes en relief d'un côté et le type du champ en relief au côté opposé.

Les bractéates étaient frappées avec des coins généralement en fer, et la partie en contact, avec le coin, était le *côté-relief*, ainsi que le démontre la finesse plus grande de cette face. (Luschin v. Ebengreuth, *Der Bracteatenstempel von Lettowitz*, *Num. Zeitsch.*, 1881, 225).

Les types ne donnent que peu d'éléments pour la classification, car les bractéates des seigneurs présentent uniformément un personnage princier vu de face, et celles dés Etats ecclésiastiques, un prélat assis de face, avec les épaules et les genoux saillants, d'une gravure plus ou moins barbare. On trouve quelques scènes à plusieurs personnages, comme les martyres de Saint Etienne, à Halberstadt, et de Saint Laurent, à Mersebourg. Mais, généralement, les bractéates présentent seulement l'image du seigneur, empereur, évêque, landgrave, margrave, bailli impérial ou épiscopal, avoué défenseur du couvent (*advocatus*), etc.

Il faut distinguer le *bailli* (*Voigt*), gouverneur impérial ou fonctionnaire dépendant d'un couvent, et l'*avoué* (*advocatus*, *schutzvoigt*), seigneur puissant, protecteur d'une abbaye.

Les seigneurs, même l'évêque, sont quelquefois à cheval. Les abbés se distinguent peu des évêques par le costume, mais sont généralement accompagnés de ABBAS. Les abbesses portent un voile qui leur enveloppe la tête.

Les burgraves (*Burg-graf*), relevant généralement de l'empereur, avaient souvent un atelier à côté de celui de l'évêque.

On trouve quelques bractéates représentant un évêque à côté de l'empereur ou d'un saint ou d'un bailli ; beaucoup portent le saint patron de la ville. En dehors des représentations de monuments divers, les bractéates montrent souvent une coupole ou tour abritant le personnage.

Les légendes sont toujours en latin. Il arrive souvent qu'elles n'offrent pas de sens, quoique leur lecture soit certaine. L'orthographe est très variable, et le nom de *conradus* est écrit de vingt manières différentes, de même que le nom de l'abbaye de Quedlinburg. Très fréquemment une lettre est répétée trois et quatre fois de suite dans le corps d'un mot. Certaines initiales indiquent un atelier : A, Arnstadt ; E, Erfurt, etc. V paraît signifier *Venerabilis* (*abbas*, etc.). Les initiales gothiques placées dans le champ des pièces paraissent indiquer les émissions diverses qui étaient fréquentes, car on refondait chaque année les bractéates de l'année précédente.

Il y a aussi un nombre considérable de bractéates muettes, dont le classement ne peut se tenter qu'approximativement par le blason ou des comparaisons. Mais on ne doit le faire qu'avec prudence, car il y eut de nombreuses contrefaçons de bractéates ; celles d'Erfurt (S.MARTINVS), de Goslar (bustes des saints Simon et Jude), furent surtout imitées.

Parmi les faussaires modernes, il faut citer Seelander qui a copié et inventé un nombre considérable de bractéates.

Beaucoup de bractéates portent dans le champ divers signes, feuilles, besants, etc., dont on ne connaît pas la signification, mais qui facilitent le classement des pièces muettes. Les trouvailles, bien étudiées, servent à établir l'origine des bractéates qui, en général, ont peu voyagé, car chaque seigneur prohibait l'usage des monnaies voisines. Il faut donner comme exception à cette règle les *pfennigs* de Halle (type de saint Maurice, frappés par les archevêques de Magdebourg) et ceux de Erfurt (type de saint Martin, frappés par les archevêques de Mayence) qui ont beaucoup circulé.

Les types des deniers des empereurs d'Allemagne sont les suivants :

Temple ; trois anneaux entrelacés; croix cantonnée de besants ou des lettres OTTO ou ODDO ; buste de profil, diadémé ou couronné ; REX et main dans le champ; le nom de l'atelier en plusieurs lignes ; buste couronné accosté des mots HEINRIC.REX disposés en colonne; couronne; buste couronné de face; bustes de Saint Simon et de Saint Jude; vues d'un bourg fortifié, d'une basilique; buste nimbé de Sainte Marie levant les mains; buste de l'empereur, à mi-corps, tenant le sceptre et le globe; buste du roi dans une enceinte fortifiée; aigle de face ou de profil ; figure couronnée tenant deux lions par la queue ; figure jeune montée sur un lion (Samson?); prince couronné tenant un sceptre et un globe, debout ou assis ; double rosace très ornée ; prince assis avec un guerrier à sa droite ; fantassin combattant un lion; tête de roi dans une rosace; deux lions; deux aigles; oiseau à tête humaine; roi à mi-corps ou à cheval tenant un faucon; église ou *burg* à plusieurs tourelles; tête dans un triangle; types du florin, de l'esterlin, de la chaise d'or (de Louis de Male); le globe surmonté de la croix dans un trilobe ou une rosace (depuis Sigismond); buste de Saint Kilian, etc.

Les bractéates des empereurs se distinguent de toutes les autres par la présence des insignes : couronne, sceptre et globe crucigère.

Les plus anciennes bractéates portent des légendes qui deviennent ensuite dépourvues de sens quand elles ne manquent pas tout à fait. Les empereurs sont presque toujours assis de face avec le spectre fleurdelisé. Quelquefois, ils sont debout; plus souvent, ils sont à cheval et portent la bannière et le bouclier triangulaire.

Les bractéates impériales frappées en Souabe sont presque toutes muettes et le classement en est presque impossible, comme celui des autres pièces analogues de cette région qui sont d'un métal épais; régulièrement circulaires, aux bordures de grènetis, de croissants ou de croisettes. Les types principaux des bractéates impériales de Souabe sont les suivants : tête de l'empereur de face; lion et demi-aigle adossés, sous une couronne; lion passant; l'empereur sur un lion; deux têtes couronnées de face (Frédéric II et son fils Henri ?); l'empereur assis; lion passant à tête humaine dont la queue se termine par un lis (lion guelfe d'Otton IV).

On trouve sur les monnaies allemandes quelques noms de monétaires : BENNO.ME VECIT, ODDV.ME.FIT, KOVNRAD.ME.FECIT, LVTEGER.ME.FECIT, ME.FICID.ERTH.V.ELHAR et HROZA.ME.FEC sur une monnoie de Henri II, comte de Stade, 976-1016 (*Z. f. N.*, 1886, 239).

Parmi les monnaies d'or des empereurs, il faut citer une pièce (avec HEINRICVS.SEXTVS, tête de face couronnée; ℟ ROMANOR.IMPATR, croix) qui paraît une imitation des monnaies des princes normands frappées en Sicile (*Cat. Thomsen*, n° 4353).

Le monnayage régulier de l'or commence avec Louis IV qui frappe des moutons, des chaises d'or (à Anvers), des florins et aussi l'esterlin. On vit ensuite paraître le gros et, au XVIe siècle, le thaler d'argent. Depuis cette époque, les principaux types de la numismatique allemande furent les bustes, les armoiries et le double aigle de l'empire.

L'appellation de *thaler* donnée à une unité monétaire allemande, vient de *Joachimsthal*, en Bohême, où les comtes de Schlick firent frapper, en 1518, une m. d'arg. portant, avec leurs armes, le lion de Bohême et l'image de saint Joachim (C'est pourquoi on appela cette m. *Joachims-thaler*).

Indépendamment du thaler proprement dit, on se servait encore en Allemagne du *species-thaler*, appelé aussi thaler de Marie-Louise, divisé en 32 *gutgroschen* (5 fr. 19). Il était usité en Autriche, Anhalt, Bavière, Hesse, à Francfort, Hohenzollern, Lippe-Detmold, Nassau, en Saxe.

Le *kronenthaler*, usité dans le grand-duché de Bade, en Bavière, à Nassau, en Hesse-Darmstadt, valait 5 fr. 7144.

En Allemagne, on donna le nom de *laub-thaler* aux écus de 6 livres, à cause des branches de laurier qui entourent l'écu de France.

Le *kreuzer* fut d'abord frappé en Tyrol au XIIIe siècle, et appelé *Etschkreuzer*. Cette m. paraît dans les édits allemands sur les m., vers 1490. On divisait alors le kreuzer en 4 pfennigs et 8 hellers. Plus tard, on fit une différence entre les kreuzers légers (60 au *gulden*, 90 au thaler) et les kreuzers lourds (48 au *gulden*, 72 au thaler).

Voici quelles étaient les principales dispositions de la *bulle d'or* relatives au monnayage : L'emp. peut faire fabriquer sa m. à plus bas titre que celle des autres Etats, avec la même valeur, mais il n'a pas le droit d'augmenter ou de diminuer la valeur des espèces dans l'empire. Les électeurs frappent des m. d'or et d'arg. L'emp. avait le droit de donner le privilège de battre m., qui fut étendu non seulement au collège des électeurs, mais encore aux princes laïques et ecclésiastiques et aux villes impériales faisant partie de la diète.

En somme, cette grande ordonnance n'était que la reconnaissance officielle de faits consacrés pour l'usage.

Dès le xve siècle, les empereurs imposèrent aux seigneurs, villes et abbayes, la condition d'inscrire le nom de l'emp. sur le numéraire qu'ils émettaient, pour bien montrer que le droit de battre m. n'appartenait qu'au chef de l'empire.

En 1524, Charles-Quint fit une ordonnance par laquelle tous les princes allemands devaient frapper des m. d'arg. à 8 au marc, et à 15 deniers de fin ; demies, *orth* (quarts) et *zehner* (p. de 10 kreuzers) à proportion.

Ferdinand Ier, dans l'ordonnance de 1559, donna des détails sur les types que devaient porter les m. émises dans l'étendue de l'empire : Les m., depuis les plus grosses jusqu'au simple kreuzer, doivent porter, d'un côté, l'aigle de l'empire, à deux têtes, avec le globe impérial (*Reichs-Apfel*) sur la poitrine de l'aigle et sur le globe, les chiffres indiquant la valeur de la pièce en kreuzers. De ce côté, on inscrivait la légende : FERDINAND.IMP.AVG.P.F. DECRETO. Le ℞ devait porter les armoiries de l'Etat, de la ville ou du seigneur avec la date et la légende figurant ordinairement sur leurs pièces.

D'après une convention faite le 24 janvier 1857 entre les divers Etats allemands, les m. devaient circuler dans toute l'étendue de l'association, qui comprenait : Berlin et les Etats du Nord (comptant en *thalers*), Vienne et les Etats autrichiens (*florin*), Munich, Francfort et les Etats du Nord (comptant en *florins*). D'après ce système, le thaler de la convention de 1857 se divisait en 30 gros (*silbergroschen*) de 12 pfennigs, le florin du Sud (pour Munich, etc.), en 60 kreuzers et le florin d'Autriche en 100 kreuzers. Par suite, 4 thalers de Prusse = 6 florins d'Autriche = 7 florins du Sud.

Une loi du 4 décembre 1871 a institué un nouveau système monétaire qui a remplacé les divers systèmes des Etats allemands depuis le 1er janvier 1876 ; il est basé sur le mark d'or, dit mark d'empire (*Reichs-mark*), qui est divisé en 100 pfennigs et vaut 1 fr. 23 457. Le mark d'or n'est représenté en m. réelle que par les multiples de 5, 10 et 20 marks. Les autres m. sont en argent : 1, 2 et 5 marks,

1/2 et 1/5 de mark. En 1877, on cessa la frappe des petites m. de nickel et de cuivre.

Les ateliers actuels sont : Berlin (A ou AA), Hanovre (B ou BB), Francfort-s.-Mein (C ou CC), Munich (D ou DD), Dresde (E ou EE), Stuttgart (F ou FF), Karlsruhe (G ou GG), Darmstadt (H ou HH), Hambourg (J ou JJ). Les m. portent uniformément l'aigle couronné.

La m. fiduciaire est représentée par des billets de 33 banques différentes qui doivent être remplacés successivement par ceux de la *banque impériale d'Allemagne.*

On trouvera d'autres renseignements sur les m. des emp. et des seigneurs dans la classification qui vient plus loin.

Nous avons adopté, pour le classement des pièces, un ordre géographique basé sur les divisions de l'Allemagne moderne, parce qu'elles sont plus familières que la division par cercles, et que, par conséquent, les recherches doivent être plus commodes.

Néanmoins, nous jugeons à propos de dire quelques mots de la division en cercles adoptée dans certains ouvrages.

En 1387, l'empereur Wenceslas partagea l'Allemagne en 4 cercles : 1° La Haute et la Basse-Saxe ; 2° la Province rhénane ; 3° l'Autriche, la Bavière et la Souabe ; 4° la Thuringe et la Franconie. En 1438, Albert II établit 6 cercles sous le gouvernement de l'électeur de Brandebourg, de l'archevêque de Salzbourg, du comte de Wurtemberg, de l'évêque de Mayence, de l'électeur de Cologne, et de l'électeur de Saxe. Maximilien Ier partagea définitivement l'empire en 10 cercles (1512) : Autriche, Bavière, Souabe, Franconie, Haute et Basse-Saxe, Westphalie, Haut et Bas-Rhin et Bourgogne. Cette division disparut lors de la confédération du Rhin.

Un grand nombre de catalogues allemands de ventes de m. adoptent un ordre purement alphabétique, analogue à celui du *Repertorium* d'Appel. Cet ouvrage, quoique remontant à 1829 et n'ayant qu'une médiocre valeur scientifique, est utile à cause du nombre de pièces dont il renferme la description dans l'ordre suivant : m. ecclésiastiques, impériales et royales, des seigneurs, des villes.

ROIS ET EMPEREURS D'ALLEMAGNE

*800. Charlemagne, roi de France.

*814. Louis le Débonnaire, associé dès 813.

*840. Lothaire Ier, associé dès 817. — 817. Louis le Germanique, son frère, roi de Bavière, puis de toute l'Allemagne, en 843.

*876. Carloman, roi de Bavière. — Louis le Jeune, son frère, roi de Franconie, de Thuringe, de Saxe, de toute la Lorraine et l'Allemagne, en 879.

*881. Charles le Gros, roi de Souabe, depuis empereur et roi de France; roi de toute l'Allemagne, en 882.

*887. Arnould, fils naturel de Carloman, roi de Germanie et de Lorraine, jusqu'en 896. — De 896 à 899, empereur.

*899. Louis, fils d'Arnould, roi d'Allemagne.

*912. Conrad Ier, de Franconie, roi d'Allemagne, CVONRADVS.REX. — 912 à 913, Charles le Simple, roi de France et de Lorraine.

*919. Henri Ier de Saxe, dit l'*Oiseleur*, roi d'Allemagne; roi de Lorraine en 923, HENRICVS.

*936. Otton Ier le Grand, roi d'Allemagne; roi d'Italie, en 961, empereur en 962, ODDO.

*961. Otton II, roi d'Allemagne; empereur en 973, OTTO.

*983. Otton III, roi d'Allemagne; empereur en 996, ODDO.

*991-97. Otton III et sa grand'mère Adélaïde, OTTO. REX. ADELDEIDA OU AHTALHET.

*1002. Saint Henri II de Bavière, roi d'Allemagne; empereur en 1014; *roi d'Italie* en 1004, HEINRICVS.

*1024. Conrad II le Salique, roi d'Allemagne; empereur en 1027, CHVONRAD.

*1039. Henri III, roi d'Allemagne, empereur en 1045, *roi de Bourgogne* en 1038, HEINRICHVS.

*1056. Henri IV, roi d'Allemagne, empereur en 1084. Sous son règne, plusieurs prétendants se firent couronner; ce furent : Rodolphe, duc de Souabe, 1077-1080 ; Herman de Luxembourg, 1081-1088 ; *Ecbert, marquis de Thuringe et de Misnie, 1088-1090.

*1106. Henri V, désigné dès 1099, roi d'Allemagne ; empereur en 1111.

1125. Lothaire, duc de Saxe, roi d'Allemagne, empereur en 1133.

*1138. Conrad III, de Hohenstaufen, roi d'Allemagne, CVNRA.

*1152. Frédéric Ier Barberousse, duc de Souabe, empereur en 1155, et roi d'Italie, FREDERI.

*1169. Henri VI, roi des Romains ; empereur en 1190 ; roi d'Italie, en 1186, et des Deux-Siciles en 1195, HEINRIC.

*1198. Philippe, seigneur de Toscane, roi d'Allemagne, PHILIPVS.

*1198. Otton IV de Saxe, roi d'Allemagne ; empereur en 1209 ; roi d'Italie, OTTO.

*1212-50. Frédéric II, fils de Henri VI, roi d'Allemagne ; empereur en 1220, FRIDERICVS.

*1222. Henri de Souabe, roi des Romains, déposé en 1235.

*1246-48. Henri Raspe, de Thuringe, empereur.

*1250-54. Conrad IV, empereur.

*1247. Guillaume de Hollande, roi des Romains.

*1257. Richard de Cornouaille, *id.*, RICARD. La même année, Alphonse X, roi de Castille.

*1273. Rodolphe de Habsbourg, roi des Romains. RVDOLPH'ROM.REX.

*1292. Adolphe de Nassau, roi des Romains. ADOLPHVS.

*1298. Albert Ier de Habsbourg, duc d'Autriche, roi des Romains, ALBTVS.

*1308. Henri VII de Luxembourg, roi des Romains; empereur en 1312; roi d'Italie en 1311, HENRICVS.

*1314-1322. Frédéric d'Autriche, fils d'Albert Ier, roi des Romains, puis de 1325 à 1330.

1314. Louis IV de Bavière, roi d'Allemagne; d'Italie en 1327, et empereur en 1328, LVDOVICVS.

*1347. Charles IV de Luxembourg, roi des Romains; empereur en 1355, et roi d'Italie. Il était roi de Bohême dès 1346, KAROL. — En 1349, Gonthier de Schwartzbourg fut élu roi des Romains pour quelques mois.

*1378. Wenceslas de Luxembourg, roi d'Allemagne.

1400. Robert, comte palatin du Rhin, *id.*

1410. Josse de Luxembourg, roi d'Allemagne.

*1411. Sigismond de Luxembourg, roi d'Allemagne; empereur en 1433; roi d'Italie en 1431; roi de Hongrie en 1420; roi de Bohême en 1420, SIGISMV'DVS.

*1438. Albert II d'Autriche.
*1440. Frédéric V, FRI.
*1493. Maximilien Ier, MAXIMILIANVS.
*1519. Charles-Quint, CAROLVS, KARO.
*1558. Ferdinand Ier.
*1564. Maximilien II.
*1576. Rodolphe III.
*1612. Mathias.
*1619. Ferdinand II.
*1637. Ferdinand III.
*1657. Léopold.
*1705. Joseph Ier.
*1711. Charles VI.
*1742. Charles VII de Bavière.
*1745. François Ier de Lorraine.
*1764. Joseph II.
*1792. François II, qui devient:
François Ier, empereur d'Autriche, en 1806.
*1871. Guillaume Ier.
*1888. Frédéric.
*1888. Guillaume II.

PRINCIPAUX ATELIERS DES EMPEREURS JUSQU'AU XIIe SIÈCLE

ANDERNAKA, Andernach.
AQVENSIS, Aix-la-Chapelle.
ARGENTINA, Strasbourg.
AVGVSTA.CIVI, Augsbourg.
BASILEA, BASILIEN, Bâle.
BOBARDIENSIS.CIVITAS, Boppard.
BRIISEIA, Brisach.
BREMA (S.), Brême.
BRI..AG, BRID.CVS, Brettach.
BRVNCNISTAT ?
C-S, Chemnitz ?
CAMPEN, CHAMPA. CIVITAS, CIVITAS.CVRI, Coire.
S.COLONIA, Cologne.
CONSTAN, Constance.
CORBEIAS, Corvei.
DAVANTRE, DAVANTRIA, Deventer.
DOCCINGEN, Doggingen.
DIVSBVRG, Duisburg.
ERPESFVRTI, Erfurt.
EMNIGHEM, Emnighem.
ESSENE, ESSEND, Essen.
FRANCFORD', Francfort.
FRIGISINGAENGH, Freisingen.
FRIDEBVRG, Friedburg.
FRESONIA, La Frise.
GEILENNV ? Gellenhausen.
HAGENVW, Haguenau.
HA-NO (*vus*), Hall ?
HAMBVRGE, Hambourg.
HEIDELBG, Heidelberg.
HOIO, HOIM, HOIVM, Huy.
L.MEGO, CIVIT, Lemgo.
MAGODAHVRG, MADEBVRG, Magdebourg.
MOGOMCIE, MOIONCI, MOCONCI, MAGVNCIA, Mayence.
MARIAE.DOMVS, Mergentheim.
METTIS, Metz.
MIMIGARDEVORD, MIMIGRADEFORD, Münster.
MINTEONA, Minden.
MOELHEMENS, Mühlheim.
MONASTERIVM, Münster.
NEMETIS.CIVITAS, Spire.
NOV'CIV', Neustadt.
NORT, Nordhausen.
NORLINGES', Nordlingen.
OPPENHEIMA, Oppenheim.
OSENBRVGE, OSNABRVGGE, Osnabruck.
QIDLINGNES, Quedlimburg.
RATINGEN, Ratingen.
REGGINA. CIVITAS, RADASPONA, Ratisbonne.
RIGEMAGO, Remagen.
SPIRAC, Spire.
STATNV.CIVITAS, Stade.
STVAERON, Staveren.
TIELE, Thiel.
TRAIECTV, Utrecht.
TREVERIS, Trèves.
THRETMANNI, THORTMANNE, TREMON, TRENONIENSIS, Dortmund.
VIOTO (IN VICO), Viset, près Liège.
VIRDVNI, Verdun
WIZENSE, Weissensee.
WERHT.M, Werthheim.
WETTLAR, WETELARIA.CIVI, Wetzlar.
WORMACIA, WORMB, Worms.

Attributions reposant sur des noms de saints :
S.S.SIMON. IVDA, Goslar.
SCS.MARIA, Hildesheim.
SCS.LAMBERTVS, Liège.
MAVRICIVS, Magdebourg.
S.SERVATIVS, Quedlinburg.
SCS. RVODPTVS, Salzbourg.
S.KILIANVS, Wurzbourg.
(V. aussi, la liste des ateliers carolingiens, Ier vol., p.121)

PROVINCE DE WESTPHALIE (Westphalen)

Cette province comprenait le pays entre la Weser, le Rhin et l'Ems (l'Ostphalen était entre l'Elbe et la Weser). Le duc Henri le Lion ayant été banni en 1179, l'archevêché de Cologne reçut ce pays de Frédéric Ier. Napoléon Ier créa le royaume en 1807 (m. jusqu'en 1813). En 1815, la Prusse recouvra ses anciennes possessions en Westphalie.

(J. Weingärtner, *Beschreibung der Kupferm. Westphalens*, Paderborn, 1876).

Alen. — En 1597, la ville reçut du prince-évêque la permission de frapper des m. de cuivre (armes : anguille ailée couronnée).

Anholt. — Seigneurie relevant du duché de Gueldre et prétendant ne relever que de l'empire. Droit monétaire accordé à la seigneurie par Maximilien II, en 1571 ; atelier des comtes de Bronckhorst, 1618 ; m. du prince Léopold-Louis-Charles de Salm, entre 1637 et 1663; *Duits* de cuivre avec CIVITAS.ANH*olt* ou CVS*a* ANH (Chijs, *De Munten van Gelderland ; Rev. belge*, 1863, 431).

Arensberg. — Deniers du comte Gottfried, XIIIe siècle ; m. de Conrad, et thalers d'Ernest (arch. de Cologne), 1587-90.

Attendorn. — M. des Arch. de Cologne, XIIe ; deniers avec ATTENDRVM, XIIIe siècle.

Beckum. — M. du XVIe siècle, avec deux laies courant.

Bielefeld. — Deniers des évêques de Münster, XIVe siècle BILEVELDE ; comtes de Ravensberg et ducs de Juliers ; comtes de Lippe, 1595, etc.

Bocholt. — Monnayage aux XVIIe et XVIIIe (armes : un hêtre avec racines et dix-sept feuilles).

Borbeck. — Florins et gros de Sophie, abbesse d'Essen (1459-89).

Brackel. — Monnayage cédé par les évêques de Paderborn à la ville ; deniers du XIVe siècle, avec MONETA.IN.BR. Evêque assis ℞ BRAKELE.CIVITAS, château avec herse.

Breckerfelde. — Atelier des comtes de la Mark, BREKERVELT.

Brilon. — Deniers des archevêques de Cologne, Conrad Ier et Engelbert II, avec buste de saint et BRIGLON. CIVITAS, ou figure assise tenant une palme et un A.

Bruch. — Atelier des comtes de Limburg où Dietrich VI, Guillaume II et Henri frappèrent des *raderalbus* avec MONETE NOVA BROCH au ℞.

Buren.— Seigneurie qui passa aux évêques de Paderborn ; m. incertaines.

Coerbecke.— Deniers de Conrad, archevêque de Cologne (1237-61).

Coesfeld. — COSVELDT. M. de cuivre des XVIe, XVIIe et XVIIIe siècles ; (armes : *tête de taureau couronnée avec licou*).

Corvei. — Otton et Conrad donnèrent aux abbés le droit de frapper m. à Horohusen, Meppen et Heresburg (973 à 1150) ; le comte Henri de Blankenburg leur donna l'atelier de Kroppenstadt, et l'évêque de Münster, celui de Landegg en Hesse (1238) ; deniers des rois allemands avec CORBEIAS ou le nom du patron Saint Vitus ; deniers de l'évêque Simon de Paderborn ; m. diverses des abbés depuis le XVIe siècle (CORBEIA, CAVBIR).

Dorsten. — Atelier des archevêques de Cologne ; pièces de 8 hellers de 1653 avec NVMVS.DVRST*ensis* ou CVSVS. DVRST.

Dortmund. — Deniers depuis Otton Ier avec le nom de la ville au ℞ et plus tard la figure et le nom de Saint Reinold ; en 1248, devint atelier des archevêques de Cologne ; Sigismond y frappa des m. d'or et d'arg. depuis 1419 avec son nom, la figure de Saint Jean-Baptiste et DORTMVND ; sous Maximilien, m. de la cité (avec *aigle de sable sur champ d'arg.*), MON.NOVA.TREMONIEN ; jusqu'en 1760. (A. Meyer, *Num. Zeitsch.*, 1883, pl. I-VII.)

Driburg. — Atelier des évêques de Paderborn, deniers de Simon et d'un seigneur, Berthold, XIIIe siècle ; ..IBVRCH CIVITAS.

Dülmen. — M. de cuivre de 1590 à 1625 (armes : croix tréflée).

Eversberg.— Atelier des comtes d'Arnsberg.

Gesecke. — Atelier de l'archevêque de Cologne.

Gronsveld. — M. des seigneurs, XVe siècle avec ORVS-VELT. GRONSFE, etc. (*Rev. belge*, 1851, p. 352 ; 1852, 411).

Hallenberg.— Deniers de l'évêque de Paderborn Otton, 1277-1307) avec CIVITAS.HALNBRIG ou HALNBRONSIS.

Halteven. — M. de cuivre de 1624, avec licou tortillé.

Hamm. — Deniers du comte Engelbert (1249-77) avec MONETA.IN.HAMONE ; m. de cuivre de la cité, XVIIe siècle (à la fasce échiquetée de la Mark).

Hattingen. — Atelier des comtes de la Mark. Engelbert II et III, XIVe siècle.

Helmershausen. — Atelier des évêques de Paderborn et des archevêques de Cologne ; m. inconnues.

Hervord. — Droit monétaire confirmée à l'abbesse Imma par Otton (974) par Conrad II à Jutta (1147), Deniers du XIIe au XIVe siècle, avec les noms des abbés de Corvei, proviseurs, au ℟ ; en 1520, le nom de la ville paraît avec celui des abbesses ; la cité seule frappe m. de 1565 à 1646 (armes : d'arg. à la barre de gueules), HERVORD.CIVI.

Hoerde.— Gros du comte Gerhard de la Mark (1422-61) avec MON.NOV.HVERDE ; pfennigs du duc Jean III de Clèves. 1528.

Hoxter. — M. citée dans des documents de 1160 à 1343 ; atelier des abbés de Corvei ; la ville frappa depuis 1542 ; hellers du XVIIe siècle.

Horohausen. — V. *Corvei.*

Iserlon. — Atelier des comtes de la Mark où des deniers furent frappés de 1200 à 1330, ISERhLON.CIVITS.

Limburg.— Comté dont les seigneurs se divisèrent au XIIIe siècle en branches de Haut-Limburg et de Limburg-Styrum ; deniers des comtes Thierry V (1372-97, TEODERIC.COMIE) et de ses fils. Thierry VI (1397-1439, GREVE.

DIDERIC) et Guillaume Ier (1397-1449, WILM'), LINBORGH, LIMBVRC. Les derniers comtes dont on ait des m. sont : Guillaume II et Henri de Bruch (+ 1485). Les armes, d'abord une *rose de gueules*, deviennent d'*arg. au lion de gu. couronné d'or* (Grote, *Münzblaetter*, III, 113 ; *Rev. belge*, 1862, 325.)

Lüdinghausen. — Otton II donna le droit à l'abbé de Werden d'y établir un atelier, 974.

Lügde, Lüde. — Atelier de Conrad, archevêque de Cologne (1238).

Mark. — Nombreuses m. des comtes depuis Adolphe Ier (1197) jusqu'à Jean II (1481-1521), remarquables comme presque toutes les m. de Westphalie par leur épaisseur et leur petitesse ; la répartition entre les divers comtes nommés Adolphe et Engelbert est difficile ; on trouve sur les m. les noms des ateliers suivants : *Iserlon*, *Hamm*, *Lune*, *Hattingen*, *Unna*, *Marck*, *Dinslake*, *Wesel et Hoerde* (V. *Clèves*); le comte assis ou à mi-corps.

Medebach.— Deniers des archevêques de Cologne Conrad et Wiebold, XIIIe siècle avec CIVITAS.MEDEBEKE.

Minden. — Privilège d'Otton Ier à l'évêque de Minden, 961 ; Frédéric II permet à l'évêque Jean (1242-50) de frapper des m. lourdes; deniers de l'empereur Henri III ; bractéates incertaines ; m. diverses depuis le XVIe siècle, MINTEONA.

Münster. — Deniers imités de ceux de Cologne avec ODDO, et avec double croix, puis avec la figure de Saint Paul. Sous Dietrich (1218-26) les m. portent le nom et la tête de l'évêque ; sous Jean (1363) les armes de famille et celles de l'évêché (*D'azur à la barre d'or*); schillings; florins en 1457; pfennigs bractéates et thalers, vers 1450 ; m. diverses jusqu'en 1766. Sous Ludolf, 1226-1248, paraissent ces deniers épais, communs en Westphalie, dont le flan trop petit ne reçoit jamais qu'une empreinte incomplète ; en 1650, m. de la vacance de siège ; m. de cuivre de la cité jusqu'en 1758 (Cappe, *Die Mittelalterlichen M. von Münster*, 1850). MONASTERIVM.

Nieheim. — Deniers de l'évêque de Paderborn, Otto (1277-1307), avec CIVITAS.NIEHEM.

Paderborn. — Les m. épiscopales commencent au XIIIe, s'arrêtent au XVe et reprennent à la fin du XVIe jusqu'à la fin du XVIIIe siècle ; m. des vacances de siège ; m. de la cité, 1605-1622.

Recklinghausen. — Atelier des archevêques de Cologne, XIVe siècle ; m. de Thierry VI, comte de Limburg (1397-1439), avec RELINCHVSEN. P. de 1 et 2 *albus*, 1662, NVM.RICHLINGHVS. Les comtes de R. avaient des ateliers à Soest, Werl, Medebach, Brilon, Attendorn, Schmallenberg, Marsberg, Arnsberg, Coerbeke et Lügde (Weingaertner, *Die Silberm. von Coelnisch Herzogthum Westfalen u. Grafschaft... Recklinghausen*, Münster, 1886).

Rheda. — M de cuivre de 1655 et 1659 avec REDE ou RHEDA (pour la ville ou le comté ?)

Rheina. — M. de cuivre de 1602 (p. de 12, 8 et 6 pfennigs) dont quelques-unes contremarquées d'une barre avec trois étoiles et de trois R.

Riettberg, Ritberg. — M. diverses des comtes, de 1500 à 1766 ; m. de cuivre de la ville, XVIIe siècle.

Schwalenberg. — M. des comtes Volquin et Wedekind, XIVe siècle. Voy. *Waldeck*, p. 69.

Salm. — L'empereur Charles IV donna en 1357 au comte Jean de Salm le droit de frapper des m. d'or et d'arg. comme celles de l'évêque de Metz et du duc de Lorraine ; les deux branches, Salm supérieure et S. inférieure ont frappé diverses m. jusqu'en 1782 (de gu. à 2 saumons d'arg. entourés de 4 croisettes d'arg.).

Schwerte. — Atelier des comtes de la Mark, 1242.

Smallenberg.— Deniers des archevêques de Cologne, Conrad, Engelbert et Siegfried (XIIIe siècle) avec CIVITAS. SMALNBERG et SMALENBVRGI.

Siegen.— Deniers de Siegfried, archevêque de Cologne, XIIIe siècle ; tournois du XIVe avec SEGEN et albus à roue du XVe (SIGENSIS.)

Soest. — Denier de Conrad II ; deniers des archevêques de Cologne du XIIIe avec le nom de la ville ; m. de cuivre de la ville, XVIe au XVIIIe siècle.

Stadtberg. —Denier de Thierry Ier, archevêque de Cologne, avec un grand A ; m. de la cité, XVIe siècle.

Stromberg. — Pfennig du XVIe siècle, attribution douteuse.

Tecklenburg. — M. diverses, arg. et cuivre de la branche de Bentheim-Terklenburg (*D'arg. à trois cœurs de gu.*)

Telget. — Chercha à frapper des m. de cuivre en 1621.

Unna. — Atelier des comtes de la Mark ; deniers d'Engelbert III et Adolphe III, XIVe siècle ; VNNENS ou VNNES.

Vlotho. — Atelier donné par Henri VII, en 1224, à Sophie d'Oldenburg, femme du comte Otto de Ravensberg.

Vreden. — Henri IV donna le droit monétaire à l'abbaye en 1085.

Warburg ou *Warberg.* — Denier des évêques de Paderborn, de Bernhard IV (1227-47) à Théodor II (1310-21) avec le lis de la ville au ℟ ; m. de cuivre de la cité, 1622.

Warendorf. — M. de cuivre, 1574 à 1690, portant la herse de la ville, et plus tard la tête de saint Liborius et ELEEMO ou E seul.

Werl. — M. de Gebhard II et Ernest, archevêque de Cologne, m. de cuivre de la cité, 1602, avec clef sur une croix (armes de la ville).

Werne. — La ville reçut le droit monétaire en 1602 et frappa des m. de cuivre, 1610.

Widenbrück. — Atelier donné aux évêques d'Osnabrück, dès 952 ; m. depuis l'évêque Conrad II (1227) jusqu'à Eric (1508 32) ; la cité reçut de divers évêques le droit de frapper des m. de cuivre de 1 à 6 pfennigs. WIDENBRVGE.

Winterberg. — Deniers de Simon, évêque de Paderborn (1247-77) avec CIVITAS.WINTRBRIGEN.

PROVINCE RHÉNANE

Aachen (Aix-la-Chapelle). — Deniers depuis Frédéric Ier (avec ROMA . CAPVT . MVNDI ; ROMA . SECVNDA) jusqu'à Louis IV. Au XIVe siècle, les monnaies d'Aix, gros et divisions, présentent d'abord le type esterlin ; puis, conservant la croix coupant les légendes du ℞, adoptent pour type principal l'empereur Charlemagne, debout, à mi-corps au-dessus de l'écu de la ville ou à genoux soutenant la cathédrale, AQVS, AQVENSIS, AQVIS.GRANI ; dates diverses; tournois, gros, florins, thalers, etc., jusqu'en 1795 (*Z.f.N.*, 1873, 69 ; 1874, 76.)

Alpen. — Oboles du comte Gerhard avec croix cantonnée de GERD et ALP au ℞, XIVe siècle.

Altenkirchen. — Atelier des comtes de Sayn ; petite m. de 1693.

Andernach. — Atelier des Otton et jusqu'à Henri III ; deniers des ducs de Lorraine, de Conrad, archevêque de Cologne ; Frédéric confirma le droit monétaire de ces archevêques en 1167 ; ANDERNAKA, ANNTHON.

Asperden, Aspern, Aspermont. — Gros de Walram de Falkenburg, avec MONETA.WALRANUS.ASPERENSIS (*Rev. belge*, 1852, 228 ; 1854, 79.)

Bacharach. — Les comtes de Moers y frappèrent des florins et des gros au XIVe siècle.

Bergheim. — Florins, gros et *raderalbus* des comtes de Juliers.

Berg-Ravensberg. — M. depuis le comte Adolphe (Branche cadette de Juliers, 1247-57) ; Bractéates avec les armes de B.-R.; Berg et Juliers sont réunis sous Adolphe IX (1423). Gros d'Adolphe VIII (1308-48) avec le nom de l'emp. Louis IV et TERRA.DE.MONTE (*Rev. belge*, 1854, 371 ; Grote, *Münzstudien*, VII, 22). Les comtes et ducs de Berg-R. (COMES *ou* DVX.DE.MONTE.RA) avaient des ateliers à Wipperfürth (WIPPEREWORDE), Gerresheim (GERISHE), Lennep (LEINPE, LENFEN), Mühlheim (MOELHE, MOLM, etc.), Ratingen (RATING'.) Les m. sont des deniers, oboles, gros, florins, raderalbus, avec le comte armé, à mi-corps ou en buste, et des écus armoriés dans des rosaces.

Pour les armes de Berg et Juliers, voir l'armorial des familles allemandes. Ravensberg portait : *D'or à trois chevrons de gueules.*

COMTES ET DUCS DE BERG

*1259. Adolphe VII, ADOLPHVS.
*1308. Adolphe VIII, ADOLPHVS.
*1360. Guillaume Ier, WILHELM.
*1380. Guillaume II, 1er duc, WILHELM.
*1408-23. Adolphe IX, ADOLF VS, etc.

Berncastel. — Atelier des archevêques de Trèves, XVIe siècle.

Blankenberg. — Atelier du duc Guillaume de Juliers (+ 1513).

Bonn. — Atelier des archevêques de Cologne ; deniers de Siegfried ; tournois, florins, etc. ; BEATA.VERONA. VINCES (l'origine de ce nom est incertaine).

Boppard. — Louis IV engagea la monnaie à l'archevêque de Trèves, 1314.

Born. — M. de Walram et Reinold de Voerne, Ravenstein et Born (1355-96) avec BORNE et BORNEN (*Rev. belge*, 1855, p. 51).

Brauweiler. — Abbaye qui reçut le droit monétaire en 1050.

Bretzenheim. — Ducats, thalers, p. de 20 et 10 kreuzers de Charles Auguste, depuis 1790.

Büdelich. — Droit monétaire donné à l'abbaye, 1056.

Büderich. — Gros du duc Jean de Juliers, XIVe siècle.

Burscheid. — Atelier de tournois de Juliers,

Cleve. — M. du duché, or et arg. depuis le XIVe siècle ; le comte ou le duc à mi-corps ; buste de saint Hubert ; les écus de Berg, de Clèves, de Mark ; CLEVEN, CLIVENS. Demi-gros de Jean II (1481-1521) avec les écus de Mayence, Trèves, Cologne et Bavière (MONETA.NOVA.RENENS' 1511 ; *Num. Zeit.*, 1855, 95, 183). Ateliers à Kalkar (CALKEN) Wesel (WESALIE), Emmerich (EMRI). Bractéates avec les armes de Clèves-Mark. Deniers, oboles, gros, florins, albus, etc. M. de cuivre du chapitre, 1574, avec CAPITVLVM. ECCLE.CLIVEN. En 1666, le duché passa aux électeurs de Brandebourg ; la marque de Clèves comme atelier prussien est un C.

COMTES, PUIS DUCS DE CLÈVES

*1347. Jean, IOHANNES.
*1368. Adolphe III, ADOLPHVS.
*1394. Adolphe IV, duc en 1417, ADOLP'.
*1448. Jean Ier, IOHS'.
*1481-1521. Jean II. IOHS'.
*1511. Jean III, IOHS'.SENIOR. FILIV, etc.
*1539. Jean Guillaume IV, IOAN.GVILI.
*1592-1609. Jean-Guillaume le Bon.

Cloten. — Droit monétaire, en 1050.

Coblenz.— Atelier donné par Henri II aux archevêques de Trèves (1018) qui y frappèrent des deniers et florins avec CONFLVENTIA, COVELNEINSIS, COVELENSIS. M. diverses depuis le XIVe siècle.

Coeln (Cologne).— Après les deniers de Pépin et Charlemagne, ceux des Ottons portent COLONIA qui est précédé de SANCTA sous Charles le Gros ; Otton IV est le dernier qui frappe à Cologne. Les archevêques qui reçurent le droit monétaire d'Otton Ier frappent des deniers, d'abord avec leurs nom et buste et au ℟ le nom de l'emp., remplacé bientôt par celui de la ville ; depuis Pilgrim jusqu'en 1802, m. diverses. Anno II fixa le type de la m. qui fut imitée par la plupart des pays voisins (Buste d'évêque de face tenant une crosse et une croix ℟ château représentant la cité, IMAGO.S.COLONIA.) Les principaux ateliers des archevêques étaient : Andernach (ANDTER), Xanten (SCA.TROIA), Soest (SHVSAT), Ariburg (ARIBVRG), Lippe (LIPPIA), Attendorn (ADDENDARA), Medebach (MEDENBEK), Bonn (BVNENSIS), Deutz (TVYCIEN), Riele (RYLON, RILENS), Bergen (BERCKEN). M. de la cité jusqu'à la fin du

XVIIIe siècle. Les armes de l'archevêché sont : *d'arg. à la croix de sable ;* celles de la ville : *coupé, au* 1, *de gu. à trois couronnes d'or* ; *au* 2, *d'arg. à onze flammes de gu.* (Cappe, *Beschr. der Coelnischen M.*, 1853.)

ARCHEVÊQUES DE COLOGNE

890. Hermann Ier.
925. Vichfred.
*953. S. Bruno.
965. Volmar.
969. Geron.
976. Warin.
?* 985. Everger.
999. S. Heribert.
*1021. Pilgrim.
*1036. Hermann II.
*1056. S. Anno II.
*1076. Hiltolf.
*1079. Sigewin.
*1089. Hermann III.
*1100. Frédéric de Friaul.
*1131. Bruno II d'Altena.
*1137. Hugues de Sponheim.
*1137. Arnold Ier de Gueldre.
*1151. Arnold II de Weda.
*1156. Frédéric II d'Altena.
*1159. Renaud de Dassel.
*1167. Philippe de Heinsberg.
1191. Bruno III de Berg.
*1193. Adolphe Ier d'Altena.
1205. Bruno IV de Sayn.
*1208. Thierry de Heinsberg
*1214. *Vacance du siège.*
*1216. Engelbert Ier d'Altena
*1225. Henri Ier de Molenark
*1238. Conrad Ier de Hochstaden.
*1261. Engelbert II de Falkenberg.
*1275. Sigfried de Westerburg.
1297. Vicbald de Halte.
*1304. Henri II de Wirneburg.
*1332. Waleran de Juliers.
*1349. Guillaume de Genep.
1362. Jean Ier de Wirnenburg.
1363. Adolf II de la Mark.
*1364. Engelbert III de la Mark.
*1368. Cuno de Falkenstein.
*1370. Frédéric III de Saarwerden.
*1414. Thierry II de Moers.
*1463. Ruprecht ou Robert de Bavière.
*1480. Herman IV de Hesse.
*1508. Philippe II, c. de Daun.
*1515. Herman V, c. de Wied
*1546. Adolphe III de Schauenbourg.
*1556. Antoine de Schauebourg.
*1558. Jean Gebhard de Mansfeld.
*1562. Frédéric IV de Wied.
*1567. Salentin d'Isenbourg.
*1578. Gebhard II.

*1583. Ernest de Bavière.
*1595. Ferdinand de Bavière
*1643. Maximilien-Henri de Bavière.
*1688. Joseph-Clément de Bavière.
*1722. Clément-Auguste de Bavière.
*1761. *Vacance.*
*1761-84. Max-Fréd., comte Koenigseck etc.

Saint-Corneli. — Droit monétaire donné par Otton Ier à l'abbaye.

Cranenburg. — Le comte Dietrich y frappa des gros au XIIIe siècle.

Dahlen. — Tournois des ducs de Juliers, XIVe siècle; kreuzer uniface avec DAHL.

Deutz. — M. d'or et d'arg. des archevêques de Cologne, de 1333 à 1612.

Dierdorf. — Le comte de Wied-Runkel y frappa en 1758, des m. de 1 à 15 kreuzers avec son chiffre couronné et GRAF.ZV.WIED RUNKEL-ISENBVRG VND CRIECHINGEN.

Dinslaken. — M. de Dietrich, frère d'Engelbert de la Mark (1368-1406).

Düren. — Atelier de Guillaume de Juliers, de son fils, et de Gerhard, comte de Ravensberg; m. de cuivre de la ville.

Duisburg. — Atelier des rois et empereurs, au XIe siècle; Henri IV le donna en 1065 à l'archevêque Adelbert, de Hambourg; atelier des archevêques de Cologne.

Dusseldorf. — M. de Guillaume, duc de Berg (1380); atelier des rois de Prusse, depuis 1821, avec D.

Duelken.— Atelier des ducs de Juliers, DVLKENS'.

Emmerich. — M. de Jean II, duc de Clèves, 1509, EMRI, p. de 12 hellers, 1509, avec CVSVS.EMBRICA et *stüber* sans date.

Erkelens. — Gros de Guillaume IV, duc de Gueldre (+ 1402).

Essen. — Droit monétaire donné aux abbesses en 873, confirmé en 1523 par Charles-Quint. Monnaies diverses du XIIIe au XVe siècle et depuis 1646.

Saint Eucharius (à Trèves): — Deniers avec S.EVCHARIVS et le buste du saint, XIe siècle.

Friedland. — Dans le comté de Sayn-Altenkirchen ; atelier du comte de Sayn, 1694.

Gangelt. — Tournois de Jean, comte de Moers, XIVe siècle ; m. de Dietrich III de Heinsberg (+ 1561).

Geilenkirchen. — Gros du comte Gottfried III de Heinsberg, avec MONETA.GEILENKIR (*Rev. belge*, 1850).

Gerresheim. — Tournois du duc de Berg, XIVe siècle ; deniers d'Hermann, duc de Basse-Lorraine (954-59). Gillenfeld. — Atelier donné en 1012 au couvent de Saint-Florin de Coblentz.

Gimborn: — M. du comte de Walmoden, en 1802.

Gladbach. — M. citée dans des titres du XIVe siècle.

Hammerstein. — Droit concédé aux comtes par Charles IV, 1357.

Hasselt. — M. de Dietrich (+ 1347) avec MONETA IN.HASSLENSIS.

Hechingen. — Atelier des princes de Hohenzollern — H., 1622.

Heinsberg. — Seigneurie détachée de celle de Fauquemont en 1170 ; elle eut des seigneurs particuliers qui frappèrent, du XIVe au XVe siècle, DNS.D.hNS, MONETA. hEINSB, DNS.hENSBERK ; gros, deniers, esterlins, florin, imités des m. voisines (*Rev. belge*, 1850, 260).

Herzogenrade. — Rodolphe donna cet atelier au comte de Gueldre, 1282.

Heyde-Terblyt. — Thaler et m. de billon de Guillaume de Bongart, XIVe siècle, avec GVILH.A.BVNG.DO. HEYD. ℞ (*Blyt*) (*Rev. belge*, 1851, 346).

Huissen. — Atelier des ducs de Clèves, groschen, etc., m. avec CVSA.HVISSIAE.

Hungen. — Thalers de 1623 avec HOINGEN.

Jülich (Juliers). — La maison de J. fut divisée en branches de J. et de Berg en 1247, Guillaume, comte en 1328, devint margrave en 1336 et duc en 1357 ; Berg fut réuni, en 1423, et les deux fiefs entrèrent dans la maison de Clèves en 1511. Des m. avec SIGNVM. CRVCIS sont données aux comtes Gerhard IV (1149-1218) ou G. V 1297-1328). Les m. des ducs sont des gros, des esterlings, des florins, avec les écus de Juliers,

Clèves, Berg et Mark. A citer le gros de Reinhold avec l'écu au lion et ceux de Mayence, Cologne et Bavière dans un trilobe. Le florin et gros de Guillaume IV avec l'écu de Trèves en plus, 1511, etc. Les ateliers sont : Dülken (DVLKENSIS), Düren (DVRENSIS), Bergheim (BERCHGHEIM), Mülhheim (MOEL', MVLH'), Juliers (IVLIAC). V. *Clèves*.

DUCS DE JULIERS

*1357. Guillaume Ier, WILHMVS.
*1361. Guillaume II, WILHELMVS.
*1393. Guillaume III, WILHELMVS.
*1402. Reinhold, REIN'.
*1423. Adolphe, ADVLF'.
*1437. Gerhard VI, GERHDVS.
*1475. Guillaume IV, WILH',
*1511-21. Jean III, IOHS.

Junkheit. — Gros des seigneurs avec MONETA.IVNCHEIT, depuis 1372.

Kalkar. — M. de Jean-Adolphe VII, duc de Clèves (1347-68), CALKEN.

Kempen. — *Denarii Campensis mon*, cités au XIVe siècle.

Kirn. — Atelier des comtes de Salm, 1607.

Koenigsdorf. — Florins et gros de Thierry II, arch. de Cologne.

Kreutznach. — En 1066, Henri donna cet atelier au comte Eberhard de Sponheim.

Lennep. — M. du comte de Berg, Guillaume Ier (1360).

Liessem. — Esterlins de Hartard, seigneur de Schoenecken, 1316-50, (*Rev. belge*, 1859, 239) V. p. 64.

Malmedy. — Frédéric II donna le droit monétaire à l'abbé Wibald de Stablo, 1152; deniers du XIe siècle avec le nom de lieu et celui de Saint Rameklius ; autres avec le dragon, armes de l'abbaye.

Manderscheid. — Le comte reçut le droit monétaire en 1583; ducat, 1718.

Saint Maximin. — Deniers divers avec deux colonnes; atelier donné à l'abbé, en 992, par Otton III.

Mere. — M. de Geoffroi III ou IV, duc, XIe siècle.

Moers. — Comté changé en principauté, 1707; tournois et m. diverses, depuis le XIVe siècle. Le comte Jean reçut de Charles IV, en 1373, le droit de battre des florins et des m. d'argent; MOIRS.

Mühlheim. — M. diverses des comtes de Berg et des ducs de Juliers; florins de Sigismond, 1425; MOLM', MOELENhEM.

Münster-Eiffel. — Concession de Zwentibold au couvent en 898.

Neuenaar. — Comté partagé en 1578 entre le Palatinat et les ducs de Juliers. M. des comtes Gumprecht II (+ 1484) et Hermann, 1578.

Neuss. — Denier d'Engelbert, évêque d'Osnabruck, avec NVZEI-VGE. Thalers, florins et monnaies diverses de la ville, avec son patron, Saint Quirinus.

Niederwesel. — Atelier des comtes de Solms, 1622.

Offenbach, Ovenbach. — Atelier de Werner, archev. de Trèves, 1415-17.

Oberwesel. — Florins et m. divérses des archev. de Trèves, XIVe siècle; hellers unifaces avec *wesalia*, 1477.

Prüm. — Abbaye qui reçut, en 1222, le droit de monnayer à Saint-Goar; petits deniers divers.

Randerath. — Tournois et gros de Louis, Arnold II et III de Randerath ou Randerode, RAN, XIVe siècle (*Rev. belge*, 1851, 143; 1861).

Ratingen. — Deniers de Guillaume, comte de Berg.

Rheinbergen. — Florins et groschen (avec DVX.WE et le cheval de 'Westphalie) de Ruprecht, archev. de Cologne.

Rheineck. — M. des comtes de Sinzendorf, XVII. siècle.

Rheimagen. — Atelier d'Henri IV; tournois de Guillaume, duc de Juliers, 1348; RIGEMAGO.

Riele. — Atelier des archev. de Cologne, de Guillaume à Ruprecht; m. diverses.

Rommersheim. — L'abbé de Prüm reçut le droit d'y établir un atelier, en 861.

Saar brücken. — Comté qui passa à Jean de Nassau en 1380. Le roi Wenceslas permit au comte, en 1398, de frapper des m. d'or et d'argent.

Sayn. — Le comte Jean reçut, en 1329, le droit de frapper des hellers comme ceux de Francfort, Spire, Nüremberg, etc. ; les comtes Sébastien, Henri et Hermann reçurent, en 1570 et 1585, le droit de frapper des m. d'or et d'arg. M. de 1139 jusqu'en 1764 (Sayn porte un *léopard d'or à queue fourchue*).

Schoenau. — Thalers de Théodore de Milendonk, 1542 ; p. de 4 hellers de Jean Gottfried de Blancha, 1755.

Shoenecken. — Esterlin de Hartard (1316-50) avec HARS.DNS.DE.SONEC. (*Rev. belge*, 1859, 47).

Schonvorst. — Monnaies diverses des seigneurs Renaud et Jean, XIVe siècle ; gros de Gérard, duc de Juliers, 1437-75.

Siegburg. — Concession de Henri V à l'abbaye, 1056.

Simmern. — M. des comtes palatins depuis la fin de 1410 à 1662 ; florins et gros avec SIME', SIMERENSIS.

Sinzig. — Atelier donné par Henri IV, à Adelbert, archev. de Hambourg, 1065.

Solingen. — M. citées dans un titre de 1534.

Solms. — Maison divisée en deux branches au XVe siècle. La première, devenue princière en 1742, avait un atelier à Hungen ; la seconde frappa à Lich, Laubach et Roedelheim ; m. diverses du XVIe au XVIIIe siècle. Solms porte *d'or au lion d'azur*.

Sponheim. — Denier du comte Jean II (1295-1340), avec MO.NOVA.CRVCENAC, frappé à Creuznach.

Trier (Trèves). — Ancien atelier romain. Série de m. des archev. de Théodoric Ier (965-75) à Clément Wenceslas (1794) ; denier de Ludolph (994-1008), avec ALBA.PORTA. Les deniers des archev. portent généralement leur buste et une main ; un lion ; un édifice à trois tours ; écu à la croix de Trèves ; deux clefs ; écu écartelé de Trèves et des armes des prélats. Sous

Balduin ou Baudouin, hellers unifaces; sous Boémond II, premiers florins et tournois ; sous Jean II, paraît le thaler ; au xve siècle, le titre PRINCEPS.ELECTOR. L'archev. de Trèves fit, en 1612, une convention avec Mayence, Cologne et les comtes palatins pour frapper des pfennigs unifaces avec M.T.C.P (valant 14 au batzen et 8 au pfennig blanc). Première m. de cuivre en 1748. Les ateliers des archevêques sont : Coblenz (CONFLVENTIA), Trèves (TREVE), Offenbach (OVENB'), Wesel (WESALIEN'), Bernkastel (BERNCASTEL). (Bohl, *Die Trierischen M.*, 1823-37 ; *Num. Zeitsch.*, 1871, 546.)

ARCHEVÊQUES DE TRÈVES

671. S. Basin.
695. S. Lutwin.
713. Milon.
753. S. Weomad.
791. Richbodus.
804. Vaso.
809. Amalharius.
814. Hetto.
847. Theutgaud.
869. Bertulf.
883. Ratbod.
915. Roger.
931. Robert.
956. Henri Ier.
*965. Théoderic Ier.
977. Egbert.
*994. Ludolph.
*1008. Megingaud.
*1016. Poppo.
*1047. Eberhard.
1066. S. Cono.
*1066. Udo de Nellenburg.
*1079. Engilbert.
1102. Bruno de Brettheim.
1125. Geoffroi de Ruttich.
1127. Meginher.
*1131. Alberon de Montreuil.
1152. Hillin de Falemaigne.
*1169. Arnold Ier.
*1190. Jean Ier.
*1212. Thierry II de Wied.
*1242. Arnould II d'Isenbourg.
*1260. Henri II.
*1289. Boëmond de Warnesberg.
*1309. Baudouin de Luxembourg.
*1354. Boëmond II de Sarbrük.
*1362. Cuno de Falkenstein.
*1388. Werner de Falkenstein.
*1418. Otton de Ziegenhain.

*1430. Rhaban de Helmstadt.
*1439. Jacques de Sirck.
*1456. Jean II de Bade.
*1503. Jacques II de Bade.
*1511. Richard de Greiffenklau de Volraths.
1531. Jean III de Metzenhausen.
1540. Jean-Louis de Hagen.
1547. Jean V d'Isenbourg.
*1557. Jean VI de Leyen.
*1567. Jacques III d'Eltz.
*1581. Jean IV de Schœnenberg.
*1599. Lothaire de Metternich.
*1623. Philippe-Christophe de Soetern.
*1652. Charles-Gaspard de Leyen.
*1676. Jean-Hugues d'Orsbeck.
*1711. Charles de Lorraine.
*1716. François-Louis, comte de Neuburg.
*1719. *Vacance.*
*1729. François-Georges de de Schoenborn.
*1756. Jean-Philippe de Valderdorff.
*1768-94. Clément Wenceslas de Saxe, etc.

Vallendar. — Les comtes de Sayn y avaient droit de monnayer en 1359.

Veldenz. — Les comtes palatins de ce nom frappèrent, depuis le XIVe siècle, à Meisenheim, Pfalzburg, Weinberg et Rothau. Jean-Georges (1563-92), Georges-Gustave (1592-1634), Jean-Auguste de Lützelstein (1592-1611), Léopold-Louis (1634-94).

Wassenberg. — Tournois et gros des ducs de Juliers, XIVe siècle.

Waldfeucht. — M. d'argent avec MONETA.NOVA.DE VOECHT. (*Rev. belge*, 1864, 218.)

Weinberg. — Atelier des comtes palatins de Weldenz.

Werden et *Helmstaedt.* — Concession d'Otton à l'abbaye, 974. Denier de l'abbé Guillaume (1310-30), albus à roue de Conrad (1452-74); série de m. diverses depuis l'abbé Henri (1572) jusqu'à l'abbé Anselme, 1774, WERDIN.

Wesel. — M. des comtes et ducs de Clèves, WESEL; Dietrich de la Mark (1394-98), MONETA.NOVA.RE (*nensis*) WESALIE.

Wetzlar. — Deniers de Philippe et de Conradin.

Wied. — Branches de Neuwied et de Runkel. P. de 1 à 15 kreuzers du comte de Adolphe de Runkel; Wied porte *d'or à la fasce de gu. chargée d'un paon.* V. Dierdorf.

Wielberg.— Atelier des archev. de Cologne, XIIIe siècle.

Wipperfurt. — M. d'Adolphe VII et VIII et de Gerhard de Juliers, XIIIe siècle. Denier de Conrad, archev. de Cologne?

Xanten. — Deniers d'Hermann, archev. de Cologne, SCA.TROIA; m. du duc Jean de Clèves, avec MONETA.NOVA.TROI.IUNIORIS, 1457.

Hohenzollern. — M. des princes de la branche d'Hechingen de 1623 à 1783; de la branche de Siegmaringen en 1842. Les princes entrèrent dans la convention monétaire de 1838.

DUCHÉ DE NASSAU

Maison divisée en lignées, fondées par Walram et Otton, en 1247, et subdivisée en branches de Idstein-Wiesbaden, Weilburg et Sonnenberg, en 1365; de Saarbrücken-Usingen (1627), de Siegen et de Dillenburg, de Beilstein et de Hadamar (XVIIe siècle).

Le comte Gerlach de Nassau-Wiesbaden reçut, en 1354, le droit de frapper des hellers, et en 1367 le droit de frapper, avec son père, Adolphe, des m. d'arg. à Idstein. La m. d'or fut permise au comte de Nassau-Weilburg, 1398. M. diverses depuis le XIVe siècle.

Beilstein. — Atelier transféré à Dietz, 1692.

Dillenburg. — Atelier de la maison de Nassau-D., 1681.

Elfeld. — Florins de Gerlach, archev. de Mayence, avec ELTEVIL (ancien nom *Altavilla*).

Eppstein. — Droit monétaire confirmé à Gottfried von E. par Charles IV, 1355.

Grensau. — Atelier des comtes, XIVe siècle.

Hachenbuch. — Atelier des comtes de Sayn, XVe siècle.

Herborn. — Atelier de la maison de Nassau, 1681-1695.

Hoechst. — Atelier des archev. de Mayence, de Jean Ier à Thierry ; florins et pfennigs blancs jusqu'en 1438.

Holzapfel. — Florins doubles, albus et kreuzers, d'Adolphe, prince de Nassau. 1676-83. (Armes : *de gu. au lion d'arg. et d'arg. au griffon de gu. tenant une pomme d'or*).

Idstein. — Florins du comte de Walram de Wiesbaden, XIVe siècle ; m. diverses des princes de Idstein en 1692.

Kirchheim. — Atelier des comtes de Nassau, 1603.

Koenigstein. — Le droit monétaire à Francfort, Nordlingen et Bâle passa au comte Eberhard de Konigstein qui frappa des gros de 1515 à 1535. (*Num. Zeit.*, 1846, 41.)

Limburg. — Atelier transféré à Wiesbaden, 1830.

Lorch. — Florins d'Adolphe Ier, archev. de Mayence.

Oberlahnstein. — Florins et gros d'Aldolpe Ier, archevêque de Mayence, 1373-90.

Weilburg. — Atelier, 1749-54.

Westerburg. — Atelier des comtes de Leiningen-W., 1681.

Wiesbaden. — Atelier des ducs de Nassau, XIVe-XVIIe siècles.

PRINCIPAUTÉ DE LIPPE

Maison divisée en branches de Detmold, de Bracke et de Bückeburg (1613) ; la branche de Detmold fut subdivisée en Detmold et Biesterfeld. (Lippe porte *d'arg. à la rose de gu. barbée et boutonnée d'or*).

Deniers du comte Bernard III (1229-65) et de ses successeurs avec LIPPE.CIVITAS, STA. COLONIA et DE.LEMEGO. MONETA. Les ateliers étaient Lippe, puis Blomberg, Horn et Lemgo.

Les deniers sont presque semblables à ceux de Westphalie ; tête de face couronnée, le comte assis, rose.

Premier thaler en 1528 ; florin, 1615 (Grote et Hoelzermann, *Lippische, Geld u. Münzgesch*, 1867).

Blomberg. — Esterlin de Bernhard III, comte de Lippe (1229-65) BLOMENBERIC ; m. de billon, 1612.

Detmold. —Atelier des comtes de Lippe, 1604, 1700-1803 p. de 1, 2 et 3 pfennigs cuivre, avec DITMAL, 1619-20.

Horn. — Atelier du comte Simon, 1275-1324.

Lemgo. — Atelier des rois allemands et des comtes de Lippe, LEMGOENS ; deniers des évêques de Paderborn Simon et Bernhard, XIIIe-XIVe siècles, avec LEMEGO. CIVITAS ; deniers des comtes avec LEMGO et COLONIA, imités de ceux de Cologne.

Schauenburg-Lippe. — Maison divisée en branches de Rückeburg et Alverdissen, 1687 ; m. diverses (Schauenburg porte : *De gu. à un écusson coupé d'arg. sur gu., accosté de 3 feuilles d'ortie et de 3 clous.*

Bielfeld. — Atelier des comtes de Schauenburg, 1608.

Bückeburg. — Atelier du prince de Schauenburg-Lippe, XVIIe siècle.

Oldendorf. — M. de bas aloi du comte de Schauenburg, depuis 1608.

PRINCIPAUTÉ DE WALDECK

Maison divisée en lignées de Waldeck et de Pyrmont (1178), puis de Schwalenberg, d'Eisenberg et de Wildung. Deniers des comtes Volquin, Widekind et Albert, 1214-1315, carolins d'or de Charles-Auguste Frédéric, 1734-35 ; m. diverses. CO.DE.WALDECh *ou* WOLDEC ; le prince à mi-corps, tête dans une couronne, losange portant un annelet, etc.

Arolsen. — Atelier de 1732 à 1840.

Corbach. — M. des comtes de Waldeck, XIIIe siècle, avec CVRBEKEC et CORBECIA ; m. de la ville avec MO.NO.CIV. CORBECK.

Nieder-Wildungen. — Atelier des comtes de Waldeck, 1587-1619.

Pyrmont.—Le comte Christian Louis de Waldeck († 1706) est le premier qui prit le titre et les armes de comte de P. En 1761, m. de cuivre de Georges, prince de Waldeck, pour Pyrmont (*Num. Zeit.*, 1848,37).

PRINCIPAUTÉ DE LIECHTENSTEIN

M. d'or et d'argent du XVIIe siècle jusqu'en 1778 ; bustes et écus armoriés ; DVX.OPPAVIAE.ET.CARNOVIAE.

(Alexandre Missong, *Num. Zeitsch.*, 1882, 109, 331.)

HESSE (Hessen)

En 1130, l'héritière de Gison IV porta ses domaines dans la maison de Thuringe, dont ils furent détachés en 1263 pour former un landgraviat en faveur de Henri Ier. En 1567, à la mort de Philippe le Magnanime, la maison de Hesse fut divisée en branches de Hesse-Cassel (Electorat), et de Hesse-Darmstadt. De cette dernière sortit, en 1596, la branche de Hesse-Hombourg. Il y avait encore d'autres branches non souveraines, mais apanagées : Hesse-Rheinfels-Rothenbourg (1677-1834), et Hesse-Philippsthal (1864).

Bractéates avec le lion de Hesse et MARBVRCH ou MAREBVRG.

Le monnayage signé commence avec Sophie, SOFIA. DVCIS, fille du landgrave Louis IV, et son fils Henri l'Enfant.

Les premières m. d'Henri (1265-1308) portent COMES, et les plus récentes, LANTGRAVI.hASSIE, Armoiries. Sous Guillaume Ier, premiers thalers frappés à Cassel ; Guillaume II reçoit du roi Maximilien le droit de frapper des florins (1503) ; Philippe (1509-67) entra dans l'alliance des princes du Rhin frappant m., et mit sur ses espèces les armes de Mayence, Trèves, Cologne, Palatinat et Hesse ; thalers de la ligue de Smalkalde, après la prise de Wolfenbuttel (1542). Guillaume V (1627-37) porte les titres de COMES IN.*cassel :* De *ziegenhain* : E*t* : NID*da*. M. diverses La Hesse entra en 1841 dans l'alliance monétaire allemande.

(J. Hoffmeister, *Hessische Münzkunde*, 1857-80.)

Amoeneburg. — Atelier des archevêques de Mayence, Siegfried III et Christian II. Pfennigs avec le nom de la ville ; quelques-uns portent comme armes deux roues, et AMENEBO.

Cassel. — Atelier dès le XIIIe siècle ; m. de bas aloi du landgrave de Hesse, 1457 ; pfennigs avec CASSEL.

Eschwege. — Abbaye de femmes, qui reçut le droit monétaire de l'empereur Frédéric.

Frankenberg. — Atelier de la duchesse Sophie de Brabant et de son fils Henri l'Enfant, XIIIe siècle.

Fritzlar. — Atelier des archev. de Mayence, connu par des documents des XIIIe et XIVe siècles.

Fulda. — Droit monétaire donné à l'abbé Brantho par le roi Henri II, 1012 ; confirmation en 1019 ; deniers depuis l'abbé Richard (1018-39), d'attribution certaine depuis Egbert (1048-58). Sous l'abbé Conrad Ier commence une belle série de bractéates qui va jusqu'au XIVe siècle. Pfennigs avec les noms des ateliers de Fulda, Bach et Hammelburg. Premier thaler, 1539 ; m. diverses jusqu'en 1796. Armes : d'arg. à la croix de sable, FVL, FVLDE, abbé assis. tête mitrée.

Gelnhausen. — M. du roi Frédéric II, XIIIe siècle.

Geismar. — Denier de Simon, évêque de Paderborn (1247-77), avec GESMARIA.CIVITAS.

Hanau. — Le comte Ulrich III reçut le droit monétaire de l'empereur Charles IV, 1351 ; m. diverses.

Hersfeld. — Les abbés avaient des ateliers à Hersfeld, à Arnstadt, à Cœlleda, et Breitungen ; bractéates, de 1180 au XIVe siècle, avec le nom de l'abbé. Demi-thalers du landgrave Guillaume, comme administrateur de l'abbaye, avec FIDE.SED.CVI.VIDE, 1621.

Homberg. — Atelier de Sophie de Brabant et Hesse, MONETA.IN.HON.

Marburg. — Deniers de Sophie (+ SOPHIA.DVCIS, buste de face; ℟ + MAREBORCHI, lion passant) et de Henri. Bractéates, avec MAROBVRG, et deux têtes d'agneau séparées par une tour.

Atelier des landgraves Hermann (1378), et Louis III (m. diverses de 1572 à 1604).

Minzenberg. — Deniers et bractéates des seigneurs du XIIIe siècle, avec une tige de menthe (*Minze* ou *Münze*) entre deux tours ; deniers d'Ulric Ier ou II (1214-56), OLRICVS.N, ℟ MINCENBERC.

Neustedt. — Pfennigs de l'archevêque Conrad II (1390-96), avec NEWESTET.

Oldendorf. — Deniers des archevêques de Cologne, avec OLDENDORF ?

Breitungen. — Couvent où les abbés de Hersfeld avaient le droit monétaire ; bractéates, XIIIe siècle ?

Rauschenberg. — M. du comte Berthold, XIIIe siècle.

Schauenburg.—Fiefs partagés en 1648 entre les branches de Hesse-Cassel et Lippe, qui frappèrent de petites m. en commun, portant d'un côté le lion de Hesse et au ℟ la feuille d'ortie.

Schmalkalden. — Atelier des comtes d'Henneberg, SMAL, XIIIe siècle ; des landgraves de Hesse, XIVe siècle, SMALKALD ; pfennigs de Guillaume V, avec S couronné, WILHE et SMALD.; en 1455, le duc de Saxe, Guillaume, interdit au comte de frapper des mauvais pfennigs.

Treysa. — Atelier cité dans des titres du XIIIe siècle.

Vacha. — VACHE ; pfennigs avec la figure d'un abbé et les armes de Simplicius (*de gu. à la tige de lis*).

Volkmersen. — Simon, évêque de Paderborn, y fit frapper des deniers pour l'abbaye de Corvei (1252-59), et les abbés Hermann, Thimo et Henri en ont aussi émis entre 1160 et 1301 (VOLCMERSEN.CIVI, église à trois tours).

Wolfhagen. — Deniers du comte Henri de Hesse, 1264 ; pfennig daté de 1479.

Ziegenhain. — Denier du comte Berthold de Ziegenhain, XIIIe siècle ; gros des landgraves de Hesse, Henri III et Louis II (1458-83), avec COMES.DE.CYGENH'GA. Accord du comte Gottfried avec Gerhard, archevêque de Mayence, au sujet d'une m. frappée à Neustadt ou Treysa, 1297.

GRAND-DUCHÉ DE HESSE-DARMSTADT

Après la mort du landgrave Philippe (1567), ses quatre fils fondèrent les branches de Cassel, Darmstadt, Marburg et Rheinfels ; l'électorat appartint à la branche aînée, Cassel, et le grand-duché à la cadette, Darmstadt. M. diverses,

Alsfeld. — Bractéates de Sophie de Brabant.

Assenheim. — Deniers de Ulrich Ier ou II (1245-56), seigneurs de Minzenberg, avec CIVI.ASSENHEM.

Babenhausen. — Atelier des comtes de Hanau.

Battenberg. — Deniers du comte Wittekind II (1238-91), + WEDECINT, buste de face ; ℟ + BADT..BORE, église.

Biedenkopf. — M. de Sophie de Brabant et Hesse, avec BEDECHEM (attribution incertaine).

Bingen. — Atelier des archevêques de Mayence, XIIIe siècle ; florins du XIVe siècle, MONETA.OPIDI PINGENSIS ou BIN.

Büdingen. — M. du comte Jean (1394-1407) ; m. diverses des comtes d'Isenburg-Büdingen, XVIIe siècle.

Burg-Friedberg. — Concession de l'empereur Charles-Quint au burgrave pour la frappe de m. d'or et d'arg., avec l'aigle de l'empire, 1541 (..ARCIS.FRIEDBERGENSIS.IN. WETTERAV) ; confirmation en 1660 et 1707 ; m. diverses, jusqu'en 1804.

Henri VI et Frédéric avaient un atelier à Friedberg.

Burg-Milchling. — Le baron Henri Hermann reçut le droit monétaire de l'empereur Rodolphe, et frappa des thalers, 1605-11.

Butzbach. — Atelier des comtes de Solms, 1620.

Dieburg. — L'archevêque de Mayence Gerlach y fit frapper, en 1368, des tournois, 1/2 tournois et pfennigs *bracteati* ; m. avec le nom de la ville.

Erbach. — M. des comtes de 1561 à 1691 ; privilège de Charles-Quint, en 1541 ; COM.I.ERPACH.D.I.BREVB. (P. Joseph, *Die M. des graeflichen Hauses E.*, 1887).

Grünberg. — M. de Sophie de Brabant et Hesse, fin XIIIe siècle.

Hatzfeld. — M. des comtes Sébastien Melchior, et Hermann, 1655 ; ducats, thalers, et pièces de 3 kreuzers.

Herbstein. — Deniers des abbés de Fulda, XIVe siècle.

Isenburg. — M. d'or et d'arg. des comtes, XVIIe siècle

Lichtenberg. — M. diverses des comtes de Hanau-L (DNS.I.LIECHTE.) XVIIe-XVIIIe siècles.

Lorsch. — Le roi Henri IV donna le droit monétaire à l'abbé, 1067 ; m. citée dans des titres, XIIIe siècle.

Mainz (Mayence.). — Les archevêques avaient déjà le droit monétaire avant 974 ; les plus anciennes m. sont des deniers frappés sous Otton III et Henri II, avec le buste de l'archevêque Willigis ; le premier denier signé est celui d'Aribo (1021-31) ; les archevêques avaient encore une vingtaine d'ateliers. Outre les m. de vacance de siège, le chapitre était autorisé à frapper des florins dits de Saint-Martin (privilège impérial).

Les ateliers des archevêques étaient : Erfurt (ERPESFVRT), Mayence (MAGVNTIA, MOGONCIA), Amœneburg (AMENEBO), Miltenberg (MILTIMB), Bingen (PINGENSIS), Hoechst (HOESTEN), Heiligenstadt (HEILGENSTA), Lorch (LOR.CHEN), et une dizaine d'autres moins importants. Au XIIIe siècle, les armoiries de Mayence (*écartelé aux 1 et 4 de gu. à une roue d'arg.; aux 2 et 3, coupé endenté de gu. et d'arg.*) paraissent sur la m. La ville reçut, en 1420, du roi Sigismond, le droit de frapper m. L'empereur Maximilien permit, en 1578, au couvent de Saint-Alban, de frapper des florins avec un âne pour armes et S.ALBAN.MARTYR.

(Cappe, *Beshreibung der Mainzer Münzen des Mittelalters*, Dresde-Berlin, 1856).

ARCHEVÊQUES DE MAYENCE

747. Saint-Boniface.
753. Saint Lullo.
787. Richulf.
813. Aistulf.
826. Otgar.
847. Raban Maur.
856. Charles, neveu de Louis le Débonnaire.
863. Lubert.
890. Sinderold.
891. Hatto Ier.
913. Heriger.
928. Hildebert.
937. Frédéric.
954. Guillaume, duc de Saxe.
968. Hatto II.
970. Robert.
* 975. Willigis, premier archevêque électeur.
1011. Erkembald.
*1021. Aribo.
*1031. Bardo d'Oppershofen.
*1051. Léopold.
*1060. Siegfried Ier d'Eppstein.
*1084. Wezilo.
*1088. Ruthard.
*1111. Adalbert Ier de Saarbrücken.
*1138. Adalbert II de Saarbrücken.
1141. Marculf.

*1142. Henri Ier.
1153. Arnould de Selenhofen.
1161. Conrad de Scheyern.
Conrad Ier de Wittelsbach.
*1167. Christian Ier de Buche.
*1183. Conrad Ier, rappelé.
1200-1208. Léopold II.
*1200. Siegfried II d'Eppstein.
*1230. Siegfried III d'Eppstein.
*1249. Chrétien II.
*1251. Gérard Ier.
1261. Werhner d'Eppenstein.
*1286. Henri II.
*1289. Gérard II d'Eppenstein.
*1306. Pierre d'Aichspalt.
1321. Mathias de Bucheck.
1328. Baudouin de Luxembourg, administrateur.
1328. Henri de Wirnburg.
*1346. Gerlach de Nassau.
*1371. Jean Ier de Luxembourg.
1373. Louis de Misnie.
*1381. Adolphe de Nassau.
*1390. Conrad II de Weinsperg.
*1397. Jean II de Nassau.
*1419. Conrad III, rhingrave de Daun.
*1439. Theodoric d'Erbach.
*1459. Dietrich ou Thierry II d'Isenbourg.
*1461. Adolphe II de Nassau.
*1475. Dietrich d'Isenbourg, rappelé.
1482. Albert de Saxe.
*1484. Berthold de Henneberg.
*1504. Jacques de Liebenstein.
*1508. Uriel de Gemmingen.
*1514. Albert de Brandebourg.
1545. Sébastien de Heussenstam.
*1555. Daniel Brendel de Homburg.
*1582. Wolgang de Dalberg.
*1601. Jean-Adam de Bicken.
*1604. Jean de Kronenberg.
*1626. George - Frédéric de Greiffenklau de Vollraths.
*1629. Anselme - Casimir de Wambolt.
*1647. Jean-Frédéric de Schoenborn.
*1673. Lothaire - Frédéric de Metternich-Burscheid.
1675. Damien Hartard von der Leyen (de Petra).
*1679. Charles-Henry de Metternich-Winnebourg.
*1679. Anselme - François d'Ingelheim.
*1694. Lothaire - François de Schoenborn.
1729. François-Louis de Neubourg.
*1732. *Vacance.*

*1732. Philippe Charles.
*1743. *Vacance.*
*1743. J. Fréd. Charles, comte de Ostein.
*1763. *Vacance.*
*1763. Emeric-Jos., baron de Breidenbach-Bürresheim.
*1774. *Vacance.*
*1774-1802. Frédéric-Ch.-Jos. d'Erthal, etc.

Neustadt. — M. de bas aloi, au XVIIe siècle.

Nidda. — Atelier des comtes de Ziegenhain, XIVe siècle ; thalers, kreuzers, du landgrave Louis V de Darmstadt, 1622.

Niederolm. — Atelier du comte palatin Louis Ier, 1461-71.

Niederweisel. — Atelier des comtes de Solms, 1613.

Offenbach. — Florins de Werner, archev. de Trèves, 1415.

Oppenheim. — Deniers du roi Henri VI (1169) : florins des comtes palatins du Rhin, Ruprecht Ier ou II (1353-98), et Louis III (1410-36), IN.OPPENHEIN ou OPPENH.' La ville reçut du roi Guillaume le droit de frapper des m. comme celles de Hall, 1255.

Ortenberg. — Denier de Roseman, seigneur de Kampenich (1724-55), avec ROSEMAN.D.CA ℟ ORDENBERG.C.

Ranstett. — Atelier des comtes de Ltolberg, 1605-17.

Rhens. — Deniers de Théodore II, archev. de Cologne, avec RENSE et RHENSIS.

Roedelheim. — Atelier des comtes de Solms, 1681.

Rothenberg. — Atelier des comtes d'Erbach, 1682.

Seligenstatt. — Droit monétaire donné à l'abbaye en 1045 ; gros d'Adolphe, archev. de Mayence (1462-75).

Siedel. — Atelier du comte Ernest de Solms, 1613.

Stetten. — Atelier des comtes de Hatzfeld, XVIIe siècle.

Wetterau. — M. du XIIIe au XVe siècle, avec MONETA. WEDEREIBENSIA sur les m. royales frappées à Friedberg, Francfort, Gelnhausen et Wetzlar.

Wimpfen. — Avait le droit de frapper des hellers, en 1404 ; heller uniface avec double aigle, XVIIIe siècle.

Worms. — Atelier impérial donné par le roi Louis à l'évêque Samuel, 858; confirmation, en 898 ; deniers des empereurs et rois ; le plus ancien denier épiscopal est de Henri II (1217-34) ; série depuis 1552 jusqu'en 1616. M. d'or et d'arg. de la ville, 1507-1682, WORMAIA.

LANDGRAVIAT DE HESSE-HOMBURG

La branche de Hesse-Homburg commença avec Frédéric fils cadet du landgrave Georges, 1596. Série de m. peu nombreuses.

Homburg. — Atelier de Sophie de Brabant et Hesse, gros avec MONETA.IN.HON.

Meddersheim. — Atelier d'Adolphe-Frédéric, comte palatin en 1607.

Meissenheim. — Atelier du duc Louis Ier de Deux-Ponts, 1464 ; du duc de Wolfgang, thalers 1564 ; autres m. diverses.

FRANCFORT (Frankfurt am Main)

Atelier royal, XIe siècle ; la m. royale fut donnée en 1425 à Conrad de Weinsberg, avec droit de surveillance pour la ville. Sigismond donna à la ville le droit de frapper des tournois, des esterlins et hellers, 1428 ; des m. d'or, 1429. Deniers de l'emp. Henri VI (1191), avec châtel à trois tours, aigle et FERA...FORT ; florins, thalers, etc., m. de la ville datées depuis le XVIe siècle ; la ville entra dans la convention monétaire allemande, en 1837 ; kreuzers et hallers du grand-duché de Francfort, 1810-13. FRANCFORDE, FRANCOFVRTI ; gros tournois, avec TVRONVS.FRAN', etc.

GRAND-DUCHÉ DE BADE (Baden)

Maison divisée en branches de Bade et de Hochberg (1190). La branche de Hochberg se sépara, en 1288, en lignées de Hochberg-Breisgau, et Roeteln-Sausenberg-Badenweiler.

Les margraves de Baden reçurent le droit monétaire de Charles IV, en 1362 ; heller. Les premières m. avec légende commencent sous le margrave Christoph (1475-1527), qui fit une convention avec les comtes de Wurtemberg Ulric et

Eberhard, pour la frappe de florins et m. d'arg.; m. des différentes branches. Première m. de cuivre en 1766 (les armes sont : *De gu. à la bande d'or*). Baden fut l'unique atelier du pays jusqu'en 1572 (BADENSIS). Armoiries.

En 1517, Bernard IV fonda la lignée de Baden-Baden (éteinte en 1771), et son frère Ernest celle de Baden-Durlach : toutes deux ont des suites monétaires.

Bischofsheim. — Atelier de Jean Reinhard II et des comtes de Hanau, de 1641 à 1737.

Bischofsheim-sur-la-Tauber. — Pfennigs d'Adolphe, archev. de Mayence (1388), et de Jean II, avec une roue.

Bodmann. — Jean, seigneur de B., reçut de l'emp., en 1361, le droit de frapper m. On a attribué, à ces seigneurs, des bractéates avec trois feuilles de tilleul, qui peuvent appartenir à Lindau (*D'arg. à trois feuilles de tilleul de sinople*, armes de Windeck, données aux seigneurs de B., en 1360).

Breisach (Vieux-Brisach).—Atelier des ducs d'Alemanie, xe siècle; bractéates des évêques avec buste de prélat entre B-R ; bractéates des ducs Léopold et Albert, avec écu couronné entre B-R ; bractéates et m. diverses de la ville jusqu'en 1600. En 1373 et 1387, B. entra dans des alliances avec des villes suisses et autrichiennes.

Bruchsal. — Deniers des évêques de Spire, xie siècle ; gros de Georges, évêque de Spire, avec MONETA NOVA RENI BRUSSEL, 1515-16,

Carlsruhe. — Atelier en 1734, transporté à Durlach ; en activité depuis 1826.

Constanz (Constance). — Deniers d'Otton III. L'emp. Frédéric Ier confirma le droit monétaire de l'abbé, 1155; convention de la ville avec les ducs de Wurtemberg (1404 et 1423) pour la frappe de schillings, pfennigs et hellers, qui devaient porter l'image de saint Conrad, l'écu de Constance à la croix et l'aigle de l'empire.

La plus ancienne m. est celle de l'évêque Ruthard (1018-22); deniers avec le nom d'un empereur ou roi, Louis, et d'un évêque, Salomon ; bractéates semblables à celles d'Augsbourg, xiiie siècle; depuis le xvie siècle, ducats, thalers, etc., jusqu'en 1772. L'atelier des évêques fut successivement à Constance, Augsbourg et Gunzbourg CONSTANSIA, 9STANCIENS.

Durlach. — Atelier de 1572 à 1680, de 1734 à 1803.

Eberstein. — Gros avec rose à cinq feuilles sur un écu, et IOHAN.IACOB.C.I.EBERST, 1637 ; au ℞, le globe impérial avec 24 et le nom de l'empereur.

Emmendingen. — Atelier du margrave Jacob de Bade 1503-11).

Freiburg (Fribourg en Brisgau). — Le duc Berthold de Zaehringen (1120) reçut de l'emp. l'autorisation d'établir un atelier à Fribourg. Des comtes de Fribourg on a des deniers avec aigle éployée et roue à huit raies et des bractéates avec l'aigle ; deniers avec figure humaine ou castel et tête de corbeau. L'emp. Maximilien donna à la ville le droit de frapper des m. d'or. Au XIVe siècle, les pfennigs portant les armes de la ville, une tête de corbeau, se répandirent sous le nom de *Rabenpfennige*, et plus tard, de *rappen*. FRIBVRG.BRISGAVD' ou IN.BRISG'.

Fürstenberg. — Les comtes reçurent des empereurs les droits monétaires en 1500, 1627 et 1642 ; m. depuis le comte Egon VIII, de 1623 jusqu'en 1804. Les comtes n'avaient pas d'atelier et faisaient frapper à Stuttgart, à Gunzbourg et à Munich.

Gengenbach. — M. diverses incertaines.

Heidelberg. — Florins et m. diverses du roi Robert ; atelier de 1359 à 1496, et 1608.

Hochberg. — M. de Frédéric V, 1622 ; m. du margrave Frédéric-Magnus (+ 1709) avec HOCHBERGER.LANDSWEHRVNG.

Klettgau. — Landgraviat qui passa en 1408 aux comtes de Sulz dont on a des m. diverses de 1621 à 1783.

Koenigshofen.— Atelier de Mayence, en 1474.

Langensteinbach (près Durlach). — Pfennigs de 1515.

Lauda. — Pfennigs du comte palatin Ruppert III (1398-1410) avec MONETA LVDEN ou LVDEIN.

Leiningen (Linange). — L'emp. Rodolphe accorda en 1608 le droit monétaire au comte Louis ; la maison fut divisée et subdivisée à différentes époques en branches de Hardenburg, de Heidesheim, de Dachsburg (LEIN.ET.

DAGSP), de Westerburg (COM.IN.LEIN.ET.RIXING, DOM. IN WEST.) dont on a différentes m. (Leiningen porte *d'azur à trois aigles d'arg.*; Dachsburg, *d'arg. à un lion de sable au-dessus duquel il y a huit tiges de lis*) (P. Joseph, *Num. Zeitsch.*, 1884,109).

Manheim. — M. diverses de l'électeur Frédéric IV, en 1607 ; atelier de Baden, 1803-26.

Nellenberg. — Le comte Eberhard de N. reçut de l'emp. Henri III le droit monétaire à Schaffausen (1045) que son fils Burkhard céda à l'abbaye (1080).

Oberkirch. — M. d'or et d'arg. de l'évêque de Strasbourg, depuis 1759.

Offenburg. — Atelier royal du XIVe siècle.

Pforzheim. — Atelier transporté à Durlach, 1565.

Radolfszell. — Atelier des abbés de Rheinau. En 1373, l'abbé Jean céda la m. pendant douze ans à la ville qui devait frapper des schillings et dreiers avec les armes du couvent. Le droit monétaire fut cédé entièrement à la ville en 1538.

Reichenau (Augia major, A. dives). — Otton III permit à l'abbé d'établir un atelier à Allensbach. Les armes de l'abbaye portent un lion ailé; pfennigs, bractéates; gros du XVIIe siècle.

Schwarzach. — Le roi Otton donna à l'abbé Wolfodo le droit monétaire, 994; confirmation en 1275. Pfennigs avec une église, attrib. douteuse.

Thiengen (*Tüngen*). — Le roi Wenceslas donna, en 1388, à la maison de Krenkingen, le droit de frapper des m. d'or; bractéates diverses de ces seigneurs avec T $\overset{E}{V}$ et une tête.

Tottnau (*Taettnau*). — Atelier du duc d'Autriche, 1387. Bractéates avec une tête ou l'écu d'Autriche avec T-O, TOT et T-A.

Ueberlingen. — Entra dans des conventions, en 1499 et 1502 (V. *Ulm*); m. de billon et hellers de cuivre, fin XVIIe siècle. (*U. porte de gu. au lion d'arg., tenant une épée* depuis 1528). VBERLINGENSIS.

Usenberg. — Bractéates XIVe siècle avec des ailes et

une tige de trèfle qui figurent dans les armes de la ville.

Villingen. — Otton III donna le droit au comte de Brisgau Berctilo d'établir un atelier à V. (999). Bractéates avec une tête de saint, ou le heaume couronné d'Autriche entre V-I.

Waldshut. — Bractéate avec le heaume d'Autriche entre W-A (Meyer, *Denare...*, VI, 132).

Weinheim. — Droit monétaire concédé au couvent de Lorsch, en 1068.

Wertheim. — Le comte Eberhard reçut de Charles IV, en 1363, le droit de frapper des pfennigs d'arg. comme ceux de Wurzbourg et de Miltenberg. Pfennigs des comtes Eberhard, Jean Ier et Jean II (1355 à 1444), avec WERTHEN, un heaume et les armes de W. (*coupé, au 1 d'or à l'aigle naissante de sable; au 2, d'azur à trois roses d'or*); m. des comtes de Stolberg et de Loewenstein-W. (Streber, *Die aeltesten M. der Grafen von W.*).

Wiesloch. — Atelier de l'abbaye de Lorsch, XIe siècle.

ROYAUME DE WURTEMBERG

Les domaines de la maison de Wurtemberg furent réunis définitivement en 1496, après avoir formé, depuis 1441, les comtés de Urach et de Neuffen. Eberhard V fut fait duc par Maximilien, en 1492. Napoléon éleva au rang de roi le duc Frédéric II (1806). Le comté de Montbéliard fut réuni au duché en 1631, après avoir formé à différentes reprises apanage pour des lignes cadettes. Il passa à la France en 1792. Les plus anciennes m. sont des schillings et hellers du XIVe siècle avec les armes (*d'or aux trois bois de cerf de sable*). En 1396, le comte Eberhard III fit une convention avec le duc Léopold d'Autriche, Burkhard, évêque d'Augsbourg, et les comtes d'Oettingen, Louis et Frédéric, pour la frappe de florins. En 1404, autre convention avec Ulm, Biberach et Pfullendorf; en 1423, avec les villes du lac de Constance et autres de Souabe. En 1495, Eberhard V (I comme prince)

5.

frappa des m. communes avec Christophe, margrave de Baden. Depuis Louis Ier (1419-1450), on a diverses m. d'or et d'arg., avec les titres COME.DE.WIRTEB, DVX.WIRTEMBER, DVX.IN.WIRT.ET.TECK, COMES.MONTIS.BELLIG, DOM.IN.HEIDENHEIM.

Ecus au poisson de Mümpelgard, de Wurtemberg, deux heaumes opposés, le duc armé debout; florins, thalers, ducats, *dreiers*, etc. A citer les *güldens* d'arg. au cerf couché de Jean-Frédéric de Wurt.-Weiltingen (1617-35) qui fut administrateur du duché pendant la minorité d'Eberhard, de 1631 à 1633.

Le principal atelier était Stuttgard, STVGGARTEN, STVGARDI.

Le Wurtemberg entra dans la convention monétaire allemande en 1837 et frappa sa première m. de cuivre en 1840. (C. Binder, *Würtembergische M. u. Medaillenkunde*, 1846).

Aalen. — Dans la convention de 1423 pour la frappe des schillings, pfennigs et hellers. M. de cuivre uniface avec une anguille (armes parlantes de la ville) et AHLEN, XVIIe siècle.

Argen. — Atelier du comte de Montfort, XIVe siècle.

Bartenstein. — Atelier du comte Georges Frédéric de Hohenlohe-Schillingsfürst, 1621.

Biberach. — Convention de 1404; reçut le droit monétaire de Charles Quint, 1551; p. de 3 batzen, 1623.

Brenz. — Florins du duc Jules de Wurtemberg, 1622-23, et du duc Georges II de Montbéliard, 1692; atelier du margrave Louis-Guillaume de Baden.

Buchau. — Atelier royal au XIe siècle.

Buchhorn. — Conventions de 1404 et 1423; petites m. de bas aloi, 1703-04; hellers unifaces de cuivre avec un hêtre.

Christophsthal. — Atelier de 1550 à 1630.

Ellwangen. — Pfennigs du prieuré, XVe siècle; thalers, p. de 2 kreuzers, etc., XVIIe siècle.

Esslingen. — Ville qui a fait plusieurs alliances monétaires sans avoir le droit de frapper des espèces.

Forchtenberg. — Atelier d'Ernest, comte de Hohenlohe-Neuenstein, 1621-23.

Giengen. — Pfennig de cuivre avec une licorne.

Gmünd. — Mêmes armes que la ville précédente.

Gnadenthal. — Atelier du comte de Hohenlohe-Neuenstein, 1621-23.

Goeppingen.— M. diverses des ducs de Wurtemberg.

Hall. — Atelier impérial jusqu'en 1385; frappa des hellers avec la main et la croix par ordre de l'emp. Wenceslas qui en fit faire aussi à Augsbourg, Nuremberg et Ulm (1396). Ces p. tenaient leur nom de la ville où on avait commencé à les frapper au XIIIe siècle. La main et la croix figurent comme armes sur les sceaux de la ville, en 1309 et 1312. En 1500, paraissent les pfennigs de Hall (3 pour un kreuzer); les plus anciennes m. datées sont de 1515; demies et quarts de thaler, 1545; m. diverses jusqu'en 1798. SWEBISCH.HAL, HALLAE.SVEVICAE.

Heilbronn. — Atelier royal, XIIe-XIIIe siècles.

Helfenstein. — Bractéates carrées, avec éléphant; florins, thalers, pfennigs, p. de 10 et 24 kreuzers (H. *porte de gueules à un éléphant d'arg. sur trois collines*).

Hohenlohe. — HOENLOE. Les ateliers de cette principauté étaient à Neuenstein, Weickersheim, Forchtenberg, Gnadenthal, Langenburg, Kirchheim, Meinhard, Waldenburg, Unter-Steinbach, Schillingsfürst et Bartenstein. M. diverses depuis le comte Ulrich (1371-1407) jusqu'au XIXe siècle (Armes : *d'arg. à deux léopards de sable l'un sur l'autre*) (Streber, *Die aeltesten M. der Grafen v. H.*; J. et A. Erbstein, *Die Sammlung Hohenlohischer M. u. Medaillen*, etc., 1880).

Isny. — La ville reçut le droit monétaire de Maximilien, 1507. Postérieurement à cette date, on dut émettre des m. d'arg., avec l'aigle de l'empire et un fer à cheval (armes de la ville); ISNE, YSNI.

Kirchberg. — Atelier de Philippe-Ernest, comte de Hohenlohe-Langenburg, 1621-23.

Koenigsegg.— Droit monétaire concédé par Léopold Ier, 1675; ducat, 1756; thaler, 1759. (Les armes offrent des *crancelins d'or et de gu.*).

Langenargen.— Atelier des comtes de Montfort, 1735

Langenburg. — Pfennigs unifaces avec l'écu aux deux léopards entre L-B, de Philippe-Ernest de Hoh.-Langenburg, 1621-23.

Limpurg. — Seigneurs divisés en branches de Gaildorf et Speckfeld ; petite m. du XVIe siècle (Armes : *d'azur à cinq massues d'arg.*).

Loewenstein. — Maison comtale divisée depuis la fin du XVIe siècle en branches de L.-Virneburg et de L.-Rochefort (V. Cugnon), La première lignée a frappé différentes m. de 1697 à 1799. (Binder, *Würtembergische Münzen*, 364; Berstett, *Münzg. Badens*, 205) (L. porte *d'arg. à quatre lions sur des collines ;* Rochefort, *d'arg. à une boucle de ceinture ;* Virneburg, *d'or à sept crancelins de gu.*).

Mainhard. — Atelier du comte Louis Eberhard de Hohenlohe Pfaedelbach, 1621.

Marbach. — L'emp. donna, en 1009, à l'évêque de Spire Walther, le droit de battre m. à M.

Mergentheim. — Deniers de l'emp. Conrad II. Les grands maîtres de l'Ordre teutonique y frappèrent m., après avoir quitté la Prusse, jusqu'en 1780 (*Num. Zeit.*, 1852, 106).

Montfort. — Bractéates des comtes, XIIIe siècle ; série depuis 1520 ; nombreux florins de 1675 à 1690 (*D'arg. à un gonfanon de gu. avec trois annelets d'or*) (*Num. Zeit.*, 1850, 14 ; cf. Trachsel, *Num. Zeitsch.*, 1881, 133 ; 1884, 530).

Neckartssulm. — Pfennig de Adolphe ou Conrad, archev. de Weinsberg, avec SVLME ; atelier du comte Albert de Hohenlohe, 1408.

Neuenstein. — Atelier des comtes de Hohenlohe, 1621.

Oehringen. — M. diverses des comtes de Hohenlohe depuis Ulric († 1407).

Ravensburg. — Atelier royal, XIIIe siècle ; bractéates avec RAVENS PVRC ; atelier désigné avec Constance pour la frappe des pfennigs de la convention de 1404 ; reçut le droit monétaire en 1442, fit une convention avec Ulm et Ueberlingen, pour la frappe de m. communes aux armes de ces villes ; m. diverses jusque vers 1700. Cf. p. 85.

Riedlingen. — Bractéates avec deux rames en sautoir, XIIIe siècle.

Rottenburg. — Hellers avec une main et un écusson à la fasce d'Autriche, XIVe siècle.

Rottweil. — Maximilien permit à la ville en 1512 de frapper des florins et m. d'arg. diverses avec l'aigle et le globe; m. de 1621 à 1623 (Alb. Sattler, *Bull. Soc. suisse de Num.*, 1882).

Stuttgart. — Unique atelier de Wurtemberg depuis 1423.

Sulz. — Thalers et demis, m. diverses des comtes Alwig, Charles-Louis et Jean-Louis, de 1621 à 1675. Sulz porte: *d'arg. à trois fusées de gueules.*

Tettnang. — Deniers d'Henri V, duc de Bavière; XIe siècle; atelier du cercle, en 1510.

Tübingen. — Atelier des comtes au XIIIe siècle, puis des ducs de Wurtemberg. XVe-XVIIe siècles (T. porte *d'or à un gonfanon de gu.*).

Ulm. — Atelier des rois et emp. Les emp. ordonnèrent, en 1356 et 1385, de frapper des hellers avec une main et une croix (ils portent V). Ils permirent à la ville de frapper des shillings (1398 à 1404) avec l'aigle de l'empire. La ville fit une alliance avec le Wurtemberg et des villes de la Souabe pour la frappe de hellers et schillings (1424); Ulm devait être l'atelier. Charles Quint accorda le droit de frapper des m. d'or et d'arg., 1552; la première m. datée est le thaler de 1546; la dernière, le kreuzer, de 1773; alliance avec Ueberlingen et Ravensburg, etc., de 1501 à 1517 (m. avec MONETA : NOVA : TRIVM : CIVITAT., les noms et les armes des villes : VLM : VBERLING : RAVENSPG').

Untersteinbach. — Atelier du comte Philippe-Henri de Hohenlohe-Waldenburg.

Waldburg. — P. de 3 kreuzers de 1657 à 1675, pfennigs et batzen des comtes de Sonnenberg (*d'azur à un soleil levant*).

Waldenburg. — Atelier du comte Philippe-Henri de Hohenlohe-W., 1621.

Waldsee. — La ville aurait possédé le dro monétaire en 1501.

Wangen. — Atelier des comtes de Kyburg. xive-xve siècle.

Weickersheim. — Atelier du comte de Hohenlohe, 1621. Thaler commun aux comtes Craft et Philippe-Ernest, 1623.

Weingarten. — Bractéate incertaine de l'abbaye, avec deux ceps de vigne.

Weinsberg. — M. d'or et d'arg. de Conrad de W. à Francfort, Noerdlingen et Bâle. Ses m. et celles de ses successeurs jusqu'en 1535, sont au type impérial avec les armes de W. pour différent (*degu. à trois écussons d'arg.*).

Weissenau (Augia Minor). — Bractéates qui appartiennent plutôt à l'abbaye de Reichenau.

Woellwarth (ou Wallworth). — P. de 6 kreuzers de Jean Sigmund de W.

ROYAUME DE BAVIÈRE (Baiern)

La Bavière eut des ducs depuis Agilulf (530) ; Louis le Débonnaire l'érigea en royaume en 814 et la donna à Lothaire qui la céda à Louis le Germanique (817). La Carinthie, la Carniole, la Moravie, l'Istrie et la Bohême étaient alors comprises dans ce royaume. La série des ducs recommença en 912; le duché passa successivement dans les maisons de Saxe (947), de Franconie (1004), d'Este (1070) et des ducs autrichiens (1139). En 1180, Otton devint chef de la maison qui régna jusqu'à la fin du siècle dernier. Le duché fut encore divisé à diverses reprises.

Les fils d'Etienne formèrent trois lignées, en 1392 : Ingolstadt (éteinte en 1445), Landeshut (ét. en 1503) et Munich (1777).

En 1777, Charles-Théodore, électeur, gouverna la Bavière malgré l'Autriche, et en 1806, son fils, Maximilien-Joseph, fut fait roi par Napoléon. Le duché, outre la Haute et la Basse-Bavière comprenait encore le landgraviat de Leuchtenberg, depuis 1566, et le comté de Haag. Le monnayage débute par de nombreux deniers analogues à ceux des empereurs et rois d'Allemagne, au nom de Henri, et dont le classement est difficile vu le nombre des princes de ce nom. Les ateliers sont Ratisbonne (REGINA. CIVITAS), Augsbourg, Neubourg, Salzbourg et Cham. On voit ensuite paraître au XIIe siècle des grands deniers aux types suivants : buste diadémé de face tenant un oiseau et un sceptre ; deux hommes debout ; ange debout ; prince à mi-corps, quelquefois sur un mur ; guerrier combattant un lion ; l'empereur ? assis ; aigle entre cinq lions ; l'emp. deb.; rosace, étoile, etc. Ces p. portent qqf. des lég. sans aucun sens.

On donne à Henri Ier, duc de Basse-Bavière (1255-90), un denier avec H.DVX, Panthère ; ℞ le prince et un évêque debout. Cette p. fut frappée en vertu d'une convention de 1255 avec l'évêque de Ratisbonne. A Otton III (1290-1312) et à Otton V et Frédéric I (1376-79) des pfennigs avec un buste de face, H-O ou O-F, et au ℞ deux bustes sous des ogives. Etienne III (1392-1413) et Louis VII (1402-1413) frappent avec S et S-L, le lion de Palatinat ou la panthère. Henri IV, duc de B.-Landshuten (1393), et de B.-Ingolstadt (1447-50) émet des deniers avec H entre deux annelets et au ℞ le heaume de Landshut, le chien d'Oettingen, l'écu de Bavière. Louis IX (1450-79) et Georges Ier (1479-1507) continuent ce monnayage avec I. ou G. Ernest Ier de Bav.-Landshut (1397-1438) frappe avec Guillaume III (✝ 1435) EW, et avec Adolphe Ier, EA en mettant au ℞ de ces p. le buste du moine qui est la marque de Munich. Albert III (1438-60) continue avec A. Enfin avec Albert IV, duc de toute la Bavière (1505-08) paraît le florin d'or signé ALBERTI.AVRVM.BAVARIE.DVCIS, avec l'écu écartelé de Bavière-Palatinat.

Au XVIe siècle, thalers, ducats, gros et m. diverses. Les armes sont des fusées d'azur et d'arg. pour la Bavière et d'azur au lion d'or couronné de gu. pour le Palatinat. En 1434, les électeurs Frédéric de Brandebourg, Jean de Bavière, les évêques de Bamberg et de Wurzbourg firent une alliance pour la frappe de gros qui devaient porter d'un côté les armes d'un des princes et les armes des trois autres au ℟.

(Cappe, *M. der Herzoge von Baiern, der Burggrafen v. Regensburg, der Bischoefe v. Augsburg*, x^e^-xie siècle, 1850; Beierlein, *Die bayerischen M. des Hauses Wittelsbach*, 1868; C. A. Muffat, *Beitraege z. Gesch. des bayerischen Munzwesens* (xii-xvie siècles), 1869; Luschin, *Num. Zeitsch.*, 1873, 122).

DUCS DE BAVIÈRE

889. Liutpold, gouverneur de Bavière et d'Autriche.
907. Arnoul (Ratisbonne, Salzbourg).
937. Eberhard, puis Berthold, frère d'Arnoul.
*948. Henri Ier de Saxe, frère de l'empereur Otton, HEIMRICVS.
*955. Henri II.
*976. Otton Ier, duc de Souabe, OTTO.
983-85. Henri III.
*985. Henri II (rétabli), HEINRICVS, UINRICVS.
*995. Henri IV de Saxe.
*1005. Henri V de Luxembourg.
*1027. Henri VI, depuis empereur.
*1044. Henri VII.
1049. Conrad Ier de Zutphen.
1053. Henri VIII.
1056. Conrad II de Franconie.
1057. L'impératrice Agnès.
1061. Otton II, duc de Saxe sur la Werra.
*1070. Welf Ier d'Este.
1101. Welf II.
1120. Henri IX, frère du précédent.
1126. Henri X.
1139. Léopold d'Autriche.
1141. Henri XI d'Autriche.
1156. Henri XII.
1180. Otton III de Wittelsbach.
1183. Louis Ier, duc de Bavière et palatin du Rhin.

1231. Otton IV, duc de Bavière et palatin du Rhin.
1253. Louis II, duc de la Haute Bavière.
1294. Louis III, depuis empereur, fils du précédent et frère de Rodolphe, comte palatin du Rhin. Duc de Haute et Basse-Bavière.
1347. Etienne.
*1375. Jean, *Etienne et Frédéric, frères.
*1397. Ernest et Guillaume frères, fils de Jean, E.W.
1438. Albert Ier, fils d'Ernest.
1460. Jean et Sigismond, frères.
*1467. Albert II, frère des précédents.
*1508. Guillaume IV et Louis X, WILH'.ET.LVD.
*1550. Albert III, ALBERTO.
1579. Guillaume II.
*1598. Maximilien Ier.
*1651. Ferdinand-Marie, François-Ignace-Wolfgang.
*1679. Maximilien II, Marie-Emmanuel-Caïétan-Louis-François-Ignace-Antoine-Joseph-Félix-Nicolas-Pie.
*1726. Charles-Albert-Caïétan-Jean-Joseph-Georges, depuis empereur.
*1745. Maximilien III, Joseph, mort en 1777. Voyez les comtes palatins du Rhin.

ROIS

1799. Maximilien Joseph IV
*1806. *id.* roi.
*1825. Louis Ier.
*1848. Maximilien II.
*1864. Louis II.
1886. Régence du prince Luitpold.

Pfalz (Palatinat).—Le P., divisé en Ht-Pal. (cap. Amberg) et Bas-Pal. (cap. Heidelberg) fut d'abord réuni à la Bavière, mais en 1294, le Ht-Palatinat fut donné à Rodolphe de Bavière, tandis que la Bavière restait à son frère Louis. Le Bas-Pal. ou Pal. du Rhin fut réuni à la Bavière, en 1621. La dignité électorale fut confirmée au Pal. en 1648.

En 1349, le roi Charles permit au prince Rupprecht de frapper des hellers à Amberg, AMB. Série nombreuse depuis les frères Rudolphe et Louis (1294). Le Palatinat et Mayence frappèrent des florins communs, en 1386. M. avec lion, buste de face sur un mur, bustes avec chapeaux; m. des comtes, C.P, COMES.PALA; DVX.BAVA., dans les ateliers de Amberg, Oppenheim (OPPENh'), Bacharach (BAC', BACHER'), Heidelberg (hEIDEL'), Neuburg (NEVBVRGEN), Rüsselsheim (RVS.), Francfort (FRACFORDIE).

Il existe aussi des séries monétaires des comtes palatins des branches suivantes : Simmern, 1410-1680 (SIM'ERENSIS, SOMER'); Neuburg, 1614-1742; Sulzbach, Charles-Théodore, 1743-99; Deux-Ponts, 1459-1635; Veldenz, 1563-1694.

(P. Joseph, *Beitraege zur Pfalzgraeflichen und Mainzischen Münzkunde*, 1880; Friedensburg, *Die ersten M. der Pfalzgrafen Otto-Heinrich u. Philipp, Z. f. N.* 1883, 10).

COMTES PALATINS DU RHIN

959. Ezon ou Ehrenfroi.
989. Herman Ier, comte palatin d'Aix-la-Chapelle.
1035. Otton Ier.
1045. Henri Ier, frère cadet d'Ezon, nommé comte palatin des Lorrains par quelques historiens.
1061. Herman II, frère du précédent.
1085. Henri II, fils de Henri Ier, seigneur du Lac prend le premier le titre de comte palatin du Rhin.
1095. Sigefroi de Ballenstadt, beau-fils du précédent : pendant qu'il est en Palestine, ses fiefs sont administrés par Geoffroi, comte palatin de Souabe.
1140. Herman III, comte de Sthaleck par concession impériale.
1143. Guillaume de Ballenstadt.
1156. Conrad de Hohenstauffen.

1196. Henri III de Saxe, fils de Henri, duc de Bavière.
1213. Henri IV.
1215. Louis Ier de Wittelsbach, duc de Bavière.
1228. Otton II, de Bavière.
1253. Louis II.
*1294. Rodolphe Ier et Louis (emp. en 1314), R.L.
*1317. Adolphe.
*1327. Rodolphe II, frère du précédent, RA.
*1353. Ruprecht Ier, frère du précédent, et Etienne, R.S.
*1390. Ruprecht II, neveu des précédents, RVPERT.
*1398. Ruprecht III, depuis empereur en 1400.
*1410. Louis III, LVDWI.C.P.R.DVX.BA'.
*1436. Louis IV, LVDW. etc.
*1449. Frédéric Ier, frère du précédent. FRID'. etc.
*1476. Philippe, neveu du précédent. PHS, PHILI.
*1508. Louis V, LVDWIC.
*1544. Frédéric II, frère du précédent.
*1556. Otton-Henri et Philippe, OTH.Z.PHI.
*1559. Frédéric III, petit-fils de Ruprecht III.
1576. Louis VI.
*1592. Frédéric IV.
*1610. Frédéric V.
*1650. Charles-Louis Ier.
1680. Charles II.
1685. Philippe-Guillaume de Bavière-Neubourg.
*1690. Jean-Guillaume-Joseph.
*1716. Charles-Philippe, frère du précédent.
*1743. Charles-Joseph-Philippe-Théodore-François-Antoine de Bavière-Deux-Ponts et Sulzbach. — En 1777, duc de Bavière.
1799. Maximilien-Joseph Ier, roi de Bavière en 1806.

Alsenz. — Atelier des comtes du Rhin, Jean et Adolphe, 1607.

Allenbach. — Otton III permit, en 999, à l'abbé de Reichenau, d'établir un atelier à Allenbach.

Amberg. — Charles IV permit à Ruprecht l'Ancien.

comte palatin du Rhin (1353-90), de frapper, à Amberg, des hellers comme ceux de l'atelier impérial de Laufen ; on a des m. avec DVX.RVPERT, tête de face ; ℞ MONETA.AMBER *ou* IN AMB, lion. M. de bas aloi, 1621-26 ; atelier bavarois, 1763-95. avec le différent A ; pfennigs unifaces des comtes palatins, avec les armes de la ville.

Anspach. — Atelier des margraves de Brandebourg.

Anweiler. — Atelier impérial de Frédéric II.

Aschaffenburg. — Atelier des archevêques de Mayence, XIIIe siècle.

Auerbach. —Pfennigs du roi Wenceslas, avec A gothique, avant 1400.

Augsburg. — Deniers du duc Ludolf (950-54) et de l'évêque Udalric (923-73) ; confirmation du droit monétaire à l'évêque Henri II par le roi Henri IV, 1061 ; demi-bractéates au XIIe siècle, et bractéates au XIIIe siècle, des divers évêques ; m. frappées par l'évêque et la ville depuis 1402, avec la tête de l'évêque, une crosse, et au ℞ la pomme de pin de la ville. En 1514, convention d'Augsbourg avec le comte Eberhard de Koenigstein pour la frappe de florins, avec la tête de saint Udalric et AVGVSTA.VINDELICORVM. Charles-Quint donna le droit monétaire à la ville, en 1521 ; m. avec l'aigle, le buste de saint Udalric, la croix de saint André, un A, etc.; batzen, 1522 ; ducats, 1527.

M. diverses jusqu'en 1805. Sur les m. des évêques, au XVe siècle, on trouve les initiales du nom des maîtres de la m. (Beyschlag, *Versuch einer Münzgeschichte Augsburgs*, etc., 1835 ; *Num. Zeit.*, 1853, 13).

Babenhausen. — Atelier des comtes, XVIe siècle.

Baireuth. — Atelier des burgraves de Nüremberg (concession de Charles IV pour la frappe de hellers et pfennigs, 1361) ; atelier des margraves de Brandebourg.

Bamberg. — Henri de Bavière, roi, donna le droit monétaire à Eberhard, premier évêque, 1007 ; les évêques reçurent ensuite, en Carinthie, les ateliers de Villach et Grieven. M. d'or permise en 1354. Les premiers deniers sont des évêques. Rupert (1075-84) ; Thiemo (1192-1202), avec le nom SF.CHVNI (*gundis*); et Léopold (1353-63), avec le *lion* de Bamberg. En 1506, florins et thalers; m.s de cuivre XVIIe siècle.

En 1441, alliance avec le margrave et l'évêque de Würzbourg pour la frappe de schillings, avec une croix et les armoiries des trois parties. En 1506, l'évêque Georges convint de frapper des florins avec le Würtemberg et le Brandebourg. BABENBERG, BAMBERG. Quelques p. avec le lion guelfe, des animaux divers, le double aigle, pourraient bien appartenir aux comtes de Babenberg (Cf. *Num. Zeitsch.*, 1886, *Ein Beitrag zu den Babenberger M.*).

Bergzabern. — Atelier du duc Jean II de Deux-Ponts, en 1623.

Billigheim. — Henri III donna à l'abbé Théodoric de Saint-Maximin de Trèves le droit de frapper dans cet atelier, 1056.

Brettach. — Atelier du roi Henri III.

Castell. — En 1398, l'empereur Wenceslas permit au comte Guillaume de frapper des pfennigs et hellers, à Volkach.

Cham. — Pfennigs d'arg. avec l'écu losangé de Bavière et C coupant la date, de 1635 à 1760.

Culmbach. — Charles IV donna au burgrave de Nüremberg, Frédéric, le droit de frapper des pfennigs et hellers à Baireuth et à C., 1361.

Dillingen. — Les comtes avaient le droit de monnayer à Uneride; Charles IV permit, en 1356, à l'évêque d'Augsbourg, Marquard, de frapper des pf. et hellers avec D. En 1396, l'évêque Burkhard convint, avec le duc Léopold d'Autriche, le comte Eberhard de Wurtemberg et les comtes Louis et Frédéric d'Oettingen, de frapper des schillings et pfennigs à Dillingen.

Donauwerth. — Otton III donna le droit monétaire au comte de Werth; en 1356, Charles IV ordonna de frapper, dans cet atelier, des pfennigs et hellers, avec la main et la croix. Charles-Quint accorda à la ville le droit de frapper des m. d'or et d'arg., 1532; ..CIVITATIS.SVEVICAE WERDTAE.

Eichstaedt.— En 908, le roi Louis donna le droit monétaire à l'évêque de cette ville, Erkenbald; florins, pfennigs et gros des évêques depuis le XVe siècle jusqu'en 1796 (frappés à Nüremberg).

Ekersmühlen. — P. de 3 et 6 batzen du margrave de Brandebourg, Joachim-Ernest, 1621-22.

Erlangen. —Pfennigs du roi Charles, avec W-E ou E à côté du buste ou de la couronne de Bohême, 1361; florins et thalers d'Albert de Brandebourg, 1548.

Forchheim. — Atelier, au XVIIe siècle.

Franken (Franconie). —Bernard de Saxe-Weimar reçut de la Suède ce duché en 1633; m. diverses.

Freisingen. — L'évêque Gottschalk reçut le droit monétaire d'Otton III, 996; m. des évêques du XIe siècle, avec saint Corbinien comme patron, FRISING.CIV. M. diverses du XVIIe siècle jusqu'en 1790.

Fürth. — Atelier de Joachim-Ernest de Brandebourg, et atelier commun du cercle de Franconie, en 1624.

Fugger. — Charles-Quint donna, en 1534, le droit monét. à la maison comtale, qui frappa des m. diverses, du système impérial.

Armes : *Parti d'or et d'azur avec un lis de couleur différente.*

Geroldshofen. — Gros, tournois, pfennigs et hellers de Jean, évêque de Wurzbourg, 1407.

Geyerswerth. — M. d'or et d'arg. de Pierre-Philippe, évêque de Bamberg, 1674.

Grünstadt. — Atelier des comtes de Leiningen-Westerburg, 1613.

Günsburg. — Atelier de Marie-Thérèse pour le margraviat de Burgau, 1760.

Gundelbingen. — Atelier en 1622.

Haag. — Thalers du comte Ladislas, 1549.

Hachenbach. — Tournois avec MONETA.HGGENB.

Hals. — Pfennigs des ducs de Leuchtenberg, portant un buste barbu, avec chapeau pointu, ℟ H.A.L.S dans un quadrilobe; ils furent interdits à cause de leur ressemblance avec ceux de Bavière.

Hamelburg. — Schillings et pfennigs des abbés de Fulda, avec HAMILBORC, le buste de l'abbé et au ℟ trois tiges de lis (armes de Simplicius), *Cat. Thomsen*, 5460.

Hassfurt. — M diverses de Jean, évêque de Wurzbourg, 1407.

Heidingsfeld. — Charles IV donna à son fils Wenceslas le droit d'y frapper des hellers avec le lion et la couronne de Bohême, 1368.

Herrenwoerth. — Thalers de l'évêque de cette ville, Christophe (1558-89).

Hersbrück. — Le roi Henri donna à Günther, évêque de Bamberg, le droit d'établir un atelier dans cette ville, 1057.

Hirschberg. — Bractéates des comtes, avec un cerf, qui peuvent appartenir aussi aux comtes de Sigmaringen.

Hochstaedt. — Atelier du comte palatin, 1622.

Hoff. — M. du margrave de Brandebourg, XVIIe siècle, avec le différent H.

Hohenlandsberg. — Lazare de Schwandi reçut le droit monétaire en 1568.

Ingolstadt. — Atelier des ducs de Bavière, XIIIe au XVe siècle.

Kadolzburg. — Pfennigs et hellers du burgrave de Nuremberg, Frédéric, 1361.

Kalmüntz. — M. de bas aloi, 1622-24.

Karlstadt. — M. de Gerhard, évêque de Wurzbourg, avec K et le nom de l'atelier, 1400.

Kaufbeuren. — Bractéates du XIIIe siècle; Charles-Quint donna le droit monétaire à la ville (1530), qui frappa des ducats, florins, thalers, etc., jusqu'en 1623.

Kemnath. — Atelier en 1622.

Kempten. — Atelier des abbés dès le XIIIe siècle ; bractéates des abbés, avec PRINCEPS.CAMPIDONII ; autres avec HILDEGARDIS.REGINA ; ducats, thalers, etc. du XVIe siècle à 1748. La ville reçut de Maximilien Ier le droit de frapper des m. d'or et d'arg., 1510 ; elle fit une convention avec Ulm pour la frappe de différentes m., 1501 ; CAMPIDONE.

Kitzingen. — P. de 3 et 6 batzen du margrave Joachim-Ernest, 1621.

Landshut. — Atelier des ducs de Bavière, XIIIe siècle ; pfennig avec le *chapeau* et L, frappés sous Louis (+ 1479).

Langenzenn. — Les burgraves reçurent de l'empereur, en 1361, la permission d'y établir un atelier; m. avec z et une tête de chien.

Lauenstein. — Gros de bas aloi du margrave Christian de Culmbach, avec LS.

Lauff. — Atelier de Charles IV et du duc Etienne, 1407.

Lauingen. — M. de cuivre, avec la tête de maure couronnée (armes de la ville), 1620-21.

Leuchtenberg. — Les seigneurs et landgraves frappèrent des m. diverses depuis Jean III (1407) jusqu'à Georges (1555), dans les ateliers de Hals et Pfreimbt (Armes : *d'arg. à la fasce d'azur* (pour L.), et *d'azur à la fasce d'arg.* (pour Hals). LANGRA.IN.LEVCHT.

Lichtenberg. — Gros du margrave de Brandebourg, 1622.

Limburg. — Droit monétaire donné à l'evêque de Spire, Einhard II.

Lindau. — Entra, en 1240, dans une convention monétaire avec Henri Ier, évêque de Constance, et différentes villes. Denier impérial, semi-bractéate ; deniers et bractéates du XIIIe siècle, avec le lion guelfe et le *tilleul* (all. *Linden*), armes de la ville ; bractéates de Frédéric II, de la ville (LINDAVGIA), pfennigs ou hellers unifaces de cuivre, avec le tilleul à 5 feuilles, 1663 à 1697, etc. (C. F. Thrachsel, *Ann. Soc. franç. de Num.*, 1888, 489).

Lohr. — Atelier des comtes de Rieneck, fin XIVe siècle.

Ludwigstadt. — M. de bas aloi des margraves de Brandebourg, XVIIe siècle.

Meisenheim. — M. diverses, commencement du XVIe siècle à 1625 ; batzen avec M.

Memmingen. — La ville reçut le droit monétaire de Charles-Quint ; elle fit, en 1501, une convention avec Ulm, Ueberlingen et autres villes pour la frappe de plapparts, de schillings, etc., pfennigs, thalers et p. de 2 kreuzers, 1635.

Miltenberg. — Atelier des archev. de Mayence, MILTIMB ; en 1424, les électeurs Conrad III et Louis de Palatinat firent une convention pour frapper à M. et à Heidelberg des pfennigs portant une roue et un M. un lion et un H; kreuzers avec la roue de Mayence, MILTINBG et la valeur I.

Mosbach. — Pfennigs du duc Otton de Bavière, 1466.

München (Munich). — Bractéates des ducs de Bavière; pfennigs du XVIe siècle, avec écu de Bavière (Bon de Eyb, *Die M. und Med. der Stadt M.*, 1875).

Nabburg. — Deniers du duc de Bavière, Henri II, avec NAPPVRG.CIVI; gros de Joachim, 1535.

Neuburg. — Denier d'Henri V, avec NIWEINPVRC (?); atelier des comtes palatins, XVIe siècle; m. communes des comtes Otton et Philippe (1504-49), NEVBVRGENSIS.

Neumarkt. — Pfennigs du comte palatin Ruprecht Ier (1353-90), avec N.; florins d'Otton II de Mosbach, 1496, et du comte palatin Philippe, 1507; m. diverses, 1622-27; NOVIFORENSEM.

Neustadt-sur-l'Aisch. — Charles concéda à Frédéric, burgrave de Nuremberg, le droit de frapper des pfennigs et hellers; pf. avec F-N pour *Friedericus-Neuenstadt.*

Neustadt-sur-la-Hardt. — Atelier des comtes palatins, XIVe siècle.

Neustadt-sur-la-Saale. — Pfennigs, hellers, gros et tournois de l'évêque de Wurzbourg, 1407.

Nordlingen. — M. impériales diverses depuis le XIIIe siècle. NORLINE', NORDLING.

Nürnberg. — Les burgraves n'avaient pas d'atelier à Nuremberg, mais à Neustadt, à Zenn, à Baireuth (F.P. *Friedericus-Paireuth*), à Schwabach (SWOBACh', at. de Frédéric, margr. de Brandebourg, 1495-1536). Les m. des burgraves portent un lion, une tête de chien, et des écus armoriés, avec le titre BVRGRAVII. En 1396, le burgrave Frédéric, Lambert, évêque de Bamberg, le comte palatin Ruprecht, et la ville de Nuremberg, firent une convention pour frapper des pfennigs, moitié arg., moitié alliage; en 1397, ils s'unirent à Wurzbourg et Oettingen pour la frappe de florins rhénans. La ville reçut de l'emp. Charles IV, en même temps que Francfort, Ulm et Donauwerth le droit de frapper des hellers, avec une main et une croix, 1356; elle reçut, en 1390 et 1402, le droit de frapper des pfennigs et des florins; nombreuses m. diver-

SES. NVRMBERG, etc.; aigle (L. Fikentscher, *Die fraenkischen Münzvereinigungen im XIV-XV j.*, 1883).

Oberschwarzach — P. de 3 kreuzers, 6 et 3 batzen de l'évêque de Wurzbourg Jean-Gottfried.

Oettingen.— Comtes et princes. En 1393, l'empereur Wenceslas accorda aux frères Frédéric IV et Louis XII le droit de battre des pfennigs à O. En 1395, il y eut un autre atelier à Wemdingen ; l'emp. Maximilien accorda la m. d'or au comte Wolfgang ; en 1458, les ducs de Bavière défendirent aux comtes d'O. d'imiter les m. de Bavière. M. carrées avec vo, un chien et une croix de Saint-André ; schillings des comtes, XV-XVIe siècles, avec OTING, OTINGENSI' ; pfennigs, kreuzers, batzen (Trachsel, *Num. Zeitsch.*, 1880, 445). Atelier à Wallerstein ; florins, 1519-1759 (Loeffelholz von Kolberg, *Oettingana*, ..1883).

Pappenheim. — Pfennigs unifaces de bas aloi.

Passau. — Petits deniers avec le loup bondissant (armes de l'évêché) ; série de m. depuis l'évêque Wigilaus, qui reçut, en 1504, une confirmation du droit monétaire ; m. de vacances de siége frappées par le chapitre, 1761. EPS. PATAVIENS.

Pfreimbt. — Atelier du landgrave Jean VI de Leuchtenberg, 1487.

Regensburg (Ratisbonne). — Deniers des empereurs depuis Louis Ier; des ducs de B.; des évêques depuis Gebhard (994-1023). En 1230, les évêques et les ducs de Bavière avaient droit de contrôle sur la m.; m. diverses de la ville jusqu'en 1802; REGINA, RADASPONA, RATISPONA (W. Schratz, *Die Conventions-M. der Herzoge von Bayern u. der Bischoefe von Regensburg* (XII-XIVe siècles), 1880 ; cf. *Num. Zeitsch.*, 1881, 330).

Reichenhall. — Atelier des évêques de Salzbourg (XIIIe siècle).

Reichertshofen. — Atelier du comte palatin, 1622.

Rieneck — Les comtes reçurent le droit de frapper des pfennigs et hellers, 1398 ; ducats, thalers et demis des comtes de Nostiz, 1719.

Roth. — Atelier d'Ernest, margrave de Brandebourg, 1621.

Rothenburg sur la Tauber. — Frappa probablement des hellers et des pfennigs unifaces. (Armes : un aigle).

Rothenfels. — Atelier des comtes de Koenigsegg.

Salzburg. — Atelier des évêques Würzbourg, XVIIe siècle.

Schauenstein. — Gros de Christian, margrave de Brandebourg, avec un S ; kreutzer, 1740 ; ducat (Trachsel, *Num. Zeitsch.*, 1871, 560).

Schillingsfürst. — Atelier du comte Georges-Frédéric le jeune de Hohenlohe, 1621. En 1685, le comte Louis-Gustave reçut de l'emp. Léopold la permission de battre des pièces de 3 et 15 kreuzers au type impérial, avec un différent, pour cette année seulement.

Schongau. — L'empereur Louis de Bavière accorda à la ville le droit de frapper des pfennigs, 1331 ; hellers avec aigle et C.S (*civitas Schongau*).

Schwabach. — Denier du XIIe siècle avec SVOBACIN ; atelier des margraves de Brandebourg, au XVIIIe siècle.

Schwaben (Souabe). — La S. eut des ducs depuis 843 ; elle appartint à la maison de Hohenstaufen de 1080 à 1268. Conrad VI ou Conradin en fut duc *titulaire*, car Richard de Cornouailles avait réuni le duché à la couronne impériale en 1254, et depuis ce moment la Souabe ne fut plus qu'un des cercles de l'empire. Au Xe siècle, les ducs frappèrent des deniers à Brisach, Zurich et Zabern. (Baron de Pfaffenhofen, *Die M. der Herzoge von Alemannien*, 1845).

Par un accord fait à Augsbourg en 1693, le duc de Wurtemberg et l'évêque de Constance firent frapper des thalers avec MONETA.NOVA.IMPERIALIS.CIRCULI.SUEVICI ; ducats analogues, 1737.

Schwarzenberg. — Les seigneurs devenus princes en 1670, frappèrent depuis cette époque des m. d'or et d'arg.

Schweinfurt. — Atelier du margrave Albert de Brandebourg, 1552-53.

Speier (Spire). — Le duc Conrad de Franconie vendit son droit monétaire aux évêques de Spire (946), qui reçurent des confirmations impériales, de 964 à 1003 ; m. des évêques Jean Ier (1090-1104), Adolphe et Nicolas (1390) ; série de 1513 à 1772. En 1409, l'évêque Raban fit une convention avec le Palatinat et Baden. Deniers des empereurs, depuis Otton II jusqu'à Henri III. (Les armes de l'évêché sont : *d'azur à la croix d'arg.*. NEMETIS, SPIRA, temple, buste de la Vierge. Louis IV donna à la ville le droit de frapper des hellers. (W. Harster, *Versuch einer Speierer Münzgeschichte*, Spire, 1882).

Sternstein. — Atelier des comtes de Lobkowitz.

Stockau. — Atelier impérial, au XVIIe siècle.

Straubing. — Pfennigs noirs du XVIe siècle, avec la charrue que le duc Louis de Bavière avait donnée pour armes à la ville (1208) ; atelier des ducs, 1280-1289.

St-Theres. — Abbaye bénédictine qui reçut le droit monétaire du roi Henri IV, 1097; deniers (buste de l'abbé ℞ rosace, sous un portail).

Voeringen. — Atelier des évêques de Freisingen, XIIe siècle.

Volkach. — Atelier des comtes de Castell qui firent frapper des hellers et pfennigs en 1398 ; m. diverses de Jean, évêque de Wurzbourg, 1407.

Wachenheim. — Florins et pfennigs blancs d'Etienne, duc de Deux-Ponts ; puis d'autres avec une s au dessus de l'écusson et un trèfle au-dessous ; MON. NO. AUR. (ARG.) WACHENHEIM.

Weissentadt. — Gros du margrave Christian de Baireuth, avec W-S, 1622.

Wemdingen. — Atelier des comtes d'Oettingen, 1395.

Woerstadt.— Atelier du comte palatin, 1609.

Würzburg. — Deniers et oboles des évêques depuis Bruno (1034-45) avec le buste du prélat et au ℞ un édifice à trois tours ou un lion ; WIRCEBVRCh, WIRZBVRG ; St Kilian est nommé sur les m. aux Xe et XVe siècles. Les ateliers étaient : Wurzbourg, Volkach, Schweinfurt, Neustadt, Karlstadt, Hassfurt et Gerolzhofen ; les évêques firent des conventions monétaires avec leurs voisins (V. *Bamberg*, *Nuremberg*). En 1506, l'évêque Laurence reçut l'autorisation de frapper des florins : un édit impérial de 1559 régla les titre et poids des m. de W, qui devaient porter l'aigle à deux têtes et le nom de l'emp. (*Num. Zeit.*, 1847, 89 ; 1861, 62 ; 1846).

Wunsiedel. — Atelier des margraves de Brandebourg.

Zweibrücken (Deux-Ponts). — Les ducs reçurent le droit monétaire de l'emp. Sigismond, 1431 ; florins. pfennigs blancs, hellers, etc. Série nombreuse, dans les ateliers de Niederolm, Wachenheim, Veldenz et Meisenheim.

ROYAUME DE SAXE (Sachsen)

Le duché de Saxe, établi en 841, comprit la Thuringe, la Misnie, et appartint à la maison qui fournit plusieurs emp. à l'Allemagne. En 1180, le duché de Saxe fut morcelé en fiefs, archevêchés, évêchés, qui devinrent des états immédiats. Un second duché de Saxe fut créé pour Bernard d'Ascanie et comprenait Wittemberg et Lauenbourg avec la suzeraineté sur le Holstein. La branche ducale de Saxe-Wittenberg s'étant éteinte en 1422, le duché passa à la maison de Wettin ou Misnie qui y ajouta la Thuringe et le Palatinat de Saxe. Cette maison se subdivisa en plusieurs branches fondues ensuite dans les deux lignes *Ernestine* et *Albertine,* issues des deux frères Ernest et Albert qui se partagèrent les possessions en 1485. Le comté palatin de Saxe, qui comprenait le territoire et la ville d'Allstett, passa à la maison de Misnie, en 1248. En 1512, la Saxe fut divisée en : cercle de Basse Saxe, c. de Haute-Saxe, électorat de Saxe et duché de Saxe-Lauenbourg. L'électorat fut enlevé à la ligne Ernestine et donné à la ligne cadette, par Charles-Quint, en 1547. Frédéric Auguste III fut fait roi par Napoléon, en 1806, lui resta fidèle et perdit la Lusace, la Thuringe, la Misnie, etc.

Les premières m. sont des deniers et des bractéates du duc Bernard. Au XIIe siècle, les deniers furent remplacés par des bractéates, deniers unifaces avec le duc debout qui devinrent de plus en plus petites et disparurent devant les *groschen* et les pfennigs au commencement de la maison de Misnie. Frédéric II frappe de nombreux gros (GROSSVS:MARCH.MISNENSIS, lion debout) avec son cousin Frédéric et son frère Sigismond (1428-36), F.F.S DI.GRACIÁ:TVRING.LANG ; avec son frère Guillaume II (1428-45); F.W; avec Frédéric et Guillaume III (1437-40) F.F.W; enfin, seul, F. Guillaume III seul frappe des deniers et des bractéates avec W ou WILHE à Schmalkalden (S) et à Eisenach (ISENACH). Ernest, Albert (1464-1500) et Guillaume III (1445-82) frappent en commun, E.A.W. des gros avec GROSSVS.NOVVS.MARCH.MIS *ou* DVCVM.SAXONI. On leur attribue aussi des pfennigs avec des heaumes, un lion, l'écu parti de Misnie et de Landsberg, etc. Albert (ALBERTVS) frappe seul des florins à Leipzig (LIPCENS). Frédéric III frappe avec son oncle Albert et son frère Jean, F.A.H, ou FRÍ.AL.IO., avec Georges, fils aîné d'Albert, puis seul. Il frappe des thalers avec le titre de lieutenant général de l'empire.

En 1692, l'électeur Jean-Georges IV, voulant mettre de l'ordre dans sa m., ordonna une refonte dans l'atelier de Leipzig. Frédéric le Grand frappa en 1759 des m. de bas aloi avec les armes de Prusse et de Saxe. À cette époque on nomma *Ephraimites* les p. de 8 groschen, parce que la monnaie étaient dirigée par les Juifs Ephraim et Itzig. La Saxe entra dans la convention de 1738.

(Max Schmidt, *Die M. u. Medaillen der Herzoge von Sachsen u. Lauenburg*, Ratzeburg, 1884 ; J. et A. Erbstein, *Eroerterungen auf dem Gebiete der Saechsischen Münz und Medaillen Geschichte*, 1888 ; Pückert, *Das Münzwesen Sachsens* (1518-25), 1862).

ÉLECTEURS DE SAXE

960. Herman Billing, duc de Saxe par concession impériale, et burgrave de Magdebourg.
*973. Bernard, duc d'Angrie, BERNHARDVS.
*1010. Bernard II.
1062. Ordulphe, Otton ou Ordulphe.
1073. Magnus.

1106. Lothaire de Supplenbourg, par concession impériale, depuis empereur.
1137. Gertrude de Supplenbourg et Henri le Superbe, duc de Bavière.
1137. Henri le Lion.
*1180. Bernard III d'Ascanie-Anhalt; BERNHARD:
*1211. Albert Ier. A.
*1260. Albert II.
*1298. Rodolphe Ier.
*1356. Rodolphe II.
*1370. Wenceslas, frère du précédent.
1388. Rodolphe III.
*1418. Albert III, frère du précédent.
1423. Frédéric Ier, marquis de Misnie et landgrave de Thuringe.
*1428. Frédéric II. F.
*1464. Ernest. E.
*1486. Frédéric III.
*1525. Jean, frère du précédent,
*1532. Jean-Frédéric.
*1547. Maurice, petit-fils d'Albert III.
*1553. Auguste, frère du précédent.
*1586. Christian Ier.
*1591. Christian II, avec Jean-Georges et Auguste.
*1611. Jean-Georges Ier, fils du précédent.
*1656. Jean-Georges II.
*1680. Jean-Georges III.
*1691. Jean-Georges IV.
*1695. Frédéric-Auguste Ier, frère du précédent (1).
*1733. Frédéric-Auguste II.
*1763. Frédéric-Christian.
*1763. Frédéric-Auguste III.

(1) Il était duc et électeur de Saxe, de Juliers, de Clèves, de Mons, d'Angrie, de Westphalie ; archimaréchal de l'empire, landgrave de Thuringe, marquis de Misnie et des deux Lusaces, prince, comte de Henneberg, burgrave de Magdebourg, comte de la Mark, de Ravensberg, de Barbi, seigneur de Ravenstein ; él— roi de Pologne le 27 juin 1697, et couronné à Cracovie le 15 septembre (Auguste III).

ROIS

*1806. Frédéric-Auguste Ier.
*1827. Antoine Ier.
*1836. Frédéric-Auguste II.
*1854. Jean.
*1873. Albert.

Altenzelle. — Droit concédé à l'abbaye en 1162 par le margrave Otto ; bractéates portant des tours avec croix, crosses et bannières ; tête du protecteur-avoué, XIIe siècle.

Annaberg. — Groschen des électeurs avec un ange soutenant l'écu, de 1498 à 1571 ; groschen de bas aloi de l'électeur Georges, 1622.

Bautzen. — Atelier des margraves de Brandebourg, XIIIe siècle ; en 1369, Mathias, roi de Bohême, donna à la ville le droit de frapper des groschen et pfennigs ; atelier de l'électeur de Saxe, Jean-Georges II.

Buchholz. — Thaler et m. diverses du XVIe siècle avec la figure de sainte Catherine et T marque de l'atelier.

Camenz. — P. de 1 et 3 pfennigs, avec l'aile d'aigle de la ville, XVIIe siècle.

Chemnitz. — Emit des groschen avec K, XVIIe siècle.

Colditz. — Atelier de l'électeur Frédéric le Bon et de sa femme Marguerite ; Groschen de Marguerite et hellers unifaces.

Dohna. — Bractéates attribuées aux burgraves, avec figure assise et H.D.G.B (*Henricus Dei gratia burggravius*), XIIIe siècle.

Dresden. — Atelier depuis l'électeur Auguste, en 1556.

Freiberg. — Atelier remplacé par celui de Dresde.

Frohnau. — Atelier du XVe siècle, remplacé par celui d'Annaberg.

Grimma. — Atelier des margraves de Misnie, XIVe siècle.

Groitzsch. — Atelier du margrave Dietrich, XIIIe siècle.

Grossenhain. — Atelier de l'électeur de Saxe, 1621.

Klein-Schirma. — Emission des premiers gros de Misnie, vers 1315.

Leipzig.— Bractéate du XIIe siècle avec MARCHIO.OTTO. DE.LIPI ; florins du duc Albert avec MONETA.AVREA.LIPCENSIS ; gros ; thalers et divisions avec S.L (*Signum Lipsiense*).

Leissnig. — Bractéates du burgrave Albert (1233-59) avec le personnage assis entre deux trous et A.L.V.P. (*Albertus Lisnicensis Venerabilis praefectus*) ; pfennigs de 1622.

Loessnitz. — Atelier des seigneurs de Hartenstein, XIII$_{e}$ siècle ; bractéates d'attribution peu certaine.

Meissen (Misnie). — M. du margrave Eckard Ier, croix avec EKKHART, R̸ MISNI ; m. de Henri avec son buste armé et HEINRICVS ; bractéates de leurs successeurs, XIIe siècle, dont quelques-unes avec la marque de l'atelier de Leipzig. L'empereur Henri VI fit frapper en Misnie des bractéates avec ou sans son nom, semblables à celles des margraves ; viennent ensuite les gros avec GROSSVS.NOVVS.MISNENSIS. — Bractéates des évêques de Misnie, avec l'évêque assis, XIII$_{e}$ siècle, avec les noms des évêques Conrad et Wittigo. Bractéates des burgraves, avec personnage assis et avec croix, XIIIe siècle.

Oschatz.— Atelier des margraves au XIIIe siècle ; groschen avec O, XVIIe siècle.

Pegau.— Bractéates du XIV$_{e}$ siècle avec évêque assis, attribuées à l'abbaye sans grande certitude.

Flauen. — Aux comtes d'Eberstein, atelier en 1297.

Schneeberg. — Gros de 1496. Atelier fermé en 1556.

Strehla.— Bractéate d'un burgrave (type de Leissnig) avec A-S-V-V (*Albertus Strehlensis venerabilis Praefectus*) vers 1250.

Taucha. — Atelier des électeurs, 1620-22, avec T.

Wolkenstein.— Atelier des seigneurs de Waldenburg, en 1323.

Zittau. — Petite m. du XVII$_{e}$ siècle.

Zwickau. — Atelier des électeurs de 1440 à 1500 et 1530-34 ; florins, demi-gros à l'épée et au prince ; gros avec GROSSVS.NOVVS.ZWICKAVIEN *sis* ; petites m. avec trois cygnes dans un triangle, XVIIe siècle.

DUCHÉS DE SAXE

WEIMAR. — Grand duché qui fut donné en partage à Ernest, en 1484. A citer les thalers de Frédéric Guillaume Ier et Jean (1573-1602) et ceux de Jean-Ernest IV avec son buste et ceux de ses 7 frères (1605-20). Nombreuses m. jusqu'à Guillaume-Ernest (1728).

Allstedt. — M. de billon du duc Jean-Philippe de Saxe-Altenbourg, en 1621.

Apolda. — Atelier cité en 1276.

Arnshaug.— Bractéates avec donjon; gros de 1698 avec CONRAT.COM.ARNSHAG.

Bergau.—Bractéates avec un poisson volant ; m. de bas aloi, en 1622.

Berka. — Diverses m. d'arg. de 1621.

Bürgel. — Groschen avec BV, XVIIe siècle.

Bargau. — Petites m. du duc, 1622.

Brandenberg. —Bractéates avec les armes des seigneurs, double aigle avec une barre, XIIIe siècle.

Capellendorf.— Les burgraves de Kirchberg y avaient le droit monétaire par concession impériale ; ce droit passa ensuite à la ville d'Erfurt.

Cranichfeld. — M. du comte Charles Günther de Schwarzburg, de 1621 à 1623.

Eisenach. — Atelier des landgraves de Thuringe, grandes bractéates ; petites bractéates du XIVe siècle ; atelier de Jean Ernest de Weimar, 1621 ; la ville reçut du margrave en 1400 le droit de frapper des pfennigs ; YSENA.

Gebstaedt. — Groschen avec V-G, XVIIe siècle.

Gleisberg. — Atelier cité en 1198.

Henneberg. — L'empereur Frédéric confirma aux comtés le droit monétaire en 1330; en 1335, permission de frapper des m. d'or; ces comtes possédaient également des ateliers à Schweinfurt Schmalkalden (SMAL), Coburg, Schleusingen et Wasungen ; pfennigs, gros, thalers et 1/2, hellers, etc.

Iena. — La ville reçut le droit de frapper des pfennigs en 1409, droit confirmé par le duc Guillaume, 1448 ; pf. bractéates avec grappe de raisin et têtes de lion ; IHENE.

Ilmenau. — Le comte Georges-Ernest de Henneberg y transporta l'atelier de Schleusingen, au XVIe siècle.

Kirchberg. — Monnayage probable des burgraves.

Lobdeburg. — Bractéates des XIIe et XIIIe siècles avec le poisson volant ; l'une porte FARMANN.DE.LOBDEBVRG.

Magdala. — Atelier des comtes de Orlamünde, m. du XIIe siècle (*Num. Zeit.*, 1842, 108).

Mittelhausen. — P. de 3 deniers (*Dreier*), avec M., du duc Albert de Weimar, 1621-22.

Remda. — Atelier des comtes de Schwarzburg qui émirent des bractéates au XVIe siècle avec REMETE ou REMMET, évêque assis.

Rothenstein. — *Dreier* de 1621-22 avec R.

Saalborn. — *Dreier* de 1622, avec S-B.

Sulza. — L'empereur Henri IV permit au comte palatin Frédéric d'y établir un atelier, 1064.

Tanrode. — Bractéates du XIIIe siècle, avec TANRODE, TANRODVS, buste mitré.

Weida. — Atelier des baillis de Weida au XIVe siècle;

Weimar.— Atelier des comtes de W., puis des comtes de Orlamünde ; petites bractéates des XIVe et XVe siècles. les dernières avec une grappe de raisin et toutes avec WYMAR. Les ducs de Weimar ont frappé au XVIIe siècle, un grand nombre de m. de bas aloi, dans divers ateliers.

Windberg. — Atelier cité en 1279 dans un titre.

COBVRG. — La ville capitale de ce duché appartenait, au XIIIe siècle, aux comtes de Henneberg qui y possédait un atelier. La branche de Saxe-Cobourg-Gotha, issue de la branche Ernestine, prit naissance en 1680, lorsque les 7 fils d'Ernest le Pieux se partagèrent ses états.

Les plus anciennes m. sont celles de Jean, margrave de Brandebourg (1308) ; sous les margraves de Misnie, au XVe siècle, petites bractéates avec la tête de maure.

armes de la ville, et gros au type de Wurzbourg ; m. diverses en tous métaux des ducs de Cobourg.

Cella St-Blasii. — Atelier en 1621, m. inconnues.

Gleichen. — Atelier des comtes ; bractéates incertaines.

Gotha. — Bractéates des margraves et de la ville, XIVe et XVe siècles, types divers avec le nom du seigneur ; puis tête de maure et GOTHA ; m. diverses des ducs.

Grimmenstein. — M. du duc Jean-Frédéric de Gotha, 1553.

Ichtershausen. — M. de 3 et 6 pfennigs, de 1621 avec I-H.

Koenigsberg. — M. diverses, en 1621.

Krawinkel. — P. de 3 et 6 pfennigs avec K, 1621,

Neustadt sur l'Heide. — Le duc Jean Casimir y transporta la m. de Cobourg, en 1620.

Reinhardsbrunnen. — P. de 2, 3 et 6 pfennigs, avec R-B, 1621-25.

Volkerode. — Gros des frères Jean Casimir et Jean-Ernest, avec V, XVIIe siècle.

MEININGEN. — En 1680, Bernard, fils d'Ernest le Pieux, reçut ce duché qui passa, en 1733, à son oncle le duc Charles-Frédéric qui prit le titre de duc de Cobourg-Meiningen ; m. diverses des ducs.

Camburg. — Gros du XVIIe siècle, avec C-B.

Hildburghausen. — P. de 4 groschen du duc Ernest-Frédéric-Charles, 1758 ; m. diverses de la branche collatérale du duché de Saxe-Gotha ; gros et pfennigs avec le nom du margrave de Thuringe et le nom d'atelier au XIVe siècle ; ateliers de m. de bas aloi. 1622.

Reichsmannsdorf. — Ducats du duc Jean-Ernest, 1728.

Roemhild. — M. de Henri jusqu'en 1710.

Saalfeld. — En 1350, l'abbé cédait à la ville son droit monétaire moyennant une rente annuelle. Grande bractéate avec SCS.PETRVS.APOSTOLVS.IN.SALVELT ; bractéates avec le nom de l'emp. Frédéric ou celui du maître de m. ; atelier des comtes de Schwarzburg, XIIIe-XIVe siècles ; la ville reçut en 1448, du duc de Saxe, le droit de frapper des pfennigs ; m. diverses, doubles gros, etc.

Silberkammer. — Thalers, 1692.

Wasungen. — Atelier des comtes d'Henneberg, XIVe siècle.

ALTENBVRG. — Duché possédé après la mort du duc Frédéric-Guillaume (1602) par ses fils Jean-Philippe, Frédéric, Jean-Guillaume et Frédéric-Guillaume II qui frappèrent m. avec leurs 4 bustes. Cette branche s'éteignit avec Frédéric-Guillaume III en 1672 et les possessions furent partagées entre Weimar et Gotha. Altenburg passa en 1825 au duc Frédéric de Hildburghausen ; m. diverses des ducs. — La ville d'A. eut un atelier dès le XIIIe siècle ; pfennigs du XVe siècle (main avec une rose, armes de la ville) ; m. de bas aloi, 1621-22. — On a attribué à tort des bractéates aux burgraves.

Eisenberg.— Gros du XVIIe siècle avec EB et une rose avec quatre feuilles ; m. de Christian, de 1680 à 1707.

Kahla. — Gros avec C, XVIIe siècle.

Lucka. — Gros avec L, XVIIe siècle.

Meuselwitz. — Gros avec M-Z, XVIIe siècle.

Münsa.— Gros avec M, XVIIe siècle.

Orlamünde. — Bractéate du comte Hermann, fils du margrave Albert l'Ours, XIIIe siècle.

Poelzig. — Gros avec P ou P-Z, XVIIe siècle.

Roda. — Bractéates des XIIe et XIVe siècles, avec une grande roue et RODE, RODENSIS.NVMMVS.

Schmoellen. — Gros avec S-M, XVIIe siècle.

Windischleuba.— Gros avec W-L, XVIIe siècle.

ANHALT. — Le premier prince d'Anhalt est Henri, fils de Bernard, duc de Saxe (1180). Bractéates d'Albert l'Ours (MARCHIO.ANEHALDENSI), de Bernard et de leurs successeurs ; homme debout, écu à trois fasces, deux écussons, arbre, casque, etc. Gros sous Albert au XVe siècle ; en 1503, l'emp. Maximilien accorda le droit de frapper des m. d'or ; premiers thalers en 1539 ; en 1620-22, gros avec le nom de Ferdinand ; m. diverses (Th. Stenzel, *Zur Gesch. des Anhaltischen Münzwesens*, 1876).

Ballenstaedt.— Bractéate avec BALGONIE du duc Bernard de Saxe.

Bernburg. — Branche d'Anhalt-Bernbourg (1568-1863) ; m. du XVIIe au XIXe siècle.

Coethen. — Atelier des comtes d'Anhalt, XIIIe siècle; deniers du comte Bernard et bractéates avec le nom de la ville; atelier du prince Louis, 1621; m. de la branche d'Anhalt-Coethen, A.C.

Coswig. — Atelier du prince Rudolphe, 1621.

Dessau. — Maison ducale et princière qui commence avec Jean-Georges II (1660-93), m. diverses (*Num. Zeitung*, 1852, 140; 1853, 97; 1856, 17).

Gernrode. — On peut attribuer une bractéate à l'abbesse Hedwige, milieu du XIIe siècle (*Num. Z.*, 1861, 25).

Hagenrode. — M. avec le nom de l'abbé Eggihard (1000).

Harzgerode. — Atelier au XVIIe siècle.

Mühlstedt. — M. sous les princes d'Anhalt, XVIIe siècle.

Nienburg. — Le couvent reçut en 993 le droit monétaire à Hagenrode; Conrad donna à l'abbé Albin le droit à Nienburg en échange du précédent; bractéates du XIIe siècle; atelier du prince Louis de Coethen, 1621.

Ploetzkau. — M. des princes de Coethen, depuis 1653; atelier en 1620-23; florins et 1/2, de 1680.

Rosslau. — M. de bas aloi, 1620-23.

Thesa. — Atelier en 1623.

Zerbst. — Atelier des princes d'Anhalt; m. diverses.

SCHWARZBVRG. — La plus ancienne maison comtale de Thuringe dont les branches de Sondershausen et de Rudolstadt ont commencé en 1584; bractéates du XIVe siècle frappées dans les villes de Koenigsee, Remde, Stadtilm, Arnstadt et Schwarzburg; de 1430 à 1442, m. diverses de la branche de Leutenberg; premiers thalers en 1525, puis pfennigs et *Dreiers;* depuis 1619, m. diverses de la branche de Sondershausen, et depuis 1622, m. de la branche de Rudolstadt; florins de 1675 à 1678; CO.*m*.SC.

Arnstadt. — Atelier de l'abbé de Hersfeld, XIIe et XIIIe siècle, ARNSTETE, abbé assis; bractéates des comtes de Kefernburg et de Schwarzburg avec le nom d'atelier; gros du comte Günther XXVI; atelier de l'électeur Jean-Frédéric, 1547-1572, etc.

Clingen et Gehren. — Ateliers, 1620-22.

Goldsthal. — Ducats du prince Günther, 1737, frappés avec l'or provenant de Goldsthal.

Greussen. — Bractéates avec l'*échiqueté* des comtes de Honstein, XIVe siècle.

Gross-Koerner. — M. à bas titre du duc Jean-Ernest de Weimar, 1619.

Keula et *Sondershausen*. — Ateliers, 1621-24.

SCHWARZBVRG-RVDOLSTADT. — Rudolstadt. — Atelier, depuis 1621 ; m. du comte Charles Gunther.

Blankenburg. — Bractéates des comtes du XIIe siècle.

Frankenhausen. — Atelier des comtes de Beichlingen, au XIVe siècle.

Friedeburg.—Atelier des comtes de Schwarzburg, 1621.

Kefernburg. — Les comtes avaient, par moitié avec les abbés de Hersfeld, un atelier à Arnstadt.

Koenigsee. — Atelier des comtes de Schwarzburg. XIIIe siècle ; bractéates avec KVNIGISSE ; gros des comtes Günther, Balthasar et Henri, XIVe siècle, avec GROSSVS. MAIOR.KONIGISSEEN (quelques-uns avec 1493) ; atelier, 1620-22.

Leutenberg. — M. à bas titre, 1621-22.

Schlotheim.— Atelier au XIIIe siècle ; en 1290 les seigneurs de S. s'engagèrent envers la commune de Mühlhausen à frapper des deniers avec un double cercle de perles ; bractéates postérieures avec un simple cercle. (les armes portent des cisailles) ; les grandes bractéates sont imitées de celles de Mühlhausen, les petites de celles de Mayence et Erfurt.

Schwarzburg.— Petites bractéates des comtes avec aigle et SWARZB. SWABVR, SWARCZ, etc., XIVe siècle.

Stadtilm. — Bractéates avec le nom de la ville ou les noms de saint Nicolas et saint André, frappées probablement par le comte Henri VI de Schwarzburg.

PRINCIPAUTÉ DE REUSS

Les princes étaient divisés au commencement du XIIe siècle en branches de Weida, Plauen, Greiz et Gera M. diverses depuis le XVIIe siècle, souvent difficiles à classer parce que beaucoup de princes ont porté le nom d'Henri et parce que beaucoup de m. ne portent pas de noms (*Num. Zeit.*, 1850, 124). Bractéates de Henri avec HADPNM (*Henricus advocatus de Plauen*) (*Num. Zeit.*, 1866, 89).

Doehlau.— Gros avec MON.NOV.RVTHENICA.DOL., XVIIe siècle.

Gera. — Bractéates des abbesses du XIIIe siècle, semblables à celles de Quedlinburg ; en 1329, l'emp. Louis confirma au bailli de Weida les droits monétaires qu'il avait depuis 1306 ; atelier au XVIIe siècle, GERANA.

Greiz. — Atelier des comtes de Reuss, 1621-79.

Schleiz. — Bractéates des comtes de Lobdeburg-Arnshaug, portant un taureau, ou une tête de taureau (avec un poisson volant au-dessus, comme Burgau) ou un seigneur tenant une tête de bœuf dans la main, XIIIe siècle; atelier du comte Henri, 1622-78.

DUCHÉ DE BRUNSWICK (Braunschweig)

Le véritable duché de B. commence en 1235, avec Otton l'enfant. A partir de 1252, la maison de B. se divise en 2 lignes : Brunswick et Lunebourg. La première forme, en 1279, les branches de Grubenhagen (éteinte en 1596) et de Goettingue, subdivisée en rameaux de Goettingue et de Brunswick (1347). En 1431, commence la moyenne maison de B., divisée en branches de Wolfenbüttel et de Kalenberg, et éteinte en 1634. La moyenne maison de Lunebourg se divisa, en 1521, en ligne de Harbourg (éteinte en 1642) et ligne de Zell ou Celle, subdivisée en deux branches, en 1569 : Dannenberg ou nouvelle maison de Brunswick, Lunebourg ou maison de Hanovre.

La série monétaire commence avec les deniers portant une main sur une croix qu'on donne à Bernhard Billung, duc de Saxe (1011-66, LIVNIBVRHC). On connaît des deniers avec le nom de Wichmann II (WIGMAN.COM, 944-67) qui sont des imitations frappées à Ebsdorf (ERBENDORNII en deux lignes) au XIe siècle. Viennent ensuite les bractéates d'Henri le Lion (1139-95) portant un lion, celles d'Otton IV, empereur, avec un lion ou un buste, puis celles d'Otton l'Enfant (1235-52) avec le lion, OTTO.DE.LVNEBVRC et OTTO.DVX.DE.BRVN. Les gros commencent avec Guillaume (1416-1482, DVX.BRVS.LVBORG). Les différentes branches ont frappé un nombre considérable de m., parmi lesquelles des thalers avec devises judicieuses en latin ou en allemand. Il faut citer aussi les thalers des mines du Harz avec buste, nom de la mine, souhaits, sentences, etc., des XVIe et XVIIe siècles. (*Num. Zeit.*, 1861, 145). Les ducs de Brunswick-Lünebourg frappèrent également de 1538 à 1747, une série de thalers commémoratifs très intéressants. (Bode, *Das Aeltere Münzwesen.. Niedersachsen's*, 1847).

Bevern. — Branche de la nouvelle maison de Brunswick jusqu'en 1735 ; thaler de Ferdinand Albert.

Blankenburg. — Bractéates du XIIe siècle, de Henri Ier de Reinstein ; bractéates postérieures, sans légende, qui appartiennent aux branches de Blankenburg ou de Reinstein (les armes portent un bois de cerf à quatre tiges) ; autres avec CATI.DE.BLANCENBVRG, et COMES.SIFRIDVS.DE.BLANKENBRVC. Atelier des comtes de Hohnstein, XIVe siècle : série depuis Ulrich de Reinstein (1524-51) (*Num. Zeit.*, 1862, 44 ; Dannenberg, *Zur Münzkunde des Harzes*, *Z. f. N.*, 1883, 95).

Braunschweig. — La ville reçut le droit monétaire du duc Magnus, 1345 ; bractéates avec un lion ; thalers depuis 1498 ; gros, 1499 ; BRVNSWICENSIS.

Catlenburg. — Atelier du duc Christian de Brunswick, 1620.

Dannenberg. — Atelier des ducs, 1619-25.

Ebsdorf. — ERBISIDORISI sur des m. du comte Wichmann (+ 944).

Gandersheim. — L'abbesse Gerburg reçut le droit monétaire d'Otton en 990 ; confirmation du pape Innocent II, 1206 ; petits gros du duc Henri (+ 1473).

Gittelde. — Gros des seigneurs, XVIIe siècle, avec deux clefs en sautoir.

Grubenhagen. — Branche de la maison de Brunswick, dont on a des m. diverses.

Harburg. — Thalers et m. diverses des ducs de 1610 à 1631.

Henrichstadt. — M. du duc Julius, 1574-88.

Helmstaedt. — Otton II accorda le droit monétaire aux abbés en 974 (à Werden et Lüdinghausen) ; *raderalbus ;* bractéates des abbés Héribert Ier et II (1183-1228) ; avec HELMANSIDA, porte, guerrier, abbé (*Z. f. N.*, 1877, 264).

Herzberg. — Gros des ducs Albert et Philippe ; thalers et gros communs aux ducs Ernest, Jean Wolfgang et Philippe (✝ 1599).

Hitzacker. — Thalers et doubles shillings du duc Auguste, 1619-22.

Lauterberg. — Gros de 1620, avec les armes de Lauterberg.

Moisburg. — Atelier de 1621 à 1629.

Salzderhelden. — Gros des ducs Henri III et IV, xve siècle.

Scharnebeck. — Atelier, 1619-25 ; thalers et 1/2.

Walkenried. — En 1688, le duc de Saxe-Gotha, suivant l'exemple du duc de Brunswick, frappa des gros et 1/2 gros pour cette abbaye ; m. du duc Auguste-Guillaume de Brunswick-Wolfenbüttel, 1717.

Weende. — M. de bas aloi, 1621.

Winsen. — Atelier du duc Christian, 1620-29.

Wolfenbüttel. — Branche de la maison de Brunswick dont les membres ont frappé de nombreuses m.; atelier des ducs Rodolphe-Auguste et Antoine Ulrich, 1693-96.

HANOVRE (Hannover)

Royaume fondé en 1814 ; thalers.

La ville d'Hanovre (ou Altstadt) avait un atelier au XIIIe siècle ; bractéates avec lion, des comtes de Lauenrode et du comte palatin Henri ; la ville entra dans l'alliance de la Hanse en 1481 ; thalers de 1482, gros de 1501, frappés par suite d'un accord entre les ducs de Brunswick Lünebourg, Berthold, évêque d'Hildesheim, et les villes de Brunswick, Hildesheim, Goettingue, Hanovre, Heinbeck et Nordheim ; HANOVERS. Bractéates avec *trifeuille ;* écu avec *trifeuille* et trois annelets.

(Menadier, *Das aelteste Münzwesen Hannover's*, *Z. f. N.*, 1885, 151).

Alfeld. — Atelier des évêques d'Hildesheim.

Altenau. — Atelier du XVIIe siècle.

St-Andreasberg. — M. des comtes de Hohnstein, et du duc Wolfgang de Brunswick.

St-Antonius. — Thalers de Jodoc, évêque d'Halberstadt, avec SANCTVS.ANTONIVS.EREMITA, 1697-99.

Aurich. — Atelier des princes d'Ostfrise et des rois de Prusse (depuis 1813, avec D).

Bardewick. — Pfennigs cités dans un titre, 1144.

Bassum. — Atelier des comtes de Hoya, XIVe siècle.

Bentheim. — Comtes des maisons de Luxembourg et de Hollande (Bentheim porte *de gu. à dix besants d'or*).

Bodenwerder. — M. des ducs de Brunswick, Otton et Frédéric (1373-94).

Bruchhausen. — Petites m. de bas aloi, XVIIe siècle.

Bursfeld. — Droit monétaire donné à l'abbé, en 1093, par l'emp. Henri, et confirmé par Henri, archev. de Mayence, 1144 ; les m. porteraient la figure d'un abbé et au R/ un B avec une crosse.

Buxtehude. — M. de bas aloi, 1622.

Braunschweig-Celle. — Branche qui commence avec Ernest (+ 1546) ; en 1705, Celle est réunie à Calenberg ; m. diverses.

Celle. — M. de cuivre de 1622 à 1673.

Clausthal. — Atelier depuis 1617, transféré à Hanovre, en 1849.

Dassel. — M. douteuse, avec COMES.DAC.

Diepholz. — Petite bractéate avec deux bois de cerf, attribuée à Rudolph, comte de Diepholz (1300-50) ; les dernières m. appartiennent à Frédéric (+ 1529) (D. porte : *coupé au* 1, *d'or à un lion de gu.*, *au* 2, *d'azur à un aigle d'arg.*) DIPHOL', écu dans une porte à trois tours.

Duderstadt. — En 1335, les ducs Guillaume et Henri de Brunswick engagèrent à la ville la m. pour trois ans.

Eimbeck (appelée aussi *Einbeck* sur les m.). —

Fit une convention avec d'autres villes en 1382 ; pfennigs avec E gothique, du XIVe siècle ; m. diverses, or, arg. et cuivre jusqu'en 1675 ; EMBICEN, EIMBEIC.

Elbingerode. — M. de bas aloi du duc Christian de Brunswick-Lünebourg.

Eldagsen. — Pfennigs cités dans un titre de 1490.

Emden. — Atelier des comtes de Ravensberg, XIIIe siècle ; sous la domination de Hambourg, gros avec MONETE.NOVA.EMDENSIS ; thalers du roi de Prusse Frédéric, 1751 ; florins de l'emp. Frédéric III (1440-93).

Estebrügge. — On y transporta l'atelier de Buxtehude, en 1584.

Freudenberg. — Atelier du comte de Teklenburg, 1622.

Gerode. — Le droit monétaire de l'abbaye est cédé en 1143 par Henri, archev. de Mayence à Richardis, veuve du margrave Rudolf de Stade.

Goettingen. — Pfennigs et demi-gros depuis 1400 ; thalers de 1567 à 1684 ; la ville avait reçu une concession des ducs qui y avaient un atelier au XIIIe siècle ; GOTINGEN. La lettre G sur une croix, dans une rosace, couronnée, accostée de besants, etc.

Goslar. — M. de l'emp. Henri III, avec les noms et bustes des saints Simon et Judas, patrons de la ville au ℟ (type imité par les Etats voisins) ; plus tard, la ville prit pour armes un *aigle de sable sur champ d'or* ; Cappe et Bode donnent à Goslar des bractéates dont beaucoup appartiennent aux comtes de Falkenstein et Arnstein ; bractéates du XIVe siècle, avec bustes des saints ; gros de Mathias et pfennigs, XIVe siècle ; thaler en 1542 ; florins, 1560 ; m. de cuivre, 1707-1764, etc. ; GOSLARI, GOSLARIE.

Hameln. — Droit monétaire de la ville confirmé par le duc Henri en 1279 ; pfennigs depuis le XVIe siècle, avec le fer de moulin ou anille, armes de la ville, qui est semblable à un H ; premier thaler, en 1544.

Halselünne. — Atelier donné à Sophie d'Oldenbourg-Ravensberg, par le roi Henri, 1224.

Hildesheim. — Les évêques possédaient aussi les ateliers de Mundburg et Weinhausen ; droit à Hildesheim donné par l'empereur Henri à l'évêque Azelin (1053) ; m.

diverses de presque tous les évêques, avec lacune de 1452 à 1598 ; l'évêque Henri engagea à la ville la m. pour la durée de son gouvernement (1333) ; l'évêque Magnus fit de même, en 1428. De 1598 à 1634, l'atelier de Moritzberg fonctionne (Cappe, *Die M. der Stadt und des Bisthums Hildesheim*, 1858). M. de la ville depuis 1417 ; thalers, 1551 à 1772 ; HILDENEZHEIM, HILDENSEM'.

Hohnstein. — Pfennigs des seigneurs, XIVe siècle ; florins, thalers, etc., jusqu'en 1593.

Hoya. — Atelier des comtes au XIIIe siècle ; m. diverses depuis le XIVe siècle dans les ateliers de Nienbourg, Hoya et Bassum. Les armes sont *d'or à deux pattes d'ours de sable.*

St-Jacob. — Thalers du duc Frédéric-Ulric de Brunswick-Lunebourg, 1634.

Lauenrode. — Bractéates des comtes, dont l'une porte : MONETA.COMITIS.IN HONOVER.

Lüneburg. — Atelier des ducs de Basse-Saxe, Bernard Ier et II ; la ville acheta de l'emp. Sigismond le droit de frapper des m. d'or (1434) ; m. diverses jusqu'en 1757 ; croix cantonnée de 4 lions ; écu au lion. LVNEBORCH, LVNEBORGE'.

Meppen. — Atelier des abbés de Corbei, concédé en 945, par l'emp. Otton.

Münden. — Thalers d'Eric de Brunswick-Calenberg, avec MANETA.NOVA MVNDENTZIS (1543 pour 1534 ?).

Mundburg. — Deniers de l'évêque de Hildesheim, Bernard.

Neustadt, près *Rübenberge.* — Atelier des comtes de Woelpe, XIIIe siècle.

Nienburg. — M. des comtes de Hoya, avec NIGENBVRG.

Nordheim. — Le comte Siegfried de Bomeneburg donna, en 1141, le droit monétaire à Wizelin, abbé de N.; droit confirmé, en 1164, par le duc Henri de Lion ; on attribue des bractéates à Wizelin. ENORSTOI.VISLLVIEAS, l'abbé assis (*Num. Zeit.*, 1848, 105 ; Schlumberger, pl. VII, 75). Gros et m. diverses de la ville du XVe siècle jusqu'en 1678.

Osnabrück. — Les plus anciens deniers des évêques sont du XIIe siècle, fabrique barbare ; florins et m. diverses du xve siècle jusqu'en 1766 ; m. de vacances de siège de l'évêché ; les évêques avaient encore un atelier à Widenbrück. M. de cuivre de la ville d'O. de 1570 à 1805 ; OSENBRVGE, OSNABV, etc.

Osterode. — Atelier des ducs de Lunebourg-Celle, transféré à Cellerfeld, en 1601. Osterode frappa au xve siècle des gros appelés *koertlinge* et des petites m. d'arg. au XVIIe siècle.

Ostfriesland. — Droit monétaire confirmé aux comtes par Frédéric V, 1464. M. diverses des comtes et princes ; florins de Ulrich, frappés à Norden, depuis 1442 ; ateliers à Emden et Jever. Les comtes prennent sur leurs m. (deniers, florins, thalers, etc.), les titres suivants : CAPITAL'. TRE.NORDENSIS, COIT.F'SIE.OIE, COIEN.PhR', PHRISIE.ORIENT. Ecu à la harpie (aigle à tête humaine couronnée).

(Tergast, *Die M. Ostfriesland's, bis* 1466, Emden, 1883).

COMTES D'OSTFRISE

*1445. Ulric, VLRICVS.
*1466. Enno Ier, E'NO.
*1491. Edzard Ier, EDZARD.
*1528. Enno II, I.ENNO.
*1540. Edzard II, Christophe et Jean.
*1566. Edzard II et Jean.
*1591. Edzard II, seul.
*1599. Enno III.
*1625. Georges-Christian.
*1665-90. Christine-Charlotte.
*1665. Christian-Eberhard.
*1708-34. Georges-Albert.

Otterndorf. — Gros du duc Magnus de Saxe-Lauenbourg, xvie siècle.

Peine. — Bractéates des seigneurs de Wolfenbüttel, XIIIe siècle ; gros et *dreier* avec les armes de la ville (*de gu. à deux gerbes d'arg. sur lesquelles saute un loup d'arg.*).

Reinhausen. — Couvent de Bénédictins, auquel Conrad II donna le droit monétaire.

Richenberg. — Atelier de Henri le Cadet de Brunswick, 1530.

Stade. — Deniers de l'emp. Henri III ; l'emp. Conrad II

donna le droit à Becelin, arch. de Hambourg et de Brême, d'établir un atelier à S.; droit cédé à la ville, en 1272 ; les plus anciennes m., du XIe siècle, portent AGNVS.DEI, avec l'image de l'empereur Henri II ; gros ; thaler, depuis 1616 ; double thaler de 1686 ; STADENSIS, écu avec une clef (Bahrfeldt, *Die M. der Stadt Stade*, *Num. Zeitsch.*, 1879, pl. IV-VII). Deniers d'Henri II, comte de Stade (976-1016 ; *Z. f. N.*, 1886, 237).

Steuerwald. — Atelier du prince-évêque Jobst-Edmond, 1689.

Verden. — Droit monétaire donné à l'évêque Gero par le roi Otton III, 985 ; peu de m. épiscopales ; gros de 1618 à 1620, avec le nom du chapitre ; m. de cuivre, 1621.

Wienhausen. — Droit monétaire donné à Azelin, évêque d'Hildesheim, par l'emp. Henri II, 1053.

Woelpe. — Bractéates des comtes avec leurs armoiries : tête de bœuf avec les cornes très rapprochées.

Wunstorf. — M. de bas aloi des ducs de Brunswick-Lünebourg, 1490.

Zellerfeld. — Atelier du duc Henri Julius de Brunswick, 1601-1620.

GRAND-DUCHÉ D'OLDENBOURG

Oldenbourg appartint aux comtes de Rustringen, passa au Danemark en 1667, au grand-duc Paul de Russie en 1773, qui le céda à son cousin Frédéric-Henri de Holstein-Gottorp. L'emp. Joseph II en fit un grand-duché. Petites bractéates du XIVe siècle, sans lég., portant soit les armes (*D'or à deux fasces de gu.*), soit l'initiale o ; tournois, gros, etc.; thalers et florins vers 1535 ; atelier des comtes de Jever, du roi de Danemark, Frédéric V, 1760. Oldenbourg entra dans la convention monét. allemande en 1846.

Birkenfeld. — Atelier du comte palatin Georges Guillaume (albus et pfennigs).

Jever. — Atelier des seigneurs, au XIe siècle ; m. diverses jusqu'en 1575 ; atelier des comtes d'Oldenbourg jusqu'en 1667 ; m. des princes d'Anhalt-Zerbst et des emp.

de Russie, jusqu'en 1799 (Merzdorf, *Die M. und Medaillen Jeverlands*, Oldenbourg, 1865).

Kniphausen. — P. de 10, 5 et 2 1/2 thalers en or, de 9 gros en arg., frappées à Saint-Pétersbourg, en 1806-07.

Vechte. — Atelier impérial concédé à Sophie d'Oldenbourg par le roi Henri, 1224.

Wildeshausen. — Pfennigs des XIVe et XVe siècles, frappés par la prévôté du chapitre de saint Alexandre ; deniers du XIIe siècle, avec OTTO.PREPOSITVS. ℞ LVDOLFG. EPC (H. Buchenau, *Die M. der Probstei Wildeshausen*, *Z. f. N.*, 1887, 262).

DUCHÉ DE LAUENBOURG

Cette terre passa de la maison d'Ascanie au duché de Saxe. Elle eut des ducs particuliers depuis Jean, fils de l'électeur Albert Ier, et fut prise par la Prusse en 1864. M. diverses des maisons de Saxe et de Brunswick.

L'atelier de Otterndorf monnaya aux XVIIe et XVIIIe siècles ; florins du Danemark en 1830.

DUCHÉ DE HOLSTEIN

Les ducs de Saxe firent gouverner le Holstein par des comtes. Les Etats élurent pour comte, en 1460, Christian Ier d'Oldenbourg, roi de Danemark, qui fit ériger le Holstein en duché (1474). Le H. fut réuni au Danemark en 1773, et à la Prusse en 1864. Les comtes frappèrent m. à Kiel, Oldesloh, Rendsburg, Flensburg, Itzehœe.

En 1475, l'emp. Frédéric III accorda au roi Christian de Danemark, comme duc de Holstein, le droit de frapper des m. d'or. Bractéates et pfennigs du XVe siècle, avec la feuille d'ortie (V. *Danemark*).

Altona. — Atelier des comtes de Holstein, 1620.

Glückstadt. — Atelier du roi de Danemark, Christian IV, 1620 ; m. diverses, avec buste du roi, CIVITATIS. GLVCKSTADIENSIS, et la Fortune.

Itzehœe. — Blanc avec CIVITAS.ETSCCHO, trois tours, ℞ MONETA.HOLSACIE, croix.

Kiel. — Bractéates, avec navire et l'ortie de Holstein ; schillings, avec MONETA.KILENSIS, XIVe siècle ; droit monétaire donné par le comte Jean, en 1318.

Neustadt. — Blanc avec NONETA : NIESTAT, donjon ; au-dessus, la feuille d'ortie, ℟ CIVITAS.HOLTSACIE, croix (*Cat. Thomsen*, 11239).

Oldesloe.— Schillings et p. de 6 kreuzers. avec MONETA. ODESLO, CIVITAS.HOLTZACIE, XIVe siècle.

Ploen. — Le duc Frédéric-Charles reçut une concession impériale en 1731 ; m. diverses de la branche de Holstein-Ploen.

Ranzau. — Droit monétaire accordé au comte Christian en 1650 ; ducats, thalers, de 1655 à 1668. (A. Meyer, *Die M. und Med. der Herren von Rantzau*, 1882).

Rendsburg. — Schillings du XIVe siècle, avec CIVITAS. RENSBVRG.

Steinbeck.— Atelier du duc Jean-Adolphe de Holstein, 1600-1620.

HOLSTEIN-GLÜCKSBURG

Branche de Holstein, 1622-1779, thalers et ducat. (*Num. Zeit.*, 1859, 144).

HOLSTEIN-SONDERBURG

M. de Jean le Puîné, fils de Christian III de Danemark, et de son fils Alexandre (+ 1627) (*Num. Zeit.*, 1859, 134).

HOLSTEIN-GOTTORP

Branche fondée par Adolphe Ier (1533-86), fils de Frédéric de Danemark ; m. diverses frappées pour le Schleswig-Holstein (*Num. Zeit.*, 1859, 95).

HAMBOURG

De 966 à 1065, les arch. reçurent des empereurs le droit de battre m. à Brême, à Stadun, à Winechem, Gerleviswert, à l'abbaye d'Altene. La ville impériale, dont la Hanse remonte au XIIIe siècle, acquit le droit monétaire des ducs de Holstein, en 1325, et frappa des m. diverses avec MONETA.HAMBVRGENSIS. BENEDICTVS.DEVS ; Sigismond lui permit la frappe des m. d'or, 1435 ; Hambourg abandonna, en 1572, le type de la Vierge pour ceux de l'aigle et du globe de l'empire ; m. de cuivre, de 1574 à 1605. On donne aussi à Hambourg des bractéates du XIIe siècle, avec portail, tours et feuille d'ortie (C. F. Gaedechen, *Hamburg'sche M. und Medaillen*, 1843-54, 1876).

LÜBECK

M. des évêques depuis le XVIe siècle (*Num. Zeit.*, 1863, 156). La ville entra dans la Hanse avec Hambourg, en 1241 ; l'emp. Frédéric II lui donna le droit monetaire, 1226 : convention avec Hambourg pour la frappe de pfennigs, 1305.

Un titre de 1339 parle de la frappe de *florenus aureus de Florencia;* ces florins portent FLORE.LVBIC*ensis*. En 1403 et 1411, conventions avec Wismar, Hambourg, Rostock, Stralsund et Lünebourg, pour la frappe de m. diverses, pfennigs *blancs* (Witten) ; premier thaler, 1528, dernier ducat en 1801. LVBICA.LVBICENS', aigle.

BRÊME (Bremen)

Braetéates de l'archevêque Hartwich II (1184-1208) ; petits gros d'Albert II (1359-95) avec croix et au ℟ une clef ; florins et 1/2 gros d'Henri et de Jean, 1463-1511 ; m. diverses de leurs successeurs. — Les rois de Suède ont frappé à Stade diverses m. pour le duché de Brême, 1650-99. La ville eut un atelier impérial ; deniers d'Henri II, au type de Cologne ℞ S.BREMA. Droit monétaire concédé à la ville par l'archev., en 1369, puis par Charles-Quint, 1541 ; m. avec l'aigle de l'empire ; florins du Rhin (1548), ducats, etc.

(Hermann Jungk, *Die Bremischen M.*, Brême, 1875.)

GRAND-DUCHÉ DE MECKLENBOURG

Pays conquis par Henri le Lion, et donné à Pribislav, prince des Wendes, qui fut nommé prince de l'empire en 1170, et commença la maison des grands-ducs. En 1226, il y eut quatre branches : Mecklenbourg, Werle (jusqu'en 1436), Rostock (1314), et Parchim (1270). Frédéric fonda la branche de Schwerin, et Adolphe-Frédéric II celle de Strelitz, maisons grand-ducales depuis 1815.

En 1325, le prince Henri donne le droit monétaire aux villes de Wismar et de Rostock ; confirmation du droit monétaire par l'emp. Charles aux grands ducs Albert et Jean, 1348.

Les m. portent DVCV.MAGNOPOLENSI, DVX.MAGNOP. *ou* MEGAPO ; tête de taureau.

Florins et doubles schillings, au XVe siècle ; tournois ; thalers, 1567, etc. En 1622, il y avait cinq ateliers : Boitzenburg, Gadebusch, Gnoien, Rostock et Wismar. De 1713 à 1752, il n'y eut aucune m. pour le Mecklenbourg-Schwerin et le M.-Güstrow. Pendant la guerre de sept ans, l'aloi des m. baissa considérablement. M. diverses.

SCHWERIN. — L'emp. Frédéric donna le droit monétaire à l'évêque Dietrich (1240-47) ; atelier des comtes à Schwerin, depuis le XVIIe siècle ; bractéates incertaines. Les comtes avaient, dans leurs armes, deux oiseaux dont les têtes sont tournées l'une vers l'autre.

Boitzenburg. — Atelier des comtes de Schwerin, XIIIe siècle ; schillings du duc Jean-Albert, 1616.

Doemitz. — Atelier ducal, détruit par le duc de Brunswick-Celle, à cause d'émissions de mauvaises espèces, 1689.

Eutin. — M. de billon de Christian-Auguste, évêque de Lübeck (✝ 1726).

Gadebusch. — Atelier ducal, de 1542 à 1622.

Gnoien. — Denier du XIVe siècle, GNOGENSIS. Atelier du duc Jean-Albert, depuis 1616.

Grevermühlen. — Doubles schillings et tournois des ducs, depuis le XVIe siècle.

Güstrow. — Pfennigs et blancs, avec tête de buffle dans un trilobe, et MONETA.GVSTROWE ℟ CIVITAS.DNI.D. WERLE ; m. des ducs de Mecklenbourg, XVe et XVIe siècles ; ducats du duc Gustave-Adolphe, 1666, m. diverses. La branche de Güstrow, fondée en 1534, s'éteignit en 1695.

Kroepelin. — Atelier cité par un titre de 1325.

Malchin. — Pfennig d'un seigneur de Werle, avec MONETA.MALCHINEN, et une tête de buffle avec croix entre les cornes.

Marienehe. — Atelier du duc Charles, 1601.

Marlow. — Atelier cité par un titre de 1325.

Parchim. — Atelier des seigneurs de Werle, XIV-XVe siècles. MONETA.PARCHEM ; ℟ CIVIT.DNI.D.WERLE, tête de taureau. M. divisionnairés de carton, plomb, etc., en 1794.

Ratzeburg. — Ducats, thalers, florins et doubles schillings des évêques des XVIe et XVIIe siècles.

Ribnitz. — Doubles schillings du duc Albert, 1430,

Rostock. — Le duc Henri vendit la m. à la ville en 1325, avec des restrictions qui furent enlevées par une autre cession du duc Albert, 1361. La ville fit une convention monétaire avec Lübeck, Hambourg, Wismar, Lünebourg et Stralsund (1381, renouvelée en 1403) pour la frappe de pfennigs blancs ; autre convention avec Stralsund et Greifswalde, 1425, pour des *wittenpfennigs*, valant un *sechsling* (1/2 schilling) ; les plus anciennes m. sont des deniers avec tête de bœuf sur écu triangulaire, et RO-SS-TO ; plus tard, l'emblème de la ville est un *griffon ;* florins, ducats, etc., jusqu'en 1855. ROSTOCKE, ROSTOKCEN.

Stargard. — Atelier des ducs. M. avec griffon et STARGARDE ; m. de bas aloi, XVe siècle.

Sülze et *Tessin.* — Ateliers cités en 1325.

Warnemunde. — Atelier du duc Henri de Mecklenbourg, 1325.

Wismar. — Atelier depuis le XIIIe siècle ; MONETA. WYSMAR, croix, ℟ CIVITAS.MAGNOP, tête de taureau ; ducats et m. diverses de la branche de Schwerin ; m. de la ville jusqu'en 1854.

Wittenburg. — Atelier des comtes de Schwerin, en 1279, du duc Albert, en 1528.

STRELITZ. — M. diverses de cette branche.

Friedland. — Blanc, avec MONETA.VREDELAN, tête de taureau ; ℟ CIVITAS.MAGNOPOL, croix.

Neubrandenburg. — Deniers du duc de Mecklenbourg, 1439, avec MONETA.BRANDEPO et CIVITAS.MAGNOPO.

Neustrelitz. — Atelier du duc Adolphe-Frédéric, 1733.

Schoenberg. — Atelier du duc Christophe de Meckl, comme administrateur dé l'évêché de Ratzeburg, 1581.

POMÉRANIE (Pommern)

Cette province fut affranchie du joug de la Pologne en 1227, par Swantopulk. On a des bractéates du duc Sobieslas (1150-87). Les ducs de P. étaient déjà divisés en branches de Stettin et de Wolgast, en 1295 ; Boleslas XIV réunit les deux fiefs en 1625.

En 1648, la Poméranie fut partagée entre la Suède et le Brandebourg ; la Prusse reçut la partie suédoise en 1815.

Bractéates et pfennigs, sous Wratislas II (1186) et Bogislas Ier (1188), frappés à Prenzlau, Demmin, Camin et Stettin. Certaines de ces m. portent des noms de maîtres de m. On attribue aux ducs Wartislav III (+ 1264), et Barnim Ier, avec leurs frères Barnim et Wartislav, une pièce avec quatre têtes humaines autour d'une croix (℟, deux griffons).

A Barnim Ier, seul (1264-1278), appartiennent des m. avec BARNIM ou BARNEM.DVX, portant un buste casqué, une croix, des têtes de griffon. D'autres pièces, avec des têtes de griffon, des tours, le duc, une croix, etc., sont attribuées à Barnim Ier ou à ses fils Bogislav IV (+1305), Barnim II (+ 1295) et Otton Ier (+ 1345).

Des bractéates portant des lis, des têtes, des roses, des bannières et le type caractéristique de la tête de griffon, ont été frappées par les villes de Demin, Greifswald, Pasewalk, Pyritz ?, Stettin et Stralsund.

En 1428, les ducs des branches de Stettin et de Wolgast conclurent, pour cinq ans, une alliance monétaire avec les villes de Stettin, Greifswalde, Anclam et Demmin. Les villes devaient frapper des gros de 12 pfennigs, et les ducs des p. de 6 pf. En 1492, on frappa des *vierchen*, des *witten* (2 pfennigs), et des *schillings* (de 4 pf.). Bogislas X fit ensuite frapper des gros, schillings (à 6 au florin), et des florins d'or, par permission du roi Maximilien, en 1498. Au XVIIe siècle, la Poméranie émit une grande quantité de m. de billon.

(Dannenberg, *Pommerns Münzen im Mittelalter*, 1864 ; *Z. f. N.*, 1874, 141 ; 1876, 243 ; 1877, 73, 189).

Anclam (anc. Tanglin). — Fit, en 1395, une alliance avec Stralsund et Greifswalde pour la frappe de gros pfennigs ; m. diverses, pfennigs et schillings, avec les armoiries qui portent un rayon de soleil et MONETA.TANGLYM.

Barth. — Atelier des ducs de Wolgast, XIVe siècle. DVC-BART.

Camin. — Atelier des ducs ; oboles des XIVe et XVe siècles, avec un lis et MONETA.CAM ; denier de SIFRID (1185-1202) ; deniers muets du XIVe siècle, avec église.

Coeslin. — Oboles du XIVe siècle, avec tête de saint Jean-Baptiste, une clef et Z ; gros de bas aloi du duc François de Poméranie.

Colberg. — Pfennigs et oboles du XIVe siècle, avec deux crocs en sautoir.

Damm. — Reçut le droit monétaire au XIIe siècle, oboles ; atelier de Bogislas X, de 1491 à 1513 (DAM.).

Demin. — Droit monétaire en 1276 ; m. de l'alliance, avec un lis (armes de la ville), 1433, DENINENS.

Franzburg. — M. de billon du duc Philippe-Jules, de 1612 à 1615.

Garz. — Reçut des ducs Otto et Barnim, en 1340, le

droit de frapper des pfennigs comme ceux de Stettin ; ils portent une feuille d'ortie, armes de la ville. Bractéates, oboles, schillings depuis 1480, etc. Atelier du duc Bogislas en 1489 (GARCE).

Gollnow. — Oboles du XIVe siècle, portant deux croissants et quatre étoiles ; bractéates.

Greifenberg. — Droit monétaire accordé par Otton III, en 1464.

Greifswald. — Droit donné par les ducs de frapper des pfennigs, en 1325, 1389 ; schillings et p. de 2 pf. du XIVe siècle, avec écu portant une fasce sur une couronne ; atelier de Bogislas, 1504-07 (GRIPESWAL, GRIPESWOLT.).

Gützkow. — Atelier des ducs Georges et Barnim, 1524.

Pasewalk. — Bractéate, avec tête de cerf ?

Pyritz. — Atelier des ducs dès 1240. Bractéates, vierchen et oboles de la ville, avec une rose, PI, XIVe siècle (Concession des ducs Otto et Barnim, 1326).

Rügen. — Ile qui eut des princes particuliers ; on attribue à Jaromar Ier et II des bractéates du XIIIe siècle, avec IAROMARE ou IGARO et RVGIAN ; pfennigs du XIVe siècle, avec RIGE.

Rügenwalde. — Droit monétaire confirmé en 1348 ; atelier de Bogislas, au XVIIe siècle.

Schievelbein. — Atelier des margraves de Brandebourg, au XIVe siècle ; deniers portant les armes de la ville, aigle au-dessus d'un portail.

Schlawe. — A frappé des m. inconnues.

Stargard. — Bractéates, oboles et vierchen des XIVe et XVe siècles, avec croix et 2 ou 4 étoiles dans les cantons (STARGARDE).

Stettin. — Atelier de Bogislas Ier ; en 1345, le duc Barnim III vendit à la ville le droit monétaire ; oboles, bractéates, schillings, vierchen, avec une tête de griffon ; atelier des ducs, 1499-1324 (DVX. STETIN).

Stolpe. — M. avec les armes de la ville (3 vagues courant l'une sur l'autre) et le griffon de Poméranie, XIVe siècle.

Stralsund. — Bractéates de Jaromar II, prince de Rügen ; la ville conclut différentes conventions monétaires avec les autres villes de Poméranie ; m. de billon bas au XVIIe siècle, etc. (MONETA.SVNDENSIS).

Treptow-sur-la-Rega. — Atelier des ducs, au XIIIe siècle ; oboles du XIVe siècle, avec une feuille de plante aquatique et un griffon.

Ukermünde. — Schillings des ducs de Stettin, XIVe siècle, avec CIVITAS.YKERMVND.

Usedom. — Atelier des ducs, en 1129 ; reçut le droit monétaire au XIVe siècle ; oboles et bractéates avec un heaume à panache, sous un portail.

Wolgast. — Oboles du XIVe siècle, portant un anneau sur une croix ; m. de cuivre de 1550 à 1597, avec WOLGAST ; m. des ducs, schillings, XVIe siècle, DVC'WOLG.

Wollin. — Deniers ?, oboles du XIVe siècle ; armes de la ville : un sapin.

BRANDEBOURG

Le B. soumis par Henri l'Oiseleur, en 927, fut donné à Sigefroi, comte de Ringelheim, frère de l'impératrice. Après la maison d'Ascanie, le B. passa dans les m. de Bavière et de Luxembourg. En 1415, l'empereur Sigismond vendit le marquisat et l'électorat à Frédéric, burgrave de Nuremberg, dont les descendants devinrent rois de Prusse (1701). Les plus anciennes m. du B. sont celles des derniers princes wendes Przibislaw-Henri et Jakza ; les bractéates sont d'une meilleure fabrique que les deniers à deux faces. Koepnik et Stendal furent les ateliers des princes qui se partagèrent en deux branches frappant conjointement et séparément (Otton II, Henri et Albert, Otton III et Jean, Otton IV et Conrad). Plus tard, d'autres ateliers comme Berlin, Kyritz, Prenzlow, etc., parurent et sont distingués d'une façon très douteuse par leurs armoiries. Les types les plus communs sont le margrave debout ou assis tenant un drapeau et une épée ou deux drapeaux ; un cavalier ; deux margraves debout ; édifice, etc. Au XIVe siècle, les margraves frappèrent une grande quantité de pfennigs et au XVIe siècle, parurent les *florins*, *thalers* et *groschen*. Le prince électeur Jean-Georges introduisit le *ducat* et Joachim Ier frappa des thalers et florins dans les ateliers de Berlin et Francfort. Le Brandebourg n'échappa pas au trouble jeté dans la monnaie, au XVIIe siècle, en Allemagne, par la masse de billon de bas aloi. Frédéric le Grand réforma la m. mais se vit obligé d'émettre de faibles espèces pendant la guerre de 7 ans. De 1759 à 1762, les m. d'Elisabeth Ire de Russie portent MONETA.REGNI.PRVSS.

Vers 1772, une grande quantité de *groschen* en cuivre furent frappés en Angleterre, surtout à Birmingham. Une loi monétaire mit de l'ordre dans les m. en 1821 et le Brandebourg prit part à la convention monétaire des Etats du Zollverein à Dresde, 1838.

(A. V. Sallet, *Z. f. N.*, 1880, 249; Dannenberg, 161; Kotelmann, *Z. f. N.*, 1884; E. Bahrfeldt, *Beitraege zur Brandenburgischen Münzkunde*, *Num. Zeitsch.*, 1880-1882; *Das Münzwesen der Mark Brandenburg.*, 1889).

MARGRAVES DE BRANDEBOURG, DEPUIS ROIS DE PRUSSE

927. Sigefroi, comte saxon, gendre du roi Henri Ier.
937. Géron, comte de Stade et de Hartzfeld.
965. Thierri.
983. Lothaire, comte de Walbeck.
1003. Werner.
1010. Bernard, fils de Thierri.
1018. Bernard II.
1046. Guillaume.
1056. Udon Ier, comte de Stade.
1082. Henri Ier.
1087. Udon II.
1106. Rodolphe Ier, frère des deux précédents.
1115. Henri II, fils d'Udon II.
1128. Udon III, fils de Rodolphe Ier.
1130. Conrad de Ploetzk.
1134. Albert Ier, d'Ascanie.
*1127-42. Henri Przibislav, prince de Serbie.
*1156-58. Jakza, prétendant, IAKZA.DE.COPNIC.
*1170. Otton Ier, OTTO.
*1184-88. Henri de Gardelegen, HE.CO.
*1184-88. Otton II, Henri et Albert.

*1188-1206. Otton II et Albert II.
*1192-1220. Albert II, ALBERTE.
*1220. Jean Ier et Otton III.
1266. Jean II, fils de Jean Ier.
*1285. Otton IV seul et avec Conrad, OTTO.MARCHIO.
*1292. Otton V, Albert III et Herman, OTTO,ALHER.
*1293. Albert III seul, A.
*1298. Conrad Ier.
1304. Jean III.
*1307. Waldemar Ier, WOLDEMAR.
1319. Waldemar II de Landsberg.
1322. Jean IV, son frère.
*1324. Louis Ier de Bavière, LODEVIC.
*1352. Louis II de Bavière, LODEWICH.
*1365. Otton VII, OOTT.
*1373. Charles IV de Bohême, empereur.
1378. Wenceslas de Luxembourg, emp.
1411. Sigismond de Luxembourg, emp.
1415. Frédéric Ier de Hohenzollern, burgrave de Nuremberg.
*1440. Frédéric II, FREDERICVS.
*1470. Albert III Achille, ALBT.
*1486. Jean Cicero, IOHS.
*1499. Joachim avec son frère Albert, IOACHI.ET.ALB.
*1513. Joachim Ier, seul, IOAC.P.
*1535. Joachim II.
*1571. Jean-Georges.
*1598. Joachim-Frédéric.
*1608. Jean-Sigismond, grand maître de l'ordre Teutonique, duc de Prusse.
*1619. Georges-Guillaume.
*1640. Frédéric-Guillaume.
*1688. Frédéric III, premier roi de Prusse en 1701.
*1713. Frédéric-Guillaume Ier.
*1740. Frédéric IV, et II comme roi de Prusse.
*1786. Frédéric-Guillaume II.
*1797. Frédéric-Guillaume III.
*1840. Frédéric-Guillaume IV.
*1861. Guillaume-Louis.

Angermünde. — Atelier des margraves, depuis le xve siècle.

Baerwalde. — Atelier dès 1353.

Beeskow. — Atelier des comtes de Strelen, en 1314, puis des seigneurs de Biberstein; pfennigs sans ℞ de la ville, en 1621.

Berlin. — V. bâtie au xiie siècle; atelier des margraves dès 1280; la ville acquit en 1369, de Otton, le droit de battre des pfennigs qui portent le margrave debout et au ℞ les armes de la ville (Ours marchant à dr.) Ce monnayage cessa probablement de 1378 à 1540. A cette date il y eut pendant deux ans une fabrication de bractéates portant comme armes un ours et une aigle. De 1621 à 1666, Berlin frappa des hellers et des pfennigs de billon sans ℞. Ensuite l'atelier seigneurial subsista seul.

Bernau. — Acquit le droit monét. en 1369.

Brandenburg. — Evêché en 949, qui reçut le droit monét. en 1051 (confirmation en 1161); atelier des margraves; la ville reçut le droit de frapper des pfennigs au xive siècle, et conclut une convention monétaire avec Berlin en 1322; au xviie siècle, la vieille et la nouvelle ville de B. frappèrent des hellers de cuivre (H. Dannenberg, *M. des Bisthums B.*, *Z. f. N.*, 1875, 154).

Coeln sur la Sprée. — Atelier des margraves dès 1319; droit monét. de la cité en 1369.

Cottbus. — V. qui avait pour armes une tête de bœuf, changé vers 1483 en écrevisse. Bractéate avec tête de bœuf; pfennigs sans ℞ avec écrevisse et s.c. (Stadt Cottbus).

Crossen. — L'ancien duché de Crossen sous la domination de la Pologne, comme la Silésie, passa à la couronne de Bohême, en 1339; atelier des margraves et électeurs; bractéates avec écu parti à une aigle et à un double lis avec c (xvie siècle); br. avec CROSSE.

Cüstrin. — Cédée en 1259 à l'ordre allemand par la Pologne. En 1621-22, m. avec écu parti à une demi-aigle et à un barbeau. Atelier de Jean, 2e fils de Joachim Ier.

Driesen. — Cédée en 1317 par la Pologne; atelier de Jean-Sigismond.

Drossen. — Pfennigs du XIVe siècle et de 1622, portant une aigle.

Francfort-sur-l'Oder. — Parmi les 14 villes qui reçurent le droit monét. en 1369. Pfennigs avec un heaume, et au XVI. siècle avec double écusson, heaume et coq ; dessous, F ; en 1622, d°; atelier des électeurs.

Freienwalde. — Droit de 1369 ; pas de m.

Fürstenwalde.— Droit de 1369 ; pfennigs avec arbre et aigle et F-W.

Guben. — M. de 1621-22, avec château à trois tours.

Havelberg. — Atelier de Frédéric Ier et II.

Koenigsberg en Neumark. — Atelier seigneurial dès le XIVe siècle ; pfennigs du XVe siècle.

Koepnick. — Atelier sous Jaksa (1156); bractéates avec IAKZA.DE.COPNIC, IAKZA.COPNIC.KNE (*knaes*, prince) ou IAKZA.KES ou sans lég., et le prince en buste ou debout armé.

Kyritz. — Atelier des margraves ; pfennigs avec le lis, armes de la ville.

Landsberg sur Warte. — Droit de 1369.

Lebus. — Des pfennigs peuvent être attribués à cet évêché, notamment un avec CONRADI (évêque en 1284).

Luckau. — Atelier seigneurial au XIIIe siècle ; reçut en 1382, de Wenceslas de Bohême le droit de frapper des pfennigs et des hellers avec un demi-ours ; LVCCANA (*Num. Zeitsch.*, 1884, 505).

Lychen. — Atelier en 1302 ; produits inconnus.

Mittenwalde. — Droit de 1369 ; pas de m.

Morin. — Atelier en 1352. Bractéate du XIIIe siècle avec demi-aigle et poisson.

Müncheberg. — Droit de 1369.

Neustadt-Eberswalde. Droit de 1369.

Perleberg sur la Stepenitz. — Pfennigs, bractéates et à deux faces, portant une étoile.

Prenzlow. — Atelier de Bogislav Ier, roi de Poméranie (1188), deniers avec BOGISLAVS.REX et PERENNCELAVE, autres avec le nom du maître de la M. Gottfried ; pfennigs de 1622 avec les armes de la ville (Aigle avec heaume sur la tête).

Rathenow sur l'Havel. — Atelier des électeurs.

Alt-Ruppin. — Château et atelier des comtes de Lindow.

Neu-Ruppin. — Heller uniface avec aigle en chaperon et N.R, XVIe siècle.

Schwedt. — Atelier des margraves au XIVe siècle.

Sommerfeld. — Droit de frapper des hellers donné par le roi Wenceslas en 1411, confirmé par Ladislas, en 1454.

Sorau. — Aux burgraves de Dewin puis en 1280 aux seigneurs de Pak, puis à la Saxe en 1490. M. de 1621-22.

Spandow. — Droit de 1369. Deniers avec les armes (heaume sous un château à trois tours).

Sparr. — Les comtes reçurent de l'emp. Léopold le droit monétaire en 1670.

Spremberg (en 1397 et 1411), *Strassburg* (en 1433), *Straussberg* et *Wrietzen* (en 1369) reçurent le droit monétaire.

Zossen. — Atelier des comtes de Torgau.

PRUSSE (Preussen)

Vers 1210, le duc Conrad de Massovie ayant appelé à son aide contre les Prussiens l'ordre Teutonique, celui-ci s'empara du pays après une guerre de 53 ans. En 1454, quelques villes se donnèrent à la Pologne qui eut quelques années après toute la Prusse orientale et accorda le droit monétaire à plusieurs cités. Cette partie de la Prusse releva de la Pologne jusqu'en 1657. Quant aux chevaliers teutoniques (d'abord chev. de Saint-George, puis de Sainte-Marie), ils conservèrent la Prusse jusqu'en 1531, époque à laquelle elle passa dans la famille du dernier grand maître de l'ordre. La plupart des chevaliers se retirèrent à Marienthal en Franconie. Aucune m. ne paraît antérieure à celles des grands maîtres de l'ordre Teutonique, pfennigs bractéates portant l'écu de l'ordre ou une simple croix. Le grand maître Winrich (1351-1382) introduisit, à l'imitation de la Pologne, les gros de 16 pfennigs. En 1410, Ulrich de Jungingen reçut de Sigismond de Hongrie la permission de frapper des florins d'or. Les

m. baissèrent ensuite d'aloi presque continuellement. Albert de Brandebourg date ses groschen depuis 1513 et frappe des ducats et des divisions du thaler. Ses successeurs émirent un grand nombre de m. diverses.

(Vossberg. *Geschichte der preussischen Münzen*, Berlin, 1843; J. Bender, *Beit. z. Gesch. des preussischen Geld- und Münzwesens*, 1878).

GRANDS MAITRES DE L'ORDRE TEUTONIQUE

1195. Henri Walbot.
1200. Othon de Kerpen.
1206. Hermann Bart.
1210. Hermann de Salza.
1239. Conrad, marquis de Thuringe.
1253. Poppon d'Osterna.
1257. Hanno de Sangerhausen.
1274. Hartman.
1284. Bouchard.
1290. Conrad de Feuchtwangen.
1303. Sigefroi de Feuchtwangen.
1311. Charles Beffart.
1324. Werner de Orseln.
1331. Louis, duc de Brunswick.
1335. Dietrich d'Altenburg.
1342. Ludolf' de Weitzau.
1345. Henri de Dusemer.
*1351. Winric de Kniprode.
*1382. Conrad Ier.
1390. Conrad II.
*1393. Conrad de Jungingen.
1407. Ulric de Jungingen.
*1410. Henri de Plauen.
*1413. Herman Gans.
*1414. Michel de Sternberg.
*1422. Paul Russdorf.
1441. Conrad d'Erlichshausen.
1450. Louis d'Erlichshausen.
*1467. Henri III.
*1470. Henri IV de Richtenberg.
*1477. Martin de Wetzhausen.
*1489. Jean de Tiefen.
*1498. Frédéric, duc de Saxe.
*1512. Albert, marquis de Brandebourg, premier duc de Prusse.

Culm. — Atelier des ducs de Massovie, puis des grands maîtres.

Danzig. — Schillings et ducats de l'ordre avec D ; de 1453 à 1525, schillings à bas titre de la ville avec l'aigle couronnée de Pologne ; depuis 1530, ducats, thalers, florins et m. diverses jusqu'au retour à la Prusse (1793), et de 1801 à 1813 ; GEDANENS, DANCZK.

Dirschau. — Avait reçu le droit monétaire du duc de Pomérellie, Sambor II, 1260.

Elbing. — Reçut du grand maître en 1246 le droit de frapper des pfennigs comme ceux de Culm ; schillings et pfennigs bractéates avec les armes de la ville (deux croix de l'ordre) depuis 1454 ; m. diverses, ELVI, ELBINK.

Koenigsberg. — Atelier principal des grands maîtres ; sous les rois de Prusse, l'atelier marquait ses m. d'un E ; fermé en 1798.

Malborg. — Pièce de 3 gros de Sigismond III de Pologne, avec M sous les armes, 1601.

Marienburg. — Atelier de l'ordre, schillings avec M, 1393-1407 ; m. polonaises diverses, de 1584 à 1601, quelques-unes avec M.

Memel. — Bractéates avec croissant et croix ?

Oliva. — Schillings de 1671 ?

Samland. — Monnaya au XIIIe siècle.

. *Schlochau.* — Bractéates avec tête de bouc.

Thorn. — Atelier de l'ordre, dès le XIIIe siècle ; le grand maître Paul donna à la ville, en 1436, le monnayage de l'ordre, moyennant la moitié des bénéfices ; schillings avec *t* et l'écu de l'ordre ; autres avec MONETA.DVCATVS. PRVCIE, sous la domination polonaise, après 1454 ; le roi permit ensuite de frapper de nouveaux schillings avec la double croix des Jagellons et l'aigle ducale de Prusse ; m. diverses de 1630 à 1765. THORVNENSIS.

PROVINCE DE POSEN

Bromberg (en polonais, *Bydgost*). — Atelier de Sigismond III ; thalers de 1650 avec BIDGOSTIENS.

Fraustadt (en polonais, *Wschowa*). — M. diverses des XVIe et XVIIe siècles avec les armes: croix patriarcale entre deux anneaux. Atelier de Stanislas Jagellon, 1386-1434. (Dr Kirmis, *Berliner Münz-Blaetter*, n° 56, 1885).

Gnesen. — Les archevêques reçurent en 1284 le droit de monnayer à Znin. Bractéates avec ADALBERTVS ? M. de Boleslas Ier de Pologne, avec GNEZDVN.

Kroeben. — Atelier en 1231.

Lissa.— Atelier des rois de Pologne.

Posen. — Atelier polonais, xv$_e$ siècle; Ladislas de Pologne accorda à l'évêque de Posen, André, le droit de monnayer à Slupce (1314).

Znin. — V. Gnesen.

PROVINCE DE SAXE (Sachsen)

A. *Cercle de Magdebourg*

Alsleben. — Bractéates avec les armes des seigneurs, lion et trois roses, XIIIe siècle.

Armstein. — Bractéates variées, avec l'aigle éployée des seigneurs; avec le nom de Walther et ARNSTEDE (1148-1168).

Aschersleben. — Les ducs d'Anhalt y frappèrent au XIIe siècle (*Comes de Aschersleve*).

Barby. — Les comtes frappèrent des m. diverses depuis 1611 (J. et A. Erbstein, *Die letzten M. der Graffschaft Barby*, *Z. fur Museologie u. Antiquitaetenkunde*, 1879).

Croppenstaedt. — Atelier des comtes de Blankenburg, XIIIe siècle.

Falkenstein. — Bractéates du XIIe siècle, dont une avec le nom du comte Burckhard, BVRHART; autre avec Adam, Eve et le serpent.

Frosa. — Atelier au XIe siècle.

Gardelegen. — Atelier des margraves de Brandebourg, au XIVe siècle, la ville reçut le droit de frapper des pfennigs en 1427.

Giebichenstein. — Les archevêques de Magdebourg y frappèrent probablement au XIe siècle.

Hakeborn. — Pfennigs unifaces des seigneurs, XVe siècle.

Halberstadt. — Gros et demi-bractéates des évêques; en 1363, l'évêque Louis abandonna le droit monétaire à la ville et au chapitre; pfennigs du XVe siècle, avec la tête de Saint Etienne ; billon du XVIIe siècle ; bractéates de l'*avoué*, XIIe siècle.

Halle. — Bractéates du XIIe siècle, avec MONETA.HALLENSIS, et Saint Maurice ; hellers unifaces de cuivre, avec croissant et étoile, 1621. En 1428, l'archevêque Gunther céda, pour 9 ans, à la ville, le droit de monnayer ; convention analogue en 1487.

Magdeburg. — M. royale dès 941 ; demi-bractéates sous l'archevêque Adelgot, et série continue de bractéates depuis Conrad jusqu'à Eric ; confirmation du droit monétaire aux archevêques, par Otton IV, en 1209 ; au XIVe siècle, les bractéates font place à de petits pfennigs grossiers que chacun s'arroge le droit de frapper. En 1460, convention de l'évêque avec la commune pour la frappe de nouveaux pfennigs ; groschen, thaler, etc. Les bractéates portent un buste avec ST.MAVRICIVS, monument et MAGDEBVRG, etc.

Oschersleben. — Atelier mon. des évêques d'Halberstadt, XIVe siècle.

Osterburg. — En 1369, le margrave Otto, de Brandebourg, vendit le droit monétaire à la ville.

Osterwick. — Atelier des évêques d'Halberstadt, depuis le XIIIe siècle.

Quedlinburg. — Abbaye de femmes fondée en 928, à laquelle Otton III donna le droit monétaire en 994 ; bractéates du XIIe au XIVe siècle, sur lesquelles on voit l'abbesse assise ou debout, tenant un lis, un livre, etc.; gros, ducats et m. de cuivre diverses. En 1451 et 1454. concessions temporaires à la commune. QVITVELI, GVDDELLBV, QVIDELGEBVR, CVEDELLNBV. QVIDELIGE, QVIDELGEBVR, QWEDLEBVGENSSIS, etc. (Cappe, *Beschreibung der M. des Stifts Q.*, 1851 ; Ad. Düning, *Münzgeschichte des.. Stifts Q.*, 1886).

Reinstein. — Comté séparé de celui de Blankenburg, en 1246 ; bractéates du XIIIe siècle, portant un bois de cerf ; m. diverses du XVIe siècle.

Salzwedel. — Atelier des margraves de Brandebourg ; la ville reçut, en 1370, 1530, 1537 et 1621, la permission de battre de menues m., dont les plus communes sont les pfennigs du xv° siècle (armes : *demi-aigle et clef*).

Schoenebeck. — Atelier monét. au xv° siècle.

Seehausen. — Deniers portant trois feuilles (?). Le margrave de Brandebourg, Otto, vendit à la ville, en 1369, le droit de frapper des pfennigs.

Seligenstadt. — Atelier probable des évêques.

Stassfurt. — Abbaye qui avait droit de monnayage.

Stendal. — Atelier du Brandebourg, xII° siècle ; m. d'Albert et deniers du xIII° siècle, avec STANDI et une croix ; la ville fut autorisée, en 1351, à battre des pfennigs, et acquit le droit monétaire en 1369 (armes : demi-aigle et 4 rosaces).

Tangermünde. — Le margrave de Brandebourg vendit, en 1369, à la ville, le droit de frapper des pfennigs.

Ursleben. — Atelier cité en 1051.

Wegeleben. — Atelier des comtes d'Anhalt ; droit monétaire dans cette ville confirmé en 1359, aux évêques d'Halberstadt.

Werben. — Droit de frapper des pfennigs vendu à la ville en 1369.

Wernigerode. — Comtes de 1300 à 1430 ; bractéates du xIII° siècle, avec WERNIGEROD et donjon (G. A. de Mülverstedt, *Zur Münskunde der Grafen von W.*, *Z. des Harzvereins für Gesch. und Alterthumskunde*, xII, 1879).

Wolmirstaedt. — Florins d'or d'Auguste, évêque de Magdebourg, en 1675.

B. *Cercle de Mersebourg*

Palatinat de Saxe. — En 1247, le Palatinat vint dans la maison de Misnie (*Meissen*), qui frappa des m. à légendes inintelligibles, portant le comte palatin à cheval, avec un étendard.

Artern. — Frappa des pfennigs vers 1382 ; atelier des comtes de Mansfeld, 1621.

Beichlinengen. — Les comtes y frappèrent des m. dont on ne connaît pas de spécimens certains.

Belgern. — Atelier des comtes de Wettin, au xIII° siècle.

Bibra. — Couvent qui monnaya au xIV° siècle.

Bornstaedt. — Comté réuni à la Saxe en 1290 ; bractéates et deniers, avec BRENE et BWENEN ; pièces de 3 pfennigs, avec B au ℞.

Coelleda.— Atelier des comtes de Kaefernburg, puis des comtes de Beichlingen, en 1259 ; monnayage commun de ces comtes et de l'abbé de Hersfeld.

Eckartsberga. — Atelier des landgraves de Thuringe, au XIIIe siècle.

Eilenburg. — Bractéates des comtes du XIIIe siècle, des margraves de Misnie, avec ILEBORGENSIS ; m. de cuivre de 1622, avec E (Mülverstedt, *Ueber das Münzwesen der Herren von Ileburg,* 1875).

Eisleben. — Atelier impérial donné, en 1045, au comte de Mansfeld ; grandes bractéates du XIIIe siècle ; pfennigs des XVe et XVIe siècles, avec ISLE et les armes (heaume avec deux ailes d'aigle).

Freiburg. — Bractéate, avec seigneur assis, tenant un écu à une croix de saint André.

Heringen. — Pfennigs de la ville, vers 1382.

Herzberg. — Atelier des comtes de Brene, 1254.

Hettstaedt.— Atelier des comtes de Mansfeld, XVe siècle.

Kelbra. —Atelier des comtes de Beichlingen, XIIIe siècle ; la ville frappa des pfennigs depuis 1382 ; pf. uniface avec veau couronné et LS (armes de la ville).

Landsberg. — Atelier des margraves de Misnie au XIVe siècle ; pfennigs de 1444, avec LAND.

Liebenwerda. — Groschen du XVIIe siècle, avec L-W.

Mansfeld. — Bractéates, avec le comte à cheval, tenant un étendard ou une épée, et le *losange*, armes des Mansfeld ; bractéate de la fin du XIIIe siècle, avec lion couronné et MANSF. ; thalers depuis 1521 ; florins, 1597 ; gros, depuis 1516, avec saint Georges.

(J. et A. Erbstein, *Zur Mittelalterlichen Münzgesch. der Grafen von M.*, 1876 ; *Z. f. N.*, 1883, 95 ; Th. Stenzel, *Beitr. zur Mansfeldischen Münzkunde,* 1878.)

Memleben. — Droit monétaire donné en 994 à un couvent de bénédictins.

Merseburg. — Droit monétaire donné aux évêques en 973, et confirmé en 1004 ; bractéates portant Saint

Laurent ; B., avec une tête d'évêque et MERSEB ; m. en 1622, avec MB et un coq.

Mühlberg. — Atelier des évêques de Misnie, XIIIe siècle.

Naumburg. — Petites m. épiscopales du XIe siècle ; bractéates depuis 1126, avec l'évêque assis, puis debout, tenant une crosse, une clef, un livre, un calice ; pfennigs, bractéates avec crosses ou clef et épée en sautoir, avec NVWENB ou NVEMB ; groschen et m. de cuivre du XVIIe siècle, avec N ou NN.

Nebra. — M. citée en 1323.

Querfurt. — Bractéates, avec tête couronnée et QVERVO, ou le comte à cheval ; petits pfennigs, avec un heaume et QVERNF, XIVe siècle.

Rabenswalde. — Bractéates du XIVe siècle, avec des corbeaux, armes parlantes (*Num. Zeit.*, 1859, 97).

Rennstedt. — Atelier des comtes de Stolberg, XVIIe siècle

Sangerhausen. — Atelier des landgraves de Thuringe, XIIIe siècle ; gros de 1399 et de 1621, avec S.S-H.

Schraphau. — Atelier des comtes de Mansfeld ; thalers et m. diverses, avec S, XVIe siècle.

Skeuditz. — M. citée en 1271.

Stolberg. — Pfennigs unifaces, avec tête de cerf et STOL ou STALB, vers 1384 ; les comtes reçurent de l'électeur Frédéric II, en 1467, le droit de frapper des pf. unifaces qui portent des truites, armes des Wernigerode et STALB ; autres m. avec donjon et porte ouverte (armes de la ville) ; thalers depuis 1544 ; albus, 3 kreuzers et 3 batzens, etc.

Torgau. — Atelier des comtes de Wettin ; bractéates du comte Ulrich, avec COMES.OLRICVS.DE.TVRGOWE, jusqu'à 1206.

Wettin. — Bractéates, avec OVDALRICVS, et le comte, armé, debout. V. Torgau.

Weissenfels. — Atelier des margraves de Misnie, XIIe siècle ; pfennig bractéate du XVe siècle, avec tête de maure et WISNFELS.

Wiehe. — Les comtes de Rabenswalde y avait un atelier monétaire où ils frappèrent des bractéates avec deux ou 4 corbeaux.

Wittenberg. — Atelier des électeurs de Saxe; en 1350, la ville monnayait; pfennigs avec deux couronnes et WITTENBERG, vers 1458; d'autres postérieurs, avec l'écu aux épées et W.

Zeitz. — Atelier des évêques de Naumburg, aux XIIIe et XIVe siècles; bractéates avec M.CICE*nsis* (types de Naumburg); autres de Dietrich II, avec EPISCOPVS.CICENSIS.

C. *Cercle d'Erfurt*

Thüringen. — Bractéates depuis Louis (1130), avec le landgrave à cheval, avec étendard, épée et bouclier; l'atelier de la Thuringe était Eisenach; d'autres m. ont été frappées à Mühlhausen et Erfurt. A la mort d'Henri Raspe, la Thuringe passa dans la maison de Misnie et n'eut plus de monnaies particulières.

Bleicherode. — Frappa des pfennigs vers 1382.

Clettenberg. — Comtes particuliers; puis aux comtes de Honstein (armes: un cerf).

Ellrich. — Atelier des comtes de Honstein, en 1233; fit, en 1382, une convention avec les villes de Nordhausen, Stolberg, Heringen, Kelbra, Artern et Bleicherode pour la frappe de pfennigs; pf. unifaces, depuis 1340, avec heaume et ELRI, et pf. de cuivre du XVIIe siècle, avec l'*échiquier* de Honstein et E-L, 1621-22.

Erfurt. — Deniers des archevêques de Mayence. XIe siècle; grandes bractéates, depuis 1291; plus petites br., avec buste de Saint Martin et armes de la ville (une roue); cession, par l'archevêque Gerlach, à la ville, du droit monétaire, en 1354; bractéates avec les armes de la ville jusqu'aux premiers gros, en 1468; pfennigs et hellers avec la roue et E; thalers depuis 1548, florins, etc.

Heiligenstadt. — Aux archevêques de Mayence; bractéates du XIIIe siècle; gros et pfennigs, bractéates du XIVe siècle; en 1464, gros semblables à ceux de Saxe.

Lipprechtrode. — Atelier du duc de Brunswick, 1621.

Lohra. — Pfennigs, avec LOH-RA, XVIIe siècle.

Mühlberg. — Florins de l'archevêque de Mayence, 1371-73.

Mühlhausen. — Atelier royal du XIIe siècle; belles bractéates de Frédéric Ier (1155-90), avec FRIDERICVS.IMPERATOR.MVLEhVSIGENSIS DENARIVS, et l'empereur à cheval; type conservé par les princes suivants jusqu'au landgrave Hermann de Thuringe, qui reçut cette ville en 1198; m. diverses, avec les armes de M. (aigle de l'empire et le *mühleisen*, anille ou fer de moulin); pfennigs, 1483; gros, 1525; hellers, 1534; thalers, 1574, etc.

Nordhausen. — Abbaye de femmes qui reçut le droit monétaire, en 962; bractéates du XIIe siècle, avec le nom de Saint Eustache et une croix; bractéates sous Frédéric et Henri VI, avec deux figures couronnées; br. des comtes de Honstein, avec le cerf, en 1342; la ville fit alliance avec d'autres cités pour la frappe de pfennigs, en 1382, et reçut du duc Guillaume permission pour en battre, 1448; thalers, 1556; NORT, NORTh.

Ringleben. — Atelier du duc Jean-Ernest, 1621.

Salza. — Ateliers des comtes au XIIIe siècle; ces seigneurs vendirent la ville par moitié à l'archevêque de Mayence et au margrave de Misnie, 1347; bractéates avec la roue de Mayence; bractéate avec le heaume de Misnie et SLACZA (Erbstein, *Münzgeschichtliches über Langensalza*, Dresde, 1878).

Schleusingen. — Pfennigs de la comtesse Mechtilde vers 1406, avec les armes de Baden et celles d'Henneberg; au XVIe siècle, pf. avec les armes de Würzburg et de Henneberg, et H.D (*Henneberger Dreier*); thalers, florins; groschen, distingués par un s des autres espèces de l'électorat.

Thamsbrück. — Atelier cité au XIIIe siècle.

Trefurt. — Atelier des seigneurs au XIIIe siècle; partagé entre le margrave de Misnie et le prince de Hesse, en 1327.

Vargula. — Bractéates du XIIIe siècle, avec le seigneur assis, tenant l'écu à ses armes (bandé de quatre).

Weissensee. — Bractéates du XIIIe siècle, avec WIZZENSE, WISSENSE et les armes de la ville (deux poissons, étoile, lis, et divers signes); pour répandre davantage les m., on en frappa avec la légende WIZZENSEE et les armes des villes et seigneurs voisins (XIVe siècle); la ville fit alliance avec d'autres cités, en 1381, pour frapper des pfennigs.

SILÉSIE (Schlesien)

Après la mort de Boleslas Chrobry, la Silésie, que se disputèrent la Pologne et la Bohême, vint entre les mains de son fils aîné Wladislas II (1138). Elle se sépara de la Pologne en 1163 et fut divisée en haute et basse Silésie vers 1179. En 1355, elle passa à la Bohême et vint avec cette province entre les mains de Frédéric d'Autriche, en 1526. Les m. de la Silésie, d'abord d'une assez bonne fabrique, sont des deniers d'argent qui offrent des types assez variés : guerrier à mi-corps au-dessus d'une muraille ; tête de Saint Jean-Baptiste ; aigle ; une ou deux têtes, un ou deux bustes sous des arcades, au-dessus d'un mur ; figure assise ; dégénérescences des types précédents. Les principales légendes sont : BOLEZLAVS, BOL, etc. ; BOL. ANA ; BOL. VAR (on n'est pas fixé sur la signification de VAR et de ANA) ; DVX.BO ; B.DVX ; DVX VRATIZ ; DVX. HEINRICVS ; SCS IOHS BABTISTA, IO.BA, etc.; CARITAS ; IVSTICIA ; MILOST. Quelques-unes de ces p. peuvent être données à Boleslas IV et à Henri Ier ; VRATIZ serait pour *Vratislavia*, Breslau. Certaines des m. dégénérées ont pu être frappées par les évêques de Breslau et des bractéates sans légende peuvent appartenir aussi bien à la Pologne qu'à la Silésie.

En 1361, Boleslas Ier (Bolko) vendit le droit de battre m. à Schweidnitz aux cités suivantes : Schweidnitz, Striegau, Reichenbach, Nimtsch, Hain, Landshut, Freiburg, Jauer, Loewenberg, Hirschberg, Goldberg, Bunzlau, Greifenberg et Shoenau (Dewerdeck, *Silesia Numismatica*, 1711 ; Tagmann, *Ueber das Münzwesen Schlesiens..*, 1855 ; Bon de Saurma-Jeltsch, *Schlesische M. u. Medaillen*, 1883 ; F. Friedensburg, *Schlesiens M. u. Münzwesen*, 1886).

Bernstatt. — Atelier du duc d'Oels, XVIIe siècle.

Breslau. — Atelier des ducs, 1204-XIVe siècle; groschen et 1/2 gr. de Mathias, roi de Hongrie, 1470 ; deniers et hellers des évêques des XIVe et XVe siècles, VRATI ; bractéates du XIIIe siècle avec la tête de Saint Jean-Baptiste; Charles IV accorda à la ville en 1660 le droit de battre des m. d'or comme celles de Prague ; hellers avec le lion de Bohême et l'aigle de Breslau ou la tête de Saint Jean et w.

Brieg. — Les ducs y avaient le droit de monnayer qui leur fut confirmé par le roi Ladislas en 1505.

Frankenberg. — Atelier au XIIIe siècle.

Frankenstein. — Atelier des ducs de Münsterberg, transféré en 1507 à Reichenstein.

Freistadt. — Frappa des pfennigs et des hellers au XVe siècle.

Friedeberg. — Le duc Bolke acheta cette ville en 1361 avec le droit d'y frapper des m. d'or et d'arg. L'atelier était à Schweidnitz.

Glatz. — Comté en 1462; Jodoc, margrave de Moravie, y frappa en 1378 des pfennigs avec I et G.O (*Glacensis obulus*). Le roi Ladislas y émit des hellers de billon, 1454 ; le comte Ulrich de Hardeck, des hellers unifaces, 1507 ; atelier du duc de Bavière, en 1546, et de l'emp. Ferdinand.

Glogau. — Deniers du duc Henri III, 1300, H.DVX.GLOGOVIE ; m. du duc Sigismond et de l'emp. Ferdinand ; la ville, divisée en deux parties au XIVe siècle, frappa des hellers avec la vierge et G ; p. de 3 et 24 kreuzers, vers 1621.

Goerlitz. — Jean de Bohême, Charles IV et Sigismond, donnèrent à la ville des droits monétaires. M. diverses ; 3 hellers et pfennigs, 1621.

Goldberg. — Le duc Georges-Rodolphe donna à la ville, le droit de frapper des pfennigs unifaces (avec G.B et aigle planant sur trois montagnes).

Herrnstadt. — Billon de 3 kreuzers en 1622.

Jauer. — Alliance monétaire avec le roi Ladislas et avec d'autres villes de Silésie en 1511.

Klein-Glogau. — Hellers du XVe siècle.

Kreuzberg.— P. de 24 kreuzers du duc Jean Christian, en 1621.

Lausitz. — Bractéates des margraves Otto et Conrad de Brandebourg, avec MARCHIONES LUSATIAE. Sous la domination de Bohême (1317-1623), groschen de 1620. Thalers, florins, etc., de l'électeur Georges II de Saxe, en 1666-67.

Liegnitz. — Atelier des ducs, dès 1264 (LEGNICENSIS); du roi Ladislas. La ville acquit le droit monétaire en 1425-29, et frappa des pfennigs avec les deux clefs en sautoir de la ville, l'aigle de Silésie et le buste de Saint Pierre; hellers bractéates avec L, 1622.

Loewenberg.— Boleslaus II y avait un atelier en 1261; la ville acquit en 1327 le droit de frapper des pfennigs, et en 1361, des m. d'or et d'arg. pendant dix ans; pfennig du XIVe siècle avec tête de lion couronné et croix fleurdelisée; hellers du XVe siècle et 3 pfennigs de cuivre, 1621-22.

Lüben. — Hellers de 1423 avec l'aigle de Silésie et au ℞ les armes de la ville (partie inférieure d'une aigle avec la Vierge et l'enfant au-dessus).

Münsterberg. — Atelier des ducs, m. diverses; hellers de la cité, avec M, une tour, et l'aigle de Silésie, XVe siècle.

Namslau. — On a attribué à cette ville des hellers avec W et une couronne (Dewerdeck).

Neisse. — Hellers du XVe siècle, avec l'aigle de Silésie et le lis de la ville; bractéates à un lis (*Z. f. N.*, 1882, 252).

Nickolsdorf. — Atelier où Wenceslas, duc de Liegnitz, frappa des florins avant 1351.

Oels. — Droit monétaire des ducs d'Oels confirmé par Jean de Bohême et Ladislas II; m. diverses.

Ohlau.— Deniers du XIVe siècle et hellers du XVe siècle, avec le coq de la ville (et une anguille sur les hellers); p. de 24 kreuzers en 1621-22.

Oppeln. — M. des ducs Boleslas Ier, II et III avec l'aigle de Silésie, un heaume empanaché et IVVENVM. BOLKONVM. Pfennig de la cité avec demi-croix au-dessus d'une demi-aigle.

Ratibor. — Pfennigs du XVe siècle avec une demi-roue et un demi-aigle. ℞ un heaume avec deux cornes de buffle, etc. (C. RETIBOR).

Reichenbach. — Le duc Boleslas lui donna en 1351 et 1361 le droit de battre m. à Schweidnitz.

Reichenstein. — Ducats et m. d'arg. des seigneurs de Rosenberg et des ducs de Liegnitz-Brieg, depuis 1581, REICHSTEIN.

Rosenberg. — V. Reichenstein.

Sagan. — Pfennigs avec S et aigle; atelier en 1628, sous le duc Wallenstein.

Schweidnitz. — On ne connaît pas de m. de ses ducs, mais des bractéates de la cité avec un sanglier ou une tête de sanglier, XIVe et XVe siècles; acheta en 1361, du duc Boleslas, avec d'autres villes de Silésie, le droit de frapper des m. d'or et d'arg.; gros de Prague, en 1371 et 1385; hellers en 1399, gros de Pologne, en 1514; petits groschens du XVIe siècle et m. de billon, etc. (SWEINIG *ou* SWIENI).

Striegau. — Groschen et 24 kreuzers de 1621 avec épée et clef en sautoir.

Trachenberg. — M. du comte Franz, 1738.

Trebnitz. — M. de l'abbaye avec main et T.A, ou aigle avec Z et TREBNI, XIIIe siècle.

Wartenberg. — Atelier des ducs d'Oels; pfennig de Conrad III (✝ 1451).

Wohlau. — Pfennig du XIVe siècle avec la tête de bœuf, armes de la ville, et W.V (*Wulavia*); pièce de 24 kreuzers de 1621-22.

ARMORIAL DE DIVERSES MAISONS D'ALLEMAGNE (1)

ALTENBOURG

D'or au lion dragonné de gueules, couronné, armé et lampassé d'azur.

(1) Les armoiries formant les types les plus fréquents des m. allemandes, nous avons pensé que cet armorial pourrait aider au classement des monnaies.

ANHALT

Parti de 2 coupé de 2 : au 1er, *d'arg. à un ours de sable, accolé, couronné d'or, grimpant sur un pan de muraille de gu., à la porte d'or;* au 2e, *d'or à cinq fasces de sable*, pour le comté de Ballenstaedt ; au 3e, *échiqueté d'arg. et de sable*, Ascanie ; au 4e, *écartelé d'or et de gu.*, seigneurie de Waldersee ; au 5e, écu sur le tout, *d'arg. à une demi-aigle de gu.*, pour l'électorat de Brandebourg que la maison d'Anhalt perdit en 1322 ; au 6e, *d'azur à deux barres d'or*, comté de Warmsdorf ; au 7e, *d'azur à l'aigle d'arg. membrée d'or*, comté de Mechlingen ; au 8e, *de gu. plein*, pour les droits de régale ; au 9e, comme au 1er, sauf que l'ours n'est pas couronné, seigneurie de Bernburg.

ANHOLT (Comté)

De gu. à une colonne d'arg., base et chapiteau d'or.

ARENBERG (Duché)

De gu. à trois fleurs de néflier à cinq feuilles d'or.

AUTRICHE

De gu. à la fasce d'arg. La maison d'A. porte : *D'or écartelé ;* le 1er quartier, contre-écartelé : au 1er, de Hongrie, au 2e, de Bohême, au 3e, de Dalmatie parti de Croatie, au 4e, d'Esclavonie ; sur le tout, d'Autriche. Le 2e grand quartier, d'Aragon parti de Sicile ; sur le tout, *d'or au lion de gu.* pour Habsbourg, origine de la maison d'Autriche. Le 3e grand quartier, contre-écartelé : au 1er, de Brabant, au 2e, *d'or à trois lions léopardés de sable, l'un sur l'autre*, pour la Souabe ; au 3e, *d'azur à trois tours jointes par des murs d'arg. surmontés de deux mains du même, au chef d'or chargé de l'aigle de l'empire*, pour le marquisat d'Anvers ; au 4e, de Flandre ; sur le tout de Bourgogne ancien. Le 4e grand quartier, contre-écartelé au 1er de Naples ; au 2e de Jérusalem ; au 3e, *d'or à l'aigle éployée de sable*, pour la Lombardie ; au 4e, de Milan. — Depuis l'avènement à l'empire de la maison de Lorraine, les armes sont parties de Lorraine et d'Autriche.

BADEN-BADEN et BADEN-DURLACH (Margraviat)

Parti de deux, coupé de deux : au 1er, *échiqueté de gu. et d'arg.*, pour le bas comté de Spanheim ; au 2e, *d'arg. à une rose de gu., coupé d'or ;* au 3e, *au sanglier de sable sur une terrasse de sinople*, comté d'Eberstein ; au 4e, *d'arg. au lion de gu. couronné d'or*, landgraviat de Brisgau ; au 5e, *de gu. au pal d'or chargé de trois chevrons de sable*, Badenweiller ; au 6e, qui tient lieu d'écu sur le tout, *d'or à la bande de gu.*, margraviat de Baden ; au 7e, *d'azur au demi-vol d'arg. en fasce chargé d'un croissant d'or*, Usenberg ; au 8e, *d'or au lion issant de gu. coupé, fascé, ondé d'azur et d'arg.*, Rœteln ; au 9e, *d'or à la fasce de gu.*, Lahr, *parti d'or au lion de sable couronné d'or*, Mühlberg ; au 10e, *échiqueté d'azur et d'or*, haut comté de Spanheim.

BAVIÈRE

Ecartelé : aux 1er et 4e, *fuselé en bande d'arg. et d'azur*, duché de Bavière ; aux 2e et 3e, *de sable au lion d'or couronné, armé et lampassé de gu.*, palatinat du Rhin ; sur le tout, *de gu., au globe impérial d'or*, pour la dignité du grand maître d'hôtel de l'empire.

BENTHEIM-BENTHEIM

De gu. à 19 besants d'or, posés, 4, 4, 4, 4 et 3.

BERG

D'or au lion contourné de gu., lampassé d'azur.

BOHÊME

Ecartelé : au 1er, *de gueules au lion d'arg., la queue fourchue et passée en double sautoir*, Bohême ; au 2e, *d'or, à l'aigle de sable, couronnée d'or, chargée en cœur d'un croissant d'arg., surchargé d'une croix de gu.*, Silésie ; au 3e, *d'azur à l'aigle échiquetée d'arg. et de gu.*, margraviat de Moravie ; au 4e, *d'azur à la muraille d'or, maçonnée de sable, parti d'arg. au bœuf de gu., ventré d'arg.*, margraviats de haute et basse Lusace.

BRANDEBOURG-PRUSSE

Coupé de quatre : le 1er coupé, parti de six : au 1er, de Berg ; au 2e, de Juliers ; au 3e, *d'arg. à l'aigle de sable accolée d'une couronne d'or, les ailes chargées d'un petit annelet du même*, duché de Prusse ; au 4e, *d'arg., à l'aigle de gu. chargée d'un demi-cercle d'or*, marquisat de Brandebourg ; au 5e, *de gu. coupé d'arg. à la bordure du même*, Magdebourg ; au 6e, de Clèves ; au 7e, *d'or au lion de gu., à la bordure componée de gu. et d'arg.*, pour le burgraviat. — Le 2e coupé, parti de trois : au 1er *d'arg. au griffon couronné et contourné de sable*, Poméranie ; au 2e, *d'azur au griffon contourné d'or*, duché de Stettin ; au 3e, *d'or au griffon de sable*, duché de Cassovie ; au 4e, *d'or au griffon fascé de gu. et de sinople*, Vandalie. — Le 3e coupé, parti de six : au 1er, la Marck ; au 2e, *parti d'or et de gu.*, Halberstadt ; au 3e, *d'arg., surmonté d'une croisette de même*, Crossen en Silésie ; au 4e, *d'arg. au griffon contourné, fascé d'or et de sinople*, Stargard ; au 5e, *d'arg. à l'aigle de sable*, Schwiebus en Silésie ; au 6e, *de gu. à deux clefs d'arg. en sautoir, les anneaux en bas*, Minden ; au 7e, *d'or à trois chevrons de gu.*, Ravensberg. — Le 4e coupé, parti aussi de six : au 1er, *écartelé d'arg. et de sable*, comté de Zollern ; au 2e, *de gu. au lion issant et couronné d'or, coupé d'un échiqueté d'arg. et d'azur*, Usedom ; au 3e, *de gu. au grif-*

fon mariné d'arg., *contourné*, Wolgast ; au 4e, *de gu. à la croix ancrée d'arg.*, Camin ; au 5e, *d'or au griffon de sable ailé d'arg.*, Barth ; au 6e, *d'arg. à deux bâtons passés en sautoir alaisés d'azur, cantonnés de quatre étoiles du même*, Gützkow ; au 7e, *de gu. à l'aigle d'arg.*, comté de Ruppin ; *à la champagne de gu.* pour le droit de régale ; sur le tout, *d'azur au sceptre d'or*, électorat de Brandebourg.

BRUNSWICK (Duché)

De gu. à deux léopards d'or l'un sur l'autre.

BRUNSWICK-BEVERN

D'arg. à trois rencontres de bœuf de sable, cour. d'or

CLÈVES

De gu. à une escarboucle d'or et un écusson d'arg. en abîme, br. sur le tout.

ERBACH (Comté)

Écartelé : aux 1 et 4, *coupé de gu. sur arg. à trois étoiles* (Erbach) ; aux 2 et 3, *d'arg. à deux fasces de gu.* (comté de Breuberg).

FUGGER (Comté)

Écartelé : parti, aux 1 et 4, *d'azur à la fleur de lis d'or*; *d'arg. à la fleur de lis d'azur* ; au 2, *d'arg. à une reine mauresque habillée de sable, tenant une mitre de gu.* (Kirchberg) ; au 3, *d'azur à trois cornets enguichés l'un sur l'autre d'arg.* (Weissenhorn).

FÜRSTENBERG

D'or à l'aigle de gu. becquée membrée d'azur (armes propres à la famille), *à la bordure ondée d'azur et d'arg.*, (armoiries de Blumen-Eck); *l'aigle chargée en cœur d'un écu écartelé, aux* 1er *et* 4e, *de gu. à la bannière d'arg.*, comté de Werdenberg ; aux 2e et 3e, *d'arg. à la bande vivrée de sable*, comté de Heiligenberg.

HANAU

Ecartelé : aux 1 et 4, *c.-éc., d'or à* 3 *chevrons de gu.* (Hanau) *et fascé d'or et de gu. de 8 pièces* (Rheineck) ; aux 2 et 3, *de gu. à un écu coupé d'arg. sur gu., côtoyé de trois feuilles d'ortie et d'arg. alternant avec 3 clous* (Schaumburg). Sur le tout, *d'azur au lion burelé d'arg. et de gu., cour. d'or* (Hesse).

HANOVRE (Electorat)

Parti de deux, coupé de cinq : au 1er, *de gu. à deux léopards d'or l'un sur l'autre*, duché de Brunswick ; au 2e, de Saxe ancien ; au 3e, *d'or semé de cœurs de gu. au lion d'azur*, duché de Luneboùrg ; au 4e, *d'azur au lion contourné d'arg.*, comté d'Eberstein ; le 5e, l'écu sur le tout ; le 6e, *de gu. au lion d'or à la bordure componée d'arg. et d'azur*; comté de Hambourg ; le 7e, *d'azur au lion d'arg.*, et au-dessous pour 8e quartier, *d'arg. à l'aigle éployé d'azur*, comté de Diepholz ; le 9e, l'écu sur le tout ; au 10e, *de gu. au lion d'or*, et au-dessous pour le 11e, *d'or à trois fasces de gu.*, comté de Lauterberg ; au 12e, *d'arg. au cerf de sable*, comté de Clettenberg ; au 13e, *d'arg., à deux pattes d'ours adossées, mises en pal ; coupé, fascé de gu. et d'arg.; recoupé gironné d'arg. et d'azur*, comtés de Hoya et de Bruchausen ; au 14e, *échiqueté d'arg. et de gu.*, comté de Hohnstein ; la pointe de l'écu, *à une perche de bois de cerf de gu., chevillée de quatre cors, posée en fasce, parti d'arg. à la perche de bois de cerf de sable chevillée de quatre cors, posée en fasce*, comtés de Reinstein et de Blankenburg. Sur le tout, *de gu. à une couronne impériale d'or*, pour la dignité d'architrésorier de l'empire.

HATZFELDT

Ecartelé : aux 1 et 4 *d'or à une anille de sa.;* aux 2 et 3, *d'arg. à trois roses de gu., bardées de sinople* (Wildenburg).

HESSE (Landgraviat)

Parti d'un, coupé de deux : au 1er, *d'arg. à la croix de Lorraine, pattée de gu.,* principauté de Hirschfeld; au 2e, *coupé de sable et d'or, le premier chargé d'une étoile d'or*, comté de Ziegenhein ; au 3e, *d'or au léopard lionné de gu., armé et couronné d'azur*, comté de Katzenelnbogen; au 4e, *de gu. à deux lions léopardés d'or, l'un sur l'autre*, comté de Dietz ; au 5e, *coupé de sable et d'or, le 1er chargé de deux étoiles d'or;* comté de Nidda ; au 6e, de Holstein, pour le comté de Schauenbourg ; sur le tout, *d'azur au lion burelé d'arg. et de gu. de huit pièces, couronné d'or*, landgraviat de Hesse.

HOHENLOHE - WALDENBOURG, SCHILLINGSFURT, KIRCHBERG, etc.

D'arg. à deux léopards de sable, etc.

HOHENZOLLERN-HECHINGEN et SIGMARINGEN

Ec.: aux 1 et 4, *d'or au lion de sa., cour. de gu.;* au 2, *c.-éc. de sable et d'arg.*; au 3, *d'azur à un cerf sur une terrasse de sinople.*

HOLSTEIN-SCHLESWIG-GOTTORP

De gu. à trois feuilles d'ortie d'arg., chargées d'un petit écusson coupé d'arg. et de gu., parti de Ditmarsen, reparti de Stormarn (voy. les armes du roi de Danemark).

HOHNSTEIN OU HONSTEIN

Echiq. d'arg. et de gu. de 12 points.

ISENBURG (Principauté)

D'arg. à deux fasces de sable; sur le tout, *d'azur au lion d'or.*

JULIERS

D'or au lion de sable, armé et lampassé de gu.

LANDSBERG (Barons de Westphalie et Saxe)

D'or à la fasce de gu. frettée d'arg.

LEUCHTENBERG (Landgraviat)

Parti d'un, coupé de deux : 1, 4, 5, *d'arg.;* 2, 3 et 6, *d'azur* ou *d'arg. à la fasce d'azur.*

LIECHTENSTEIN (Ducs de Troppau)

Ecartelé: au 1, *d'or à l'aigle de sable* (Silésie); au 2 de Saxe ; au 3, *parti de gu. et d'arg.* (Troppau); au 4, *d'or à une harpie de sable* (Rittberg). Sur le tout, *coupé d'or sur gu.* (Liechtenstein).

LINANGE; LEYNINGEN; WESTERBOURG et GRINSTADT (Comté)

Éc.: aux 1 et 4, *d'azur à trois aigles d'arg.;* aux 2 et 3, *d'arg. au lion de sable; à une escarboucle sur le lion* (Dagsburg); sur le tout, *de gu. à la croix d'arg.* (Aspremont).

LIPPE (Comté)

Aux 1 et 4 *d'arg. à la rose de gu. boutonnée d'or* (Lippe); *aux 2 et 3, de gu. à une hirondelle soutenue d'une étoile d'or* (Schwalenberg).

MANSFELD

Ecartelé: aux 1er et 4e, *c.-éc. de gu. à trois fasces d'arg.*, Duernfort; 2e et 3e, *d'arg. à six losanges de gu. trois et trois*, Mansfeld; au 2e, *de sable à l'aigle d'arg. couronnée, membrée et becquée d'or;* Heldrungen; au 3e, *d'azur au lion d'or lampassé de gu., à la cotice échiquetée d'arg. et de gu.*

MAGDEBOURG (Duché)

De gu. coupé d'arg. à la bordure de même.

MARCK

Ec.: aux 1 et 4, *d'or à la fasce échiquetée d'arg. et de gu. de 3 tirés;* aux 2 et 3, *d'arg. à 3 roses de gu.*

MECKLEMBOURG (Duché)

Parti d'un, coupé de deux: au 1er, *d'or à la rencontre de buffle de sable couronné de gu., accornée et bouclée d'arg.*, Mecklenbourg; au 2e, *d'azur au griffon d'or*, principauté de Wenden; au 3e, *d'azur au griffon d'or, coupé de sinople, à la bordure d'arg.*, principauté de

Schwerin, jadis évêché ; au 4e, *de gu. à la croix pattée d'arg.*, principauté de Ratzeburg, jadis évêché ; au 5e, *de gu. à un bras d'arg. mouvant d'un nuage à senestre, tenant en ses doigts un anneau d'or*, comté de Schwerin ; au 6e, de Rostock ; sur le tout, *coupé de gu. et d'or*, Stargard.

MISNIE (Margraviat)

D'or au lion de sable.

MONTFORT (Comté)

D'arg. au gonfanon de gu.

MOEMPELGARD OU MONTBÉLIARD

De gu. à deux bars d'or.

NASSAU (Anciens comtes de)

D'azur semé de billettes d'or, au lion brochant sur le tout.

ŒTTINGEN-SPIELBERG et WALLERSTEIN

Vairé de gu. et d'or, de 4 tires, ch. en cœur d'un écusson d'azur; au sautoir d'arg. brochant sur le tout.

OLDENBOURG (Duché)

D'or à l'écusson d'azur chargé d'un écusson d'arg.; au sautoir de gu. brochant sur le tout, ou *d'azur à un cerf naissant d'arg., coupé de gu.*

OSTFRISE (Cirksena, comtes d')

De sa, à une harpie d'or, cantonnée de 4 étoiles d'or.

PALATINAT (Electorat)

Parti de trois, coupé d'un : au 1er, *de sable au lion d'or couronné, lampassé et armé de gu.*, palatinat du Rhin, reparti de Bavière ; au 2e, de Juliers ; au 3e, de Clèves ; au 4e, de Berg ; au 5e, *d'arg. au lion d'azur couronné d'or*, comté de Veldenz ; au 6e, de la Marck ; au 7e, de Ravensberg ; au 8e, *d'or à la fasce de sable*, principauté de Mœrs ; sur le tout, *de gu. à la couronne impériale*, pour la dignité de grand trésorier de l'empire.

REUSS (Silésie)

Parti : au 1er, *de sable au lion d'or, soutenu d'un rocher de trois coupeaux au nat. et tenant un épi de riz ;* au 2e, *de gu. à une fleur de lis d'arg.*

SALM-SALM et KYRBURG

De gu. à deux saumons adossés d'arg.; de gu. à 3 lions d'or (Kyrburg).

SAXE

Parti de deux, coupé de sept : le parti du milieu coupé de huit ; au 1er, *d'or au lion passant, couronné et fascé d'arg. et de gu.*, landgraviat de Thuringe ; au 2e, *fascé d'or et de sable de huit pièces au crancelin de sinople brochant sur le tout en bande*, Saxe moderne, parti *de gu., au cheval gai, contourné et effaré d'argent*, haute Saxe, pour le duché de Saxe ; au 3e, margraviat de Misnie ; au 4e, Juliers ; au 5e, duché de Clèves ; au 6e, *d'or au lion contourné de gu., lampassé d'azur*, duché de Berg ; au 7e, *d'azur à l'aigle couronnée d'or*, pour la principauté d'Angrie ; au 8e, l'écu sur le tout ; au 9e, *d'arg. à trois bouterolles de gu.*, principauté de Westphalie ; au 10e, *d'azur à l'aigle couronné d'or*, palatinat de Saxe ; au 11e, l'écu sur le tout ; au 12e, *de sable à l'aigle d'or*, palatinat de Thuringe ; au 13e, *d'arg. au bœuf de gu.*

ventré d'or, marquisat de haute Lusace ; au 14e, *d'azur à un mur d'or maçonné de sable*, margraviat de basse Lusace ; au 15e, *d'or à deux pals d'azur ;* au 16e, *d'azur au lion passant, contourné et coupé d'or et d'arg.*, Pleissen ; au 17e, *d'or, semé de cœurs de gu. au lion passant de sable*, comté d'Orlamünde ; au 18e, *de gu. à une demi-aigle d'arg., parti d'arg. à quatre fasces de gu.*, burgraviat de Magdebourg ; au 19e, *d'arg. à trois cornes de cerf-volant de gu.*, comté de Brena ; au 20e, *d'arg. à une rose de gu. boutonnée d'or, ornée de quelques feuilles de sinople*, burgraviat d'Altenburg ; au 21e, *d'arg. à trois fasces d'azur*, comté d'Eisenberg ; au 22e, *d'or à trois chevrons de gu.*, Ravensberg ; au 23e, *d'or à la fasce échiquetée d'arg. et de gu.*, la Marck ; au 24e, *de gu. plein*, pour les droits de régale ; au 25e, *d'or à une poule de sable crêtée et barbée de gu., montée sur un tertre de sinople, parti de gu. à deux bars d'or cantonnés de quatre roses de même*, l'un pour Henneberg, l'autre pour Barby. Sur le tout, *coupé de sable et d'arg. à deux épées de gu. en sautoir, les pointes hautes*, pour la charge de grand maréchal et électeur de l'empire. — Les ducs de Saxe des différentes branches portent les mêmes armes que l'électeur avec quelques variations dans la disposition des partitions. Les ducs de Saxe-Weimar ajoutent les quartiers suivants : *de sable au léopard rampant et contourné d'or*, comté de Sayn ; *d'arg. à deux pals de sable*, Witgenstein ; *de gu. au château donjonné de deux tourelles d'arg.*, Hambourg ; *de sable à la barre d'arg., chargée de trois têtes de cochon de sable*, Freisburg ; — Les ducs de Saxe-Gotha ajoutent ceux-ci ; *de gu. à une colonne d'arg. couronnée d'or*, seigneurie de Roemhild, et *d'azur au lion rampant d'arg.*, Tonna en Gleichen.

SCHAUENBURG (Holstein)

Ec.: aux 1 *et 4, à une étoile de gu.;* aux 2 *et* 3, *d'arg. à la fasce de gu. chargée de 3 pals d'or ;* sur le tout, *de gu. à un écusson triangulaire d'arg., acc. de 3 clous alternant avec 3 feuilles d'ortie.*

SCHOENBURG-WALDENBURG (Saxe)

Bandé d'arg. et de gu. de 4 pièces.

SCHWARZBURG

D'azur au lion d'or couronné de même.

SCHWARZBURG-SONDERSHAUSEN, S.-RUDOLSTADT

Ecartelé : aux 1 et 2, *d'or à l'aigle de sable* (Arnstadt) aux 2 et 3, *d'arg. à une ramure de cerf de gu.* (Sondershausen).

SCHWARZENBERG

Ecartelé : au 1er, *palé d'argent et d'azur de huit pièces ; au 2e, coupé endenté d'arg. et de gu.*; au 3e, *d'arg. au tison de sable mis en bande et allumé de gu.* (Brandis); au 4e, *d'or au corbeau de sable colleté d'arg., empiétant une tête de Maure du même et lui arrachant les yeux* : Sur le tout; parti : au 1er, *de gu. à la tour crénelée d'arg. sur une colline à 3 coupeaux de sable* ; au 2e, *d'azur à trois gerbes d'or, 2 et 1* :

SIGMARINGEN

Ecartelé : aux 1 et 4, *d'arg. contre-écartelé de sable ; aux 2 et 3, d'azur au cerf au naturel sur une colline à trois coupeaux d'or ; sur le tout, de gu. à deux sceptres d'or en sautoir.*

STOLBERG (Comté)

D'arg. à 2 truites accostées de gu. (Wernigerode), *au chef d'or chargé d'un cerf passant de sable* (Stolberg); etc.

VELDENZ

D'arg. au lion d'azur, couronné d'or.

WALDECK-PYRMONT

D'or à une étoile de sable (Waldeck); *d'arg. à la croix ancrée de gu.* (Pyrmont).

WERTHEIM

Écart. : aux 1 et 4, *d'azur à 3 roses d'or*; aux 2 et 3, *d'arg. à 2 fasces de gu.* (Breuberg).

WINDISCHGRAETZ

Ecartelé : aux 1er et 4e; *de gu. à une tête et col de loup d'arg.; celle du premier contournée;* au 2e, *de sable à trois besants; deux d'arg., le senestre d'or;* au 3e; *de sable au chevron d'arg.;* sur le tout, *de gu. au gonfanon d'arg. écartelé d'arg: à la bande de sable ;* sur le tout du tout, *de gu. à une arête de poisson posée en bande d'or.*

WURTEMBERG

Ecartelé : au 1er, *fuselé en bande d'or et de sable;* duché de Teck; au 2e, *d'azur à la bannière d'or chargée de l'aigle impériale posée en bande,* pour la dignité de porte-étendard de l'empire ; au 3e, *de gu. à deux truites d'or adossées et mises en pal,* comté de Montbéliard ; au 4e, *d'or au buste d'un vieillard au naturel, vêtu de gu., couvert d'un bonnet de gu. rebrassé d'arg.,* seigneurie de Heidenheim ; sur le tout, *d'or à trois perches de bois de cerf de sable en fasce;* duché de Wurtemberg.

EMPIRE D'AUTRICHE

Charlemagne réunit à son empire les anciens pays de Norique et de Pannonie supérieure, après en avoir chassé les Avares, et leur donna le nom d'*Austria* ou Marche orientale (799). En 928, pour arrêter les Hongrois, Henri l'Oiseleur créa le margraviat d'Autriche qu'Otton II donna à Léopold de Babenberg (ou Bamberg), dont les descendants prirent le titre de ducs (1156). Cette famille s'étant éteinte en 1246, l'Autriche vint en la possession de l'emp. Frédéric II puis en celles d'Ottokar, roi de Bohême (1251) et de Rodolphe de Habsbourg. Ce dernier donna le duché d'Autriche à son fils Albert dont les descendants prirent le titre d'archiducs, en 1453. A cette époque, la Styrie, la Carniole, l'Alsace et la Souabe faisaient partie de l'Autriche qui acquit les Pays-Bas, par le mariage de Maximilien avec Marie de Bourgogne (1477). En 1521, Charles-Quint partagea avec son frère ses immenses possessions; Ferdinand conserva l'archiduché d'Autriche avec ses dépendances auxquelles il ajouta la Bohème, la Hongrie, la Moravie, la Silésie et la Lusace. Le traité de Westphalie enleva à l'Autriche l'Alsace et la Lusace (1648), mais la Transylvanie et la Croatie furent acquises. Les traités d'Utrecht et de Rastadt (1713-14) donnèrent à l'Autriche Mantoue, Naples et la Sardaigne, la Sicile qu'elle échangea contre Parme, Plaisance et Guastalla (1735). En 1745, François de Lorraine, époux de Marie-Thérèse, fut reconnu empereur. L'Autriche perdit la Silésie dans la guerre de 7 ans et gagna la Galicie, la Lodomirie et Cracovie dans les partages de la Pologne. En 1806, François II renonça au titre d'emp. d'Allemagne. Les traités de 1815 donnèrent à l'Autriche la Lombardie (perdue en 1859) et la Vénétie (perdue en 1866).

Les m. des ducs d'Autriche sont des demi-bractéates du XIIe siècle, aux types suivants : aigle dans une rosace ; tête de chien ; oiseau ; édifice à deux tours ; évêque avec crosse et croix ; pentagramme ; croix dans un quadrilobe ; croix fleuronnées, recroisettées ; étoiles ; fleur à six feuilles, etc. Les types sont presque toujours dans un entourage de lobes, chargés de lis, de fleurs, etc. Au commencement du XIIIe siècle, paraissent des deniers qui sont muets comme les m. précédentes : Buste de profil ; figure debout tenant une épée ; aigle ; lion passant avec un étendard ; buste couronné tenant un faucon et un sceptre ; figure assise de face ; buste de face avec un chapeau ; buste couronné dans une fenêtre ; tête de cerf avec de grands bois ; cavalier au galop avec étendard ; oiseau à long cou ; têtes à cheveux longs ou bouclés ; deux têtes opposées ; tête de face couronnée entre deux branches croisées ; aigle à tête humaine couronnée, aux ailes éployées avec l'écu d'Autriche sur la poitrine ; lion debout avec l'écu d'Autriche ; étoile ; rosace ; tour crénelée, accostée de deux écus d'Autriche ; cinq fleurs formant pentagone ; grande feuille, etc. Beaucoup de ces pièces ont le ℞ très mal marqué.

On donne à Frédéric II un denier avec + IMP'ATOR, F accosté d'un annelet ; ℞ aigle couronnée. A Ottokar et à Rodolphe sont attribués des pfennigs avec l'écusson d'Autriche surmonté d'une croix ou d'un lis et appuyé contre deux lions debout. D'autres, avec bustes de face ou de profil, portent OTAKER (Luschin, *Num. Zeitsch.*, 1884, 77, 461). Le florin d'or au type de Florence paraît sous Albert II. D'Albert IV à Ladislas, on trouve de petits deniers (avec des bustes, un lion, l'écu d'Autriche, le duc debout, buste et aigle sur une muraille, etc.) portant les initiales des ducs. Avec Albert VI, les m. commencent à porter des légendes plus explicites, et sous Frédéric III, des dates. On a aussi des noms d'ateliers :

Enns (D:ENSIS), Linz (LINCENS), Graetz (GROSSVS:IN:GRECZANO); Neustadt (NOVE:CIVIT').

Les titres portés sont ARCDX, ARCHIDVX:AVSTRIAE, STIRIE.CARINTH.TIROLIS (sous Maximilien), ILLVSTRIS.ARCHIDVX; DVX.BVRGVNDIE, COMES.TIROL, COMES.GORICIE, etc. Les types sont : un écu parti à une aigle et à deux pals ; quatre écussons en croix ; une double aigle éployée ; deux écus sous un troisième qui coupe la légende ; croix avec écu de Habsbourg au centre, etc. Sur les m. de Frédéric III figure la devise célèbre de ce prince : A, E, I, O, V, qu'on a interprétée par *Aquila Ejus Juste Omnia Vincit* ou *Austriae Est Imperare Orbi Universo*. On trouve sur une médaille de Charles-Quint : *Aquila Electa Juste Omnia Vincit*. Les m. sont des gros, des thalers et divisions, des florins et ducats.

Sous Maximilien II, Rodolphe II et Mathias, les ateliers monétaires en Autriche sont : Vienne, Prague, Kuttenberg, Joachimsthal, Budweis, Breslau, Kremnitz, Kaschau (C:C), Halle, Nagy-Bania, désignés par leurs initiales. Les maîtres des m. mettent leur marque sur les espèces. Depuis 1856, les ateliers sont désignés par des lettres : A, Vienne ; B, Kremnitz ; C, Prague ; D, Graetz ; E, Karlsburg ; F, Hall en Tyrol ; G, Nagybanija en Hongrie. La chambre des monnaies de Gunzburg marquait d'un H.

Jusqu'en 1858, on comptait en *florins* de 60 kreuzers (2 fr. 59). Depuis cette époque, on compte en florins *valeur autrichienne* à 100 *neukreuzers* (2 f. 4691). Les m. actuelles de l'empire d'Autriche sont : en *or*, le *quadruple ducat* (47 fr. 42) ; le *ducat (ad legem imperii)* ; les p. de 8 et de 4 florins valant 20 et 10 francs, portant la valeur indiquée en florins et en francs ; elles ont cours en France. En *arg.*, les p. de 1 et 2 florins ; en *billon*, le 1/4 de florin et les p. de 10 et 20 kreuzers. La m. fiduciaire est représentée par des coupures de 1,000, 500 et 100 florins, émises par la *Banque nationale d'Autriche*. De plus, l'Etat a émis, depuis la crise de 1866, des papiers-monnaies, *Staatsnoten* de 50, 5 et 1 florins.

Les thalers de Marie Thérèse, portant son nom et la date 1780, ont continué à être frappés pour le commerce du Levant, où on les appelle *talaris*. On s'en servit dans la guerre d'Abyssinie en 1867 et sur les côtes Ashanties en 1873 (*Num. Zeitsch.*, Vienne, 1875, Ernst).

MARQUIS, DUCS ET ARCHIDUCS D'AUTRICHE

928. Léopold, issu des ducs de Souabe, marquis.
983. Albert Ier et Henri Ier, frères.
Léopold II.
1040. Léopold III.
1044. Albert II.
1056. Ernest.
1075. Léopold IV.
1096. Léopold V.
1136. Henri II, premier duc d'Autriche.
1177. Léopold VI, frère du précédent.
1194. Léopold VII.
*1246. Frédéric II. F.
*1251. Ottokar, roi de Bohême en 1253.
*1273. Rodolphe Ier de Habsbourg, depuis empereur.
1308. Albert, duc d'Autriche et de Styrie, empereur.
Frédéric.
*1330. Albert II, frère du précédent. DVX.ALBERTVS.
1358. Albert III.
*1395. Albert IV et Guillaume. W-A.
*1404. Albert V; empereur.
*1404-10. Ernest; ERN.
*1406-39. Frédéric IV; F.
*1406-11. Léopold IV et Albert V, L-A.
*1411. Albert V (emp. 1438-39). ALB.
*1453. Ladislas, roi de Hongrie, L-R.
*1457-63. Albert VI. ALBERTVS.ARCHIDVX.AVSTRIE.
*1458. Frédéric III (emp. 1452). FRID.RO.IMP.
*1493-1519. Maximilien. MAXIMILIANVS, etc.

EMPEREURS D'AUTRICHE

*1806. François Ier.
*1835. Ferdinand Ier, abdique en 1848.
*1848. François-Joseph Ier.

St-André. — Deniers des ducs de Carinthie, S.ANDEAETI, lion (XIIIe siècle).

Aquileja. — Louis II, en 856, accorda le droit monétaire au patriarche Theudimar et Conrad fit de même pour Poppo, en 1028. Les deniers du XIIIe siècle avec FRIACENSIS (un évêque debout et au ℟ le couronnement d'un temple avec deux tours) peuvent avoir été frappés par les évêques de Salzbourg. Le patriarche Geoffroi II introduit la légende AQVILEGIA.P. et place les quatre premières lettres de son nom sur le livre tenu par l'évêque. Sous Volkero, l'aigle remplace le temple (CIVITAS.AQVILEGIA). Les autres types sont le buste de la Vierge, deux figures debout, un lis, une croix potencée, une croix cant. de deux clefs et de deux tours, deux sceptres fleurdelisés en sautoir ; Saint Hermagoras, la Vierge et l'enfant, lion, écus armoriés. On a des m. de Geoffroi à Louis de Teck ; Gaston della Torre n'en frappa point. Les m. sont des deniers, oboles, *piccoli* et *bagattini* (Alb. Puschi, *l'At. monét. des Patriarches d'Aquilée*, *Ann. Soc. fr. de Num.*, 1887-88 (en Italien, Trieste, 1884).

PATRIARCHES D'AQUILÉE

884. Frédéric.
897. Léon.
909. Ursus.
932. Lupo II.
941. Engelfred.
961. Jodald.
996. Jean.
1016. Poppo.
1044. Evrard.
1049. Gosobaud.
1065. Ravonger.
1068. Singifred.
1077. Henri.
1084. Frédéric.
1086. Voldaric Ier.
1118. Richard.
1130. Pelegrin.
1162. Voldaric II.
*1184. Gotifred. GOTI.
*1199. Pelegrin II. PILI.
*1204. Volkero. VOLFKER.P.
*1218. Bertold. BERTOLDVS.P
*1251. Grégoire de Montelengo.
*1272. Raimond de la Tour.
*1299. Pierre de Gerra.
*1301. Othobon de Razzis.
1317. Gastone della Torre.
*1319. Paganus.

*1335. Bertrand de Saint-Genest.	*1381. Philippe d'Alençon, cardinal.
*1350. Nicolas.	*1387. Jean de Moravie.
*1356. Louis.	*1394. Antonio Gaetano.
*1365. Marquard de Randech.	*1402. Antonio II Panciera.
	*1412-37. Louis, duc de Teck.

Auersperg. — Weichard, devenu prince en 1653, frappa m. ainsi que ses successeurs Henri (+ 1783) et Guillaume (+ 1822); ducats et thalers (*Num. Zeit.*, 1862, 167).

Beraun. — Atelier de Bohême.

Bilitz. — Gros du prince Frédéric Casimir, avec GSOS. BILICENSIS, 1539.

Brixen. — Conrad II donna à l'évêque Poppo le droit monétaire, qui fut confirmé par Frédéric, en 1179; m. du XIIe siècle, avec buste mitré et l'agneau ; m. du duc Bernard de Carinthie, portant au ℟ l'agneau (armes de l'évêché). Charles IV donna à Barnabé, vicomte de Milan, le droit de frapper m. à Brixen; m. diverses depuis l'évêque Charles (1613), jusqu'à la fin du XVIIIe siècle.

Buchheim. — M. des comtes de Schoenborn-B., de 1640 à 1652.

Budweis. — Atelier de 1569 à 1612.

Cilly. — En 1436, l'emp. Sigismond fit prince de l'empire le comte Frédéric, et lui donna le droit monétaire (armes : *d'arg. à deux fasces de gu.*, pour Suneck ; *d'azur à trois étoiles d'or*, pour Cilly) (*Num. Zeitsch.*, 1878, 364). M. des comtes d'Hardegg-Glatz, branche de la maison de Cilly, qui reçut le droit monétaire en 1507, COM.IN.HARDECC.GLOTZ.ET.IN.MACHLAND (*Wiener Jahrbücher der Litteratur*, t. III, 39).

Dietrichstein. — Maison divisée, au XVIe siècle, en lignées de Weichselstaett et Hollenburg. Sigismond-Louis, comte de W., reçut, de Ferdinand III, le droit monétaire et frappa des ducats, thalers et m. de billon. M. d'or et d'arg. du prince Ferdinand de la branche de Nikolsburg.

Eger. — Sigismond donna le droit monétaire à la ville, en 1420; confirmé en 1444 et 1506. Bractéates avec EGER, et écu à une demi-aigle.

Eggenberg. — La maison, devenue princière en 1623, reçut le droit monétaire ; thalers de 1625 ; gros, ducats, etc., jusqu'en 1686 ; DVX.CRVMLOV.PRIN.AB.ECCHENBERG (*Num. Zeitsch.*, 1879, 284 ; 1888, 183).

Enns. — Atelier du duc Ottokar VI, en 1591 ; de Rodolphe de Habsbourg et de Léopold VII ; pfennigs du xve siècle, avec MONETA.NOVA.EN ou ENSIENS, avec cinq alouettes ou aigles.

Eule. — Charles VI fit frapper des ducats avec le produit des mines d'or, qui portait une chouette (Eule) comme armes parlantes, de 1712 à 1715, et qui eurent une grande renommée.

Felixdorf. — Assignats de 5 et 10 kreuzers, 1849.

Formbach. — L'emp. Lothaire confirma le droit monétaire à l'abbaye, 1136.

Freystadt. — Gros du grand-duc Albert VI, avec MONETA.NOVA.DE.FREISTAT et les cinq aigles (Autriche ancien), 1458.

Friedland. — M. diverses de Wallenstein, avec le titre de duc de Fr. jusqu'en 1628 ; il y ajouta celui de duc de Sagan, de 1628 à 1630, et celui de duc de Mecklembourg, de 1629 à 1634 (A. Meyer, *A. de Wall. u. Seine M.*, *Num. Zeitsch.*, 1885, pl. I-VI).

Friesach. — Le comte Guillaume et sa mère Hemma, reçurent de l'emp. Henri II, en 1015, le droit monétaire. FRISACH. Atelier commun des ducs de Carinthie et des archev. de Salzbourg, XIIIe siècle ; patriarches d'Aquilée, FRIACENSIS (cf. *Num. Zeitsch.*, 1870, 494 ; 1871, 193).

Gitschin. — Atelier du duc de Friedland ; le différent est probablement un soleil.

Goerz (Gorice). — Deniers des comtes Mainhard III à Léonard (1454-1500), avec lion passant, rosace à six pétales ou croix ; COMES, GORICIE.DE.LVONZ *ou* LVONXE ; MONETA.DE.LVONXA ; GORI.COMES, etc. Les comtes imitèrent les m. d'Aquilée en substituant la lég. + LIVNZALIS à + AQILEGIA.P. (voy. *Lienz*).

En 1802, l'Autriche fit frapper des pièces de 15 soldi pour ce comté.

Graetz. — En 1461, l'emp. Frédéric III ordonna de

frapper, à Graetz et ailleurs, de nouvelles m., appelées *schinderlings* ; m. diverses ; DE.GREIZ, panthère ; IN.GREZ ou GRECANO.

Griffen (*Grieven*). — Frédéric II permit, en 1242, à Henri, évêque de Bamberg, le droit de frapper, à G., des m. sur le pied de celle de Friesach.

Gurk.— Ducats, thalers, florins et p.de 20 kreuzers des archev. de Salzbourg, XVIe et XVIIIe siècles(v. *Salzbourg*).

Hall. — Thalers de 1484 et 1486; p. de 1 et de 20 kreuzers, 1809.

Jaegerndorf (Carnovia). — Atelier de Matthias Corvin, des margraves de Brandebourg ; ducats, thalers, gros (GROSSVS.CARNOVIENSIS).

Joachimsthal. — Atelier des comtes de Schlick, vers 1520. On y frappa les premiers thalers.

Iglau. — Atelier vendu par le roi Przemislaus à Ottokar II, 1235 ; pfennig uniface avec aigle.

Innsprück. — Atelier autrichien, XVIe siècle.

ISTRIEN. — Margraviat donné, avec la Carinthie, au duc Henri de Bavière, par Otton Ier, 951. Attribution de deniers muets.

KAERNTHEN (Carinthie).— Deniers des ducs Arnulf (906-37), et Henri (956-94), et de Henri, Conrad et Adalbert, frappés en commun avec Hartwig, archev. de Salzbourg.

Le duc Bernard (+ 1256) frappa en commun avec Brixen ; sur ces m., on voit le duc armé et au ℞ l'agneau pascal de Brixen.Les ateliers des ducs étaient Voelkermarkt, Landestrost et Saint-Veit. Accords avec Mainhard, duc de Tyrol et l'archev. Rodolphe pour la frappe de m. d'arg. Albert II d'Autriche, après la réunion de la Carinthie, fit faire pour cette province des florins au type de Florence ; m. diverses (les armes de Carinthie sont : parti, au 1, *d'or à trois lions de sable l'un sur l'autre*, au 2, *de gu. à la fasce d'arg.*); deniers du XIIIe siècle, avec DVX.CARINTHIE. La famille Rosenberg, en Carinthie, a frappé des thalers (*Num. Zeitsch.*, 1876, 195).

Khevenhüller. — Ducats et thalers des princes, 1761 et 1771.

Kinsky. — Florin d'arg. du prince Léopold-Ferdinand (+ 1760). Appel, *Repert.*, III, I, n. 1577).

KRAIN (Carniole). — L'atelier des ducs était à Laibach. Ferdinand Ier d'Autriche fit frapper diverses m. pour ce duché (A. Jellouschek, *Das Münzwesen Krain's im Mittelalter*, Laibach, 1854).

Krumau. — Les seigneurs, faits princes par Ferdinand vers 1622, reçurent le droit monétaire.

Kuttenberg. — *Grossi pragenses* du roi Wenceslas II, vers 1300; le principal atelier de Bohême (*Num. Zeitsch.*, 1888, 237).

Laibach. — Atelier des ducs de Carniole, XIIIe siècle.

Landestrost.— Deniers, avec le nom de la ville, de Bernard, duc de Carinthie et de Carniole; LANDESTROSE, lion; ℟ deux bustes.

Leipa. — Thaler de 1588.

Lieding. — Otton II donna le droit monétaire en cette ville à Hemma, 975; atelier des ducs du Carinthie.

Lienz. — Atelier des patriarches d'Aquilée et des comtes de Gorice; kreuzers et p. de 4 pfennigs de Maximilien Ier, LVONXE, LIVNZALIS.

Linz. — Thalers, gros et florins, de 1527 à 1547, de Ferdinand Ier.

Lobkowitz. — Ducats, thalers et m. diverses des princes depuis 1653 (armes composées ; L. porte *d'arg. au chef de gu.*, etc.).

MAEHREN (Moravie). — Deniers des ducs Spitinew Ier (908-21) ? de Swatopluk et de sa mère Euphémie (+ 1092), avec l'image de Saint Pierre ou celle de Saint Wenceslas ; pfennigs du XVe siècle, avec l'aigle de Moravie; m. de Marie Thérèse et de Joseph, frappées pour ce margraviat (Boczeck, *Beitraege zu Maehren's M. im Mittelalter*, 1847-48).

Melnik. — Denier de la reine Emma (+ 1006) ; atelier des comtes de Tyrol; denier des ducs de Merano, XIIIe siècle.

Neuenkirchen.— Atelier cité au XIIe siècle.

Neustadt. — Atelier du duc Léopold VI d'Autriche,

en 1228 ; florins et gros de l'emp. Frédéric II, 1470, avec MONETA.NOVA.NOVE.CIVIT.

Olmütz. — Conrad III accorda à l'évêque d'Olmütz, Henri, le droit monétaire au château de Podewin, 1241 ; et Rodolphe II permit aux évêques de frapper, à Cremsier des m. d'or et d'arg. sur le pied de celles de l'empire ; m. diverses jusqu'en 1831 (armes : écartelé, aux 1 et 4, *de gu. à 12 pointes de lance, posées 4, 6 et 2* ; aux 2 et 3, *d'or à l'aigle éployée de sable*) (R. de Lichnowsky, Werdenberg et E. de Mayer, *Des fürstlichen Hochstiftes Olmütz M. und Med*, Vienne, 1873).

Ortenburg. — Thalers de Christophe Wiedmann, cardinal et comte d'O., 1636.

Paar. — Maison comtale devenue princière en 1769. Ducats, thalers et florins d'arg., de 1771 à 1794.

Plan. — Ducats, thalers, florins (avec Sainte Anne), gros et kreuzers, de 1627 à 1767 (v. Schlick).

Prag. — Deniers du duc Boleslas Ier (936-67) ; frappa des gros célèbres, qui baissèrent de titre peu à peu. Rodolphe fit frapper des *maley-gross*, dont deux valaient un gros de Bohême.

Salzburg. — L'emp. Otton III accorda le droit monét. à l'archev. Hartwig, 996 ; deniers d'Arnulf, duc de Bavière et Carinthie (908-37), avec IVVAVO.CIVITAS ; monnayage commun des ducs et des évêques à Friesach ; en 1458, le duc défendit à l'archev. d'imiter les m. de Bavière ; m. de vacance de siège, de 1732-33. SCS.RVODBERTVS ; à partir de Léonard (1495-1519), les m. portent ARCHIEPI.SAL, SALZE ; celles de Mathieu Lang de Wellenburg (1519-40) portent aussi : AC.EPVS.GVRCEN (évêque de Gurk) et au ℞ Sainte Radiane, attaquée par deux loups (Gustave Zeller, *Des Erzstiftes S. Münzrecht und Münzwesen*, 1883).

Schlick. — Etienne Schlick, comte de Passaun et de Weisskirchen, établit la mine de Joachimsthal, et frappa, en 1518, de grandes m. d'argent, qui prirent le nom de la mine, *thaler*, et furent très répandues. Le roi Ferdinand défendit, en 1528, aux comtes Schlick, de monnayer davantage à leur nom, et acquit les mines en 1545. Le droit monétaire fut alors accordé aux comtes, qui frappèrent, à Plan, des m. d'or et d'arg., de 1627 à 1767. Les thalers portent d'un côté le nom de Louis Ier, roi de Bohême, avec le lion couronné ; au ℟ ARM*a* : DOMIN*orum* ; SLIC*onum* : STEP*hani*.Z (et) : FRA*trum* : CO*mitum* : DE : B*assano*, écu de Weisskirchen-Bassano-Schlick.

Sinzendorf. — Ducats, thalers et guldens des comtes, 1676 à 1753 (*Num. Zeit.*, 1864-67).

Sprintzenstein. — Ducats et thalers des comtes, 1707-17.

STEIERMARK (Styrie). — Du XIIIe au XVIIIe siècle, m. frappées par les souverains d'Autriche. L'or paraît en 1491, et le cuivre en 1531. Jusqu'à l'apparition du premier thaler (1574), il y avait des pfennigs, zweiers, dreiers, 1/2 batzens. En 1622, disparaissent les divisions du thaler, avec les marques 150 (1/2 thaler), 75, 48 (1/3 thaler), 15 et 12. La période des hellers commence en 1458. Deniers du XIIIe siècle, avec ✠ SCHILT.VON.STEIR, panthère. Les types des plus anciennes m., dont quelques-unes appartiennent aux ducs Léopold et Ottokar II, sont : un saint debout ou assis ; sorte de châtel avec croix entre les deux tours, et la panthère de Styrie (Pichler, *Repertorium der Steierischen Münzkunde*, 1865-75 ; Luschin, *Num. Zeitsch.*, 1879, 243).

Teschen. — Petites m. d'arg. du XVe siècle, avec T gothique ; thalers, gros et kreuzers des ducs de T., depuis Wenceslas-Adam (1529-79) ; p. de 3 kreuzers frappées par Ferdinand III et IV comme ducs de Teschen.

Trautson. — Jean-Léopold Donat, créé prince de T.-Falkenstein, par l'empereur Joseph, en 1711, frappa des ducats, thalers et m. diverses, jusqu'en 1719.

Trient (Tridentum, Trente). — L'évêque Ulrich II reçut le droit monétaire de l'emp. Frédéric Ier, en 1182 ; m. d'or et d'arg. des évêques, avec TRENTO, TRIDENTINVS, EPS. TRIDENTI, buste ou T ; ℟ INPERATOR, croix ou F.

Triest. — Conrad II donna le droit monétaire à l'évêque Jean-Rodolphe (1028). Les m. portent TRIES ou CIVITAS. TERGESTVM, depuis l'évêque Gebhard (1204-13) jusqu'à Rodolphe (1303-20) ; l'évêque assis, buste de face, portail d'église; Saint Juste débout, colombe, croissant et étoiles; imitations des m. d'Aquilée. Les évêques avaient aussi un atelier au château de Pastorium, XIIIe siècle.

Troppau (Silésie autrich.). — Petites m. d'arg., avec le lion de Bohême et OPPAVIE, XVe siècle; et m. diverses des princes de Liechtenstein depuis 1614 (voy. p. 70).

Tuln. — Deniers d'Ottokar de Bohême (1253-78), attribués à cette ville à cause d'un T.

TYROL. — Les anciennes m. des comtes Albert, Meinhard et Léopold portent COMES.TIROL R DE.MARANO (atelier de Merano) où le nom du comte, avec un aigle qui a servi de prototype à diverses m. italiennes; m. diverses de Sigismond d'Autriche (P. Justinian Ladurner, *Die Münze und das Münzwesen in Tirol* (XIIIe siècle à 1519), 1868; Dr Arnold Luschin, *Zur Mittelalterlichen Münzkunde Tirols*, *Num. Zeitsch.*, t. Ier, 1869, 149; cf. 1878, 329; 1879, 163; 1882, 283; 1887, 263).

St-Veit. — M. des ducs de Carinthie, avec SANT. VEIT et une tête de saint ou le lion marchant de Carinthie; au XVe siècle, on y frappa des pfennigs surnommés *schinderlings*, qui furent imités en Autriche, en Bavière, à Salzbourg, etc.

Villach. — Les évêques de Bamberg reçurent le droit de monnayer à V. en 1242 et 1331.

Voelkermarkt. — Deniers des ducs de Carinthie.

Wien (Vienne). — Atelier dès le XIIe siècle; l'emp. enleva à la ville le droit de frapper des pfennigs, 1450, et le lui rendit plus tard; on connaît des pfennigs avec les armes de la ville (*de gu. à la croix d'arg.*), la lettre W et les initiales H-T (du maître de la monnaie, Hans Tirna); un autre avec WIN, appartient à un duc incertain. L'emp. Joseph permit à l'arch. de Vienne, Christophe, de frapper un thaler, en 1781 (Luschin-Ebengreuth, *Die Wiener Pfennige*, *Num. Zeitsch.*, 1874-77).

Wilhering. — M. de cuivre de l'abbé Gottfried (1545-64).

Windischgraetz. — Ducats, thalers, *guldens* et p. de 20 kreuzers des comtes depuis 1684 (*de gu. à une tête de loup d'arg. avec un collier*).

Znaim. — Atelier des ducs, en Moravie. Pfennig d'arg., avec l'aigle de Moravie portant un z sur le corps.

BOHÊME

Au xe siècle, Spitignew avait déjà reconnu la suprématie de l'empire. C'est pourquoi, Henri IV. changea la couronne ducale de Wratislas II en couronne royale (1086). Wladislas Ier, s'étant retiré dans un couvent, laissa la couronne à son fils Frédéric qui se retira en Pannonie, lorsque l'empereur lui eut refusé l'investiture pour la donner à Udalric qui céda ses droits à son frère Sobieslas II. Celui-ci ayant déplu à l'empereur, la couronne fut rendue à Frédéric, qui combattit victorieusement ses compétiteurs Sobieslas et Conrad. Ce dernier fut élu roi après la mort de Fréderic. Wenceslas et Prémislas, parents de Conrad, se disputèrent en vain la couronne qui fut donnée par l'empereur à Henri, archevêque de Prague. Après la mort de Wenceslas (1306), le royaume passa d'abord à Rodolphe d'Autriche, puis à Henri de Carinthie et enfin à la maison de Luxembourg (1309-1437). Elisabeth de Bohême apporta alors le royaume à Albert d'Autriche qui l'épousa, mais leur fils Ladislas étant mort sans postérité, la couronne passa par élection à un simple gentilhomme bohémien, Georges Podiebrad, qui fut combattu par la papauté et par ses vassaux. Les Jagellons de Pologne, Ladislas II et Louis, laissèrent la Bohême à Ferdinand, frère de Charles-Quint (1526) qui commença la maison autrichienne héréditaire depuis 1547. Le roi de Bohême était un des 7 électeurs.

On attribue à Wenceslas le saint (926) et à son père Wradislas quelques deniers, imitations barbares de types byzantins. Le monnayage de Bohême emprunte du reste beaucoup, soit à la m. byzantine, soit à la m. anglo-saxonne; il doit même à cette dernière le buste, la couronne et le sceptre. Lelewell considère le temple comme emprunté à Venise. Nous croyons que le numéraire romain a eu aussi une grande influence sur l'origine des types de Bohême ; on peut expliquer ainsi le buste de profil avec couronne radié et manteau sur l'épaule, le prince à cheval avec une lance (m. antérieure à celle de Roger Ier de Sicile), les deux prisonniers au pied d'une enseigne, etc. (cf. *Num. Zeitsch.*, 1887, pl. VIII, et 1888, VIII-XI ; 1882, pl. I-II). Voigt a divisé le monnayage de Bohême en trois périodes jusqu'en 1190, mais nous croyons que ces divisions ne peuvent pas être données avec assez de certitude pour qu'on en fasse une base de classement. C'est pourquoi nous allons énumérer en un seul groupe les principaux types de la numismatique si variée de la Bohême avant l'apparition des bractéates. Pied accosté d'une épée ; temple (sous Boleslas II) ; croix ; main jurant ; tête de face du Christ sur une croix ; main entre A et ω ; SCS. WENCEZLS ou VENCESLAVS, buste de profil levant la main droite, une bible dans la gauche ; buste du duc de face, tenant un étendard ; deux figures debout tenant un étendard ; le prince à mi-corps ; oiseau ; buste de face du saint, les mains levées ; double croix coupant la légende ; le prince debout tenant une épée ; buste de face sur un trône ; main tenant un bâton ; buste de profil tenant une lance ; Saint Wenceslas assis, la main droite levée et tenant un globe dans la g. ; le prince assis sur un arceau, avec une lance ; cavalier embrassant un homme debout à côté du cheval ; ange ailé tenant un enfant ; buste de face placé sur un mur entre deux tourelles ; buste tenant une église dans ses mains levées ; le duc à cheval transperçant de son épée un lion qui l'attaque ou combattant deux animaux ; le duc assis sur un lit, levant les mains vers un ange ; le duc combattant un ours, avec une épée et un bouclier ; deux figures debout, l'une tenant une crosse, l'autre une lance, ou tenant une clef et une croix et l'autre un bouclier ; le duc tenant un étendard et un bouclier, entre deux personnages ; ange ailé à mi-corps ; le duc assis, entouré de quatre personnages agenouillés ; évêque debout bénissant une personne qui s'incline ; le duc à genoux recevant un étendard des mains de l'empereur assis ; guerrier levant son épée sur un personnage qu'il saisit par les cheveux ; deux anges debout ;

Saint Wenceslas et Saint Adalbert debout ; sortes de centaures, rosaces, etc. Le nom de l'atelier de Prague, BRAGA. CIVITAZ, PRAGAS ; PRAGA : CIV, paraît sur les premiers deniers des ducs.

Les bractéates de Bohême, qui sont exclusivement royales, paraissent sous Ottokar Ier. Elles sont de moyenne grandeur et portent ; dans un cercle à fort relief, sous un toit, entre deux tours ; la tête couronnée du roi ; de face avec la légende OTACKARVS : REX. Ottokar Ier a frappé des bractéates muettes avec sa tête et celle de son fils Wenceslas Ier. Voici les types des bractéates des princes suivants :

Wenceslas Ier (1230) : Tête du roi couronnée de face, le roi assis tenant deux globes ; un sceptre ; une épée et une palme ; w couronné ; tête avec une épaisse chevelure sous une voûte à trois tours :

Ottokar II (1253) : Tête du roi ; le roi assis ; une aigle à tête humaine ; parties antérieures de deux lions couronnés ; adossés et séparés par un emblème cordiforme et les lettres N, O ou V ; lion couronné de face portant, sur la poitrine, l'écu d'Autriche. Sous ce même roi ; grandes bractéates cupulaires, généralement muettes (une seule avec OTAKARVS.REX) ; avec figure assise tenant divers emblèmes :

Diverses trouvailles ont donné de petites bractéates muettes et des demi-bractéates qu'on place avant 1278 et qui sont aux types suivants : tête couronnée de face ; roi debout tenant deux sceptres fleurdelisés ; tête de lion couronnée ; de profil ; ange couronné ? ; oiseau se retournant ; dragon ou basilic ; lion de Bohême à double queue ; une tourelle entre le soleil et la lune ; lion armé d'un glaive et d'une croix ; têtes affrontées d'Ottokar et de la reine Cunégonde, etc. Wenceslas II : nombreuses bractéates très grandes avec grosse tête couronnée à trois boucles de cheveux sur chaque tempe : lion, etc.

Les premiers *gros* d'arg., valant 12 pfennigs, *Pragergroschen*, furent frappés en Bohême par des artistes florentins que Wenceslas II avait appelés à sa cour. Ces p. ne tardèrent pas à être imitées en Misnie et se répandirent dans toute l'Allemagne au commencement du XIVe siècle. Les gros de Wenceslas II portent : + WENCEZLAVS.SECVNDVS, couronné ; lég. extérieure : + DEI : GRATIA : REX : BOEMIE ; ℞ + GROSSI : PRAGENSES, le lion couronné avec la double queue.

Le florin paraît sous Jean de Luxembourg dont on a aussi des gros au lion et des pfennigs avec le buste de Saint Wenceslas. Wladislas Ier frappe en outre des hellers avec un w couronné.

Saint Joachim (s.f) debout paraît sur les p. de Louis Ier qui terminent la série des m. autonomes. En 1619, les Etats de Bohême insurgés frappèrent des m. avec MONETA.REGNI.BOHEMIAE, couronne ℞ IN.DEO.FORTITVDO, le lion de Bohême. La maison d'Autriche continua à frapper des m. pour la Bohême avec le titre de REX:BO et le lion. (Pour les différentes villes de la Bohême, V. *Empire d'Autriche*).

DUCS ET ROIS DE BOHÊME

871. Borzivoi, fils d'Hustivitus, premier duc chrétien de Bohême.
895. Spitignew Ier.
907. Wratislas Ier, frère du précédent.
928. Wenceslas Ier.
*936. Boleslas Ier le Cruel, frère du précédent : BOEZLAV.
*967. Boleslas II le Pieux, BOLEZLAVS : BOVESLAV.
*999. Boleslas III l'Aveugle, BOLIZLAVS.
*1002. Jaromir, IAROMI.DVX.
*1012. Udalric, frère du précédent. ODALRICVS, VDALRICVS.
*1037. Bracislas Ier, BRACIZLAV.
*1055. Spitignew II, SPITILNEV.
*1061. Wratislas II, frère du précédent, roi de Bohême en 1086, WRATIZLVS.
1092. Conrad Ier, roi de Bohême.
*1093. Bracislas II. *id.* BRACIZLAVS.
*1100. Borivoi II, fils de Wratislas II, roi de Bohême, BORIVOI.

*1107. Suatopluk, frère du précédent, roi de Bohême, SVATOPVLC.
*1109. Otton de Moravie, intrus, OTTO.SERFVS.DEI.
*1109. Wladislas, duc, DVX.WLADISLAVS.
*1125. Sobieslas Ier, duc, DVX.SVAZOBZLAVS.
*1140. Wladislas II, duc ; roi en 1157, WLADIZLAVS.
*1174. Sobieslas II.
*1180. Frédéric, duc, DVX.FRIDRICVS.
1190. Conrad-Otton, petit-fils de Conrad Ier.
1191. Wenceslas II, fils de Sobieslas Ier.
*1192. Przemislas Otakar Ier, roi en 1200, REX.OTACKARVS.
1193. Henri Bracislas.
1196. Wladislas V.
*1230. Wenceslas Ier, WENCESLAVS.D.
*1253. Przemislas Otakar II, OTAKARVS.REX.
*1278. Wenceslas II, roi de Bohême et de Pologne (1300), WEN.REX, W.II.
*1305. Wenceslas III, roi de Hongrie (1301-05), WENCEZLAVS.TERTIUS.
1306. Rodolphe.
1307. Henri de Carinthie.
*1310. Jean de Luxembourg, IOHES ou IOHANNES.PRIMVS.
*1347. Charles de Luxembourg, empereur en 1355, KAROLVS.PRIMVS.
*1378. Wenceslas IV, empereur, W.REX.
1419. Sigismond, son frère.
*1437. Elisabeth et Albert d'Autriche, A.
1440. Ladislas ou Wladislas.
*1458. Georges de Kunstadt, seigneur de Podiebrad, GEORGIVS.PRIMVS.
*1471. Wladislas II, fils de Casimir IV, roi de Pologne, WLADISLAVS.SECVNDVS.
*1516-26. Louis, LVDOVICVS.PRIMVS.

HONGRIE

La Hongrie, formée d'une partie de la Dacie, de la Pannonie et du pays des Quades, fut occupée par les Goths, qui en furent chassés, en 376, par les Huns. Plus tard, les Avares, détruits par Charlemagne, cédèrent le pays aux Madgyars, d'origine finnoise, qui fondèrent la dynastie d'Arpad (889). Etienne Ier le Saint, ayant achevé la conversion des Hongrois, reçut de Sylvestre II le titre de roi (1000). La dynastie des Arpades prit fin avec André III, et les Hongrois élurent Wenceslas de Bohême, Otton de Bavière, puis Charles-Robert, comte d'Anjou. En 1458, Mathias Corvin, fils de Jean de Hunyade, le vainqueur des Turcs, s'éleva au trône. Jean Zapoly essaya vainement de disputer à Ferdinand d'Autriche la Hongrie, qui reconnut la domination autrichienne en 1570.

Le monnayage se compose à l'origine de petites m. d'argent qui paraissent correspondre au denier, à l'obole et à la 1/2 obole. Les oboles de Bela IV portent leur nom, OBVLVS, entre des têtes de lion; plus tard, paraissent le florin d'or et le gros d'argent; puis, sous Ladislas VI, le thaler, le double et le triple; l'aureus de douze ducats.

En 1342, Charles Ier rendit un décret par lequel il introduisit le monnayage des *florins* et des *gros*, qui fut continué par ses successeurs.

En 1447, on promulgua à Bude un édit par lequel on établissait, pour tout le royaume, une seule m., dont 200 deniers ou 400 oboles devaient valoir un florin.

Les types des m. de Hongrie sont les suivants : croix diverses, coupant la légende; tête ou buste de face; belette; croix patriarcale entre deux têtes; l'écu fascé de Hongrie (depuis André II); le roi debout ou à cheval ou assis; donjon; portail; agneau pascal; le Christ; la Vierge; animaux divers; buste du roi de profil; fleur sous un arc avec des tours; croix cantonnée de CRVX; types du florin, du carlin; écu parti d'Anjou et Hongrie; grand lis; trois poissons; le roi et la reine assis; écu écartelé, aux fasces de Hongrie et au lion de Bohême ou à l'aigle de Brandebourg; Saint Ladislas, tenant un globe et une hache; la Vierge et l'enfant, quelquefois avec la lég. PATRONA.VNGARIE.

Une m. d'André II porte les lettres A.B.C, que l'on considère comme les initiales du nom de ses fils, Bela et

André, destinés à être rois de Galicie et d'Arménie, et Coloman, roi de Halitch.

Bela IV imite les follis byzantins sur certaines m. de cuivre, qui portent, d'un côté, deux rois assis, et au R la Vierge assise.

Le nom VNGARIE ne paraît en toutes lettres que sur des m. de Bela IV. Ce prince s'intitule encore DVX ou REX.SCLAVONIE. La Hongrie et l'Esclavonie avaient des m. particulières désignées par les légendes MONETA.REGIS. P(ro) HVNGARIA ou SCLAVONIA. On trouve aussi les légendes REGIA.CIVITAS et PANNONIA.

A signaler les m. d'Henri, d'André II, d'Etienne Ier, etc., pour l'Esclavonie, avec : MONETA.REGIS ou DVCIS. P(ro) SCLAVONIA ; les m. avec LIBERTAS.BVDENSIV et MONETA BVDE, sous Charles Ier ; les gros de Mathias Corvin, avec GROSSVS.CARNOVIENSIS ou WRATISLAVIENSIS.

L'invasion mongole de 1241-42 eut une influence directe sur la m. de Hongrie, et l'on peut s'en convaincre par l'aspect oriental et les lettres singulières des m. de cuivre de Bela IV et Etienne V (Karabacek, *Num. Zeitsch.*, 1874-1875, 49).

L'administration et la fabrication des m. étaient sous la direction d'un *comte de la chambre*. On trouve dans le champ des m., des lettres qui sont, les unes, les initiales du nom de ces comtes ; les autres, les initiales du nom de l'atelier monétaire. Sur des thalers de Ladislas VI, on trouve KREMITZ et TVRSO, qui indiquent l'atelier de Kremnitz et le comte Jean Thurzo. La marque de l'atelier est généralement à droite du type (sens héraldique). Voici les ateliers auxquels on peut donner des m. ; la marque est la première lettre du nom : Alba regia ou Agria ; Bude, Cassovie, Enyedinum, Felsoebanya, Goelnitz, Hermanstadt ou Cibinium, Istropolis ?; Kremnitz, Lippa ou Leuchovia, Nagybanya, Posonium ou Pécs, Roshavia, Strigonium ou Szomolnokinum, Telkibanya, Ujbanya ; Vissegradum, Zathmarbanya.

Les princes de Batthyani (Hongrie), Charles (1764-72), et Louis (1787-1806), frappèrent des thalers et des *guldens* (florins).

ROIS DE HONGRIE

*1000. Saint Etienne, fils du duc Geiza et descendant de Toxis, chef des Huns. STEPHANVS.REX.
*1038. Pierre l'Allemand, neveu du précédent. PETRVS.
*1042. Samuel Owon ou Aba, beau-frère de Saint Etienne. SAMVHEL.
*1044. Pierre l'Allemand, rétabli.
*1047. André Ier, descendant de Toxis. ANDREAS.
*1061. Bela Ier. BELA.DVX *ou* REX.
*1063. Salomon. SALOMONI.
*1074. Géiza ou Geyeza Ier, dit Magnus. DVX.MYGNAS *ou* GEVCA.REX.
*1077. Ladislas Ier. LADISLAVS.
*1095. Coloman ou Colan. CALMAN, LYBANV *ou* COLVMBANVS.RE.
*1114. Étienne II, STE *ou* STEPHANVS.
*1132. Bela II. BELA.
*1151. Géiza II. CEISA.RE.
*1161. Étienne III. S.V.R.
*1161. Ladislas II, usurpateur, oncle du précédent. LADIꝏLAꝏ.
1172. Etienne IV.
*1173. Bela III, frère d'Étienne III. BELA.
*1196. Emeric ou Henri. HENRICVS.
1204. Ladislas, infant.
*1205. André II, le Hiérosolymitain. ANDREAS.
*1235. Bela IV. BELA.QVARTVS *ou* BELE.
*1260. Étienne V. STEPHAN.
*1272. Ladislas III, Cumanus. LADISLAI.
*1290. André III. ANDREAS.
1290. Charles Martel d'Anjou, prétendant.
*1301. Wenceslas de Bohême (*sans nom*).
*1305. Otton de Bavière. OTTONIS.
*1310. Charles Ier d'Anjou. KAROLVS.
*1342. Louis Ier d'Anjou, le Grand. LVDOVICVS.
*1383. Marie d'Anjou. MARIA.
1385. Charles II, le Petit.

*1387. Sigismond de Luxembourg, empereur. SIGISMVNDI.
*1437. Albert d'Autriche. ALBERTVS.
*1440. Ladislas IV, le Polonais, WLADISLAVS.
*1441. Jean de Hunyade, gouverneur. IOhANES D.hw.R. VNGARIE.GV.
*1452. Ladislas V, Posthume. LADISLAVS.
*1458. Mathias Corvin. MATHIAS.
*1490. Ladislas VI. WLADISLAVS.
*1516. Louis II. LVDOVICVS.
*1526. Jean Zapoly, comte de Scepuse. IOANI.ZAPOL. *ou* IOANNES.
*1527. Ferdinand Ier.
*1540. Jean Étienne ou Sigismond.
*1564. Maximilien Ier.
*1576. Rodolphe II.
*1608. Mathias.
*1619. Ferdinand II.
*1637. Ferdinand III.
*1656. Ferdinand-François et son frère *Léopold Ignace.
*1705. Joseph Ier, fils de l'empereur Léopold Ier.
*1711. Charles IV, frère du précédent.
*1740. Marie-Thérèse d'Autriche et François de Lorraine.

TRANSYLVANIE

La Transylvanie, en allemand *Siebenbürgen*, appartint à la Hongrie depuis 1004. En 1526, Jean Zapoly, frustré par Ferdinand Ier de la couronne de Hongrie, se rendit indépendant en Transylvanie, avec l'aide du sultan. En 1699, par le traité de Carlowitz, l'empereur Léopold fit rentrer ce pays sous la domination autrichienne.

Les m. des princes de T. sont des ducats d'or au type de la Vierge (PATRONA.VNGARIE), de Saint Ladislas debout, ou avec des armoiries dans un cercle formé par un dragon couronné, qui se mord la queue. On trouve aussi des p. de 2 et 10 ducats pour différents règnes.

Les *thalers* portent le buste du prince (qui paraît aussi

sur les ducats), un bras armé, des devises, des écussons armoriés, et au-dessous un châtel.

Les princes prennent le plus souvent les titres suivants : DEI *gratia* PRinceps TRansilvaniæ PARtium REGni HVNgariæ DOMinus ET.SICulorum comes.

Sigismond B. prend, sur des thalers et des p. de 3 gros, les titres de : TRAnsilvaniæ MOLdaviæ WAlachiæ *transalpinæ sacri* Romani *imperii* Princeps. Gabriel est aussi prince de Tr. et de Valachie.

Les m. portent aussi des lettres isolées, qui sont des marques monétaires comme celles des m. de Hongrie : N.B (pour Nagybania), M.C (Megyes civitas), C.V (Colos-Var = Clausenbourg), A.I (Alba Julia), A.F (Arx Fogarach), K-B (Kremnitz), C ou C-M (Kaschau), et M-M (Munkács, sur les m. de François II Rakoczy ; *Num. Zeitsch.*, 1877, 216).

Léopold, Charles VI et Marie-Thérèse frappèrent aussi des m. avec les armes de Transylvanie.

Pendant l'insurrection de la Hongrie, François-Léopold Rakoczi frappa m. avec le titre de prince de Transylvanie.

PRINCES DE TRANSYLVANIE

1526. Jean Ier Zapoly.

*1540. Jean II Sigismond Zapoly, IOHAN.SIGISM. (sous la tutelle de sa mère *Isabelle, jusqu'en 1560, YSABE).

*1571. Étienne Ier Bathory, S.B.D.S. (*Steph. B. de Somlyo*).

*1576. Christophe Bathory, C.B.D.S. (*C. Bathory de Somlyo*), CHR.BATH.DE.SOM.

*1581. Sigismond Bathory, SIGI.B.D.S.

*1598-1605. Rodolphe, empereur.

*1602. Moses Zekel de Semenfalva.

*1604. Étienne Botskay, STEPHA.BOCHKAY *ou* STEPHANVS.

*1607. Sigismond Rakoczy, SIGISMVNDVS.RAKOCII.

*1608. Gabriel Bathory, GABRIEL *ou* GAB.BATHORI.

*1613. Gabriel Bethlen (Bethlen Gabor), GA.BET *ou* GABRIEL.

*1630. Catherine de Brandebourg, veuve de Gabriel Bethlen, |CATH.D.G.N.M.B (*Nata marchio. Brandeb.*).

*1630. Etienne Bethlen, STEPHA.BET.

*1631. Georges Rakoczy Ier, GEORGIVS.RAKOCI.

*1649. Georges Rakoczy II, GEOR.RAKO.

*1658. Achatius Bartsay, ACHA.BAR.

*1660. Jean Kemény, IOAN.KEMENY.

*1662. Michael Apafi, MICHAEL.APAFI.

1690-99. Michael II Apafi.

*1682-99. Emerich Tököli ou Teckly, EME.THÖKÖLI *ou* TOCKEL.

*1703-1711. François II Rakoczy, FRANCISCVS.II.

POLOGNE

La Pologne, devenue un Etat particulier au VIIIe siècle, fut d'abord gouvernée par des *Piasts* ou ducs particuliers auxquels les rois succédèrent vers l'an 1000. La Silésie, qui en faisait partie, s'en sépara en 1168. Après bien des troubles intérieurs, la Pologne eut une grande prospérité sous Louis le Grand, roi de Hongrie, et sous les Jagellons (1386-1572), issus du grand-duc de Lithuanie, Jagellon, qui épousa Hedvige de Pologne, se convertit et réunit la Lithuanie à la Pologne. En butte aux attaques des Russes et des Turcs, la Pologne n'eut plus de grandeur que sous Jean Sobieski ; le royaume perdit successivement : la Livonie (1660), Smolensk, l'Ukraine et la Sévérie (1667), la Podolie et Kiev (1686). Les dissensions intestines, la lutte entre les deux prétendants, Auguste et Stanislas Leczinski, soutenus, l'un par le tzar Pierre, l'autre par Charles XII, amenèrent bientôt les démembrements de la Pologne, qui fut partagée entre la Russie, l'Autriche et la Prusse, en 1772, 1793 et 1795. Malgré la création, par Napoléon, du *grand-duché de Varsovie* (1807), et les révoltes de 1830 et 1863 contre la Russie, la Pologne n'a pu recouvrer son indépendance.

En Pologne, comme dans beaucoup d'autres pays de l'Europe, la monnaie nationale suit l'introduction du christianisme. On se servait, en Pologne, de m. anglo-saxonnes, et c'est ce qui explique que les m. de Boleslav le Grand portent la main et la double croix (type d'Ethelred). On a trouvé récemment un denier portant MESICO et un buste avec étendard ; cette p. appartiendrait à Miecislav-Miesko et serait, par conséquent, la plus ancienne m. de Pologne. Les deniers des successeurs de Boleslav sont aux types suivants : buste avec une épée ; le prince debout, ou assis sur un trône, ou agenouillé ; sorte de flambeau ; tête de Saint Jean-Baptiste ; cavalier ; le duc combattant un lion ; oiseau ; croix ancrée ; église ou porte avec 3 tours ; croix cantonnée de points ; le prince et Saint Adalbert debout ; le nom du prince écrit en 3 lignes ; tête de Saint Adalbert (atelier de Gnézn) ; couronne, etc. Des deniers de Boleslav III portent DENARIVS.

En 1148, après l'expulsion de Vladislav II, plusieurs duchés se formèrent. Les ducs de Pologne commencèrent à frapper, à Gnezn, des m. muettes où ils se faisaient représenter en guerrier à côté du monarque tenant un globe. De son côté, le roi, résidant à Cracovie, frappait des deniers avec son buste et trois princes assis au ℟ (le roi Boleslav IV et ses frères Casimir et Miecislav).

La m., d'abord plus estimée que celle de Bohême, fut progressivement réduite en poids, et bientôt le denier fut appelé *obole*.

Avec Miesko III commence la série des bractéates. Celles qui appartiennent à ce prince portent : deux bustes opposés et MESICO ; le duc debout, tenant une palme ou une lance , deux princes debout, avec la légende hébraïque משהא, *Miesho ;* buste avec la lég. hébr., *Berachah H'Polsk* (bénédiction de Dieu sur la Pologne) ; le duc avec un étendard, etc.

Il existe une trentaine de bractéates à légendes hébraïques, que Lelewel considérait non comme des m., mais comme des signes de reconnaissance (*R. N.*, 1860, 328). D'autres bractéates sont anépigraphes, avec les types suivants : centaure ; cavalier ; figure assise ; rempart avec tour, main sur une double croix avec DEXTERA ; deux figures debout, tenant une double crosse ; deux bustes sur un mur ; figure avec chapeau pointu, épée et étendard ; buste entre un étendard et une tour, etc. Ces p. sont à comparer avec les bractéates de Boleslas Wysoki, fils de Wladislav II, duc de Silésie (1168-1201), qui portent des types analogues avec BO-LE (d'autres portent SIRENA et une sirène). A la même époque, les évêques de Cracovie frappent des deniers et des bractéates aux types suivants : évêque debout, tenant deux palmes ; tête d'ange ; Piotrowin arraché à la mort par Saint Stanislas ; des lettres arabes.

Aux XIIe et XIIIe siècles, ainsi que l'ont démontré de nombreuses trouvailles, la m. arabe avait un cours considérable en Pologne, comme dans tout le nord de l'Europe. On a même trouvé de curieuses pièces portant d'un côté le nom de Moktadi-Billah, calife de Bagdad, en arabe, et au ℟ celui de l'emp. Henri VI (?) + HINRICVS. Ces m., qui sont encore énigmatiques, ont certainement eu cours en Pologne (Lelewell, *Num. Moy. Age*, II, 113 ; Dr Karabacek, *Spanisch-Arabisch-Deutsche Nachpraegungen für Polen, Num. Zeitsch.*, 1869, 135).

Wladislav Odonicz, duc de Grande-Pologne (1202-39) frappa des bractéates seul (avec croix et buste dans une enceinte et VOD) et des deniers avec Paul Grzymala, évêque de Posen, portant le duc agenouillé (VOLDZIT) ; ℟ buste de Saint Adalbert bénissant. Boleslav, duc de Masovie (+ 1248) frappe des deniers avec Casimir de Kujavie et Ziemovit : BOLEZLAVS, buste du duc ; ℟ Boleslas avec le chapeau ducal entre les fils de Conrad de Masovie, assis au-dessus d'une porte de ville.

Parmi les dernières bractéates, il faut citer celles de Boleslav Pobozny, fils de Wladislav Odonicz, duc de Grande-Pologne (1240-79), avec le prince assis.

A la même époque, on employa les fourrures comme monnaie d'échange (V. *Russie*). En 1207, le mauvais aloi de la m. de Pologne était tel que le pape Innocent III s'en plaignit à propos du *denier de Saint-Pierre*. Venceslav, roi de Bohême et de Pologne, introduisit dans ce dernier pays, vers 1300, les *lati grossi pragenses* dont un valait 12 deniers. Ladislav-Lokietek proclama l'unité de l'Etat et de la m., et supprima tous les privilèges (1319). Il frappa de petites m. pseudo-bractéates, avec des types très divers : croix, bouclier, aigle, table, couronne, etc. Casimir le Grand monnaya des *gros* et des *quarts* (*kwartnik*) portant une couronne, à Cracovie et à Lvov. Ce dernier atelier cessa sous Jagellon. L'atelier de Cracovie, marquant quelquefois d'un K, continua la fabrication des gros à la couronne et à l'aigle de Pologne auquel se joignit ensuite le cavalier de Lithuanie.

Louis d'Anjou et Wladislav, duc d'Oppeln, gouverneur en Pologne et en Russie-rouge pour Louis d'Anjou, frappent entre autres m. des *kwartniks* avec MONETA.RVSSIE. Le même Vladislav frappe à Wielun des deniers avec MONETA.WELV*nie*.CI, tour (armes de la ville); ℟ + DVCIS VLADISLAI, aigle.

Kieystud, fils de Gedymin, duc de Lithuanie (+ 1382) émit des deniers portant une épée ou un poignard.

Pendant tout le XVe siècle, la Pologne ne cessa d'être envahie par les contrefaçons allemandes qui déprécièrent la valeur du gros. Cette pièce, falsifiée même dans les ateliers de l'Etat sous Jean-Albert, dut faire place sous Sigismond le Vieux, aux *solidi* ou *szelongi* de 12 deniers, aux doubles (dvoïak), triples (troiak), quadruples (czvorak) et sextuples (szostak). Vers 1620, on introduisit le *florin d'or* qualifié de *ducat* depuis Alexandre, et le *florin d'argent*, dit *thaler* depuis Sigismond le Vieux, d'abord marqué 30 (30 gros) et dont la valeur diminua progressivement.

A partir de 1507, les m. sont datées et portent souvent des indications de valeur, des marques d'ateliers ou des emblèmes, initiales ou armoiries, marques du trésorier. Voici la manière dont sont indiquées quelques valeurs : le *triple gros* porte III, le *sextuple gros*, VI (on trouve aussi SEX.MAG.) ; l'*ort* porte 1-8, A-T (1/8 du *talar* ou écu), de chaque côté de l'écu ; les *poltoraks* ou *sesquigros* portent toujours au ℟ un globe surmonté d'une croix (les chiffres placés sous les bras de la croix sont les deux derniers du millésime, 57 pour 1657, etc.; les chiffres placés sur le globe, 24, indiquent la valeur nominale 1/24 du talar).

Au XIIIe siècle, Paul Grzimala, évêque de Gnezn, et Vincent Nalencz, évêque de Poznan (Posen), reçurent des concessions monétaires des ducs de Pologne (1232) ; Thomas de Kozlerogi, évêque de Vrotzlav, reçut le même droit en 1240. Les villes acquirent également le privilège monétaire : Sandomir (1286), Vrotzlav (1318), Svidnitza (1369), Lignitza (1425). Lorsque Cracovie fut devenue ville de droit allemand, en 1250, la m. de cet atelier présenta une porte à trois tours. Casimir IV, pour s'attacher la Prusse, accorda aux villes de Dantzik, Elbing et Thorn, le droit de monnayer à son nom. Novogorod la Grande, révoltée contre le grand-duc de Moscou, frappa également au nom de Casimir (1470).

La Lithuanie se servait à l'origine de lingots, poinçonnés du cavalier national par les particuliers. Elle eut ensuite des deniers portant un cavalier, un portail, un carré, etc., vers le XIIIe siècle. Enfin elle posséda une m. particulière sous Jagellon. Sigismond introduisit sur la m. l'écu écartelé de Pologne et de Lithuanie et Sigismond-Auguste fit fabriquer tout son numéraire aux armes de Lithuanie, à Vilno. Sigismond établit à Thorn un atelier de gros *communs aux terres de Prusse* (T-I).

De 1588 à 1624, les ateliers sont Posen (P), Bromberg (B), Fraustadt (F), Marienbourg, Olkusz (I pour Ilkussia), Lublin (L), Cracovie. En 1649, il y en avait aussi à Vilno et Bidgoszcz. Après la mort de Sobieski, la Pologne n'eut plus qu'une m. commune avec la Saxe, en 1697 et 1702, et les pièces de 6 gros, avec L.P, initiales du trésorier de Lithuanie, Louis Pociey. Auguste III (1752-1756) fit battre, à Leipzig, des ducats, des thalers et des *tynfs* de 18 gros ; à Grunthal et Guben, des gros de cuivre pour la Pologne, espèces qui furent continuées par Frédéric II.

La république de Cracovie, créée par le traité de Vienne (1815) et annexée à l'empire d'Autriche en novembre 1846, a frappé des *zloty* en argent et des p. de 5 *et* 10 *groszy*.

ROIS DE POLOGNE

*964. Miecislav ou Miesko, prince de Pologne, MESICO.
*992. Boleslav le Grand, roi, BOLASLAV, BSACISLAV.
*1025. Miecislav ou Miesko II, MS.CNES ou MISICO.POLONII.
*1034. Rixa, sa veuve, régente.
*1040. Casimir Ier.
*1058. Boleslav II Smialy, BZLVAS, BLEZLVAS.
*1079. Vladislav Ier Herman, VLADIZLAV.
*1102. Boleslav III Krzywousty, DVCIS.BOLEZLA, BOLESLV ou BOLZA.
*1139. Vladislav II, VLOAVS, VOLDISLAVS.
*1148. Boleslav IV Kedzierzawy, BOLEZLAS.
*1173. Miesko III Stary, MESICO.
*1202. Vladislav III Laskonogi, VENELAV.
*1207. Leszek Bialy, le Sage, LETNCVS.
*1227. Boleslav V Wstyliwy, BOLEZLAVS.DVX.
1279. Leszek VII.
*1289. Henri Lagodny.
1295. Przemislas.
*1300-05. Wenceslas Ier, roi de Bohême, VEN.
*1300-33. Wladislav IV Lokietek, LAZ.
*1333. Casimir III Wielki, le Grand, K.R, KAZIMIRI.
*1370. Louis d'Anjou, LODVICI.R.VNGARIE.
*1382. Wladislav V Jagiello, WLADISLAVS.REX.
*1434. Wladislav VI, W.R, WLADISLAI.
*1447. Casimir Jagiello, KASIMIRVS.
*1492. Jean Albert, I.ALBERTI.
*1501. Alexandre Jagiello, ALEXANDER.
*1506. Sigismond Ier, SIGISMVND.PRIM.
*1548. Sigismond II Auguste.
*1573. Henri de France, duc d'Anjou,
*1575. Etienne Bathory, prince de Transylvanie.
*1586. Maximilien d'Autriche.
*1587. Sigismond III, roi de Suède.
*1632. Ladislas Sigismond.
*1648. Jean Casimir. IO.CAS.
*1669. Michel Koribut Wiesnowiski.

*1674. Jean Sobieski, mort en 1696.
*1699. Auguste, électeur de Saxe, déposé en 1704 et rétabli en 1709. — 1705. Stanislas Leczinski.

LIVONIE, ESTHONIE, COURLANDE

Les grands maîtres de l'ordre des Frères de l'hôpital Sainte-Marie en Livonie frappèrent des m. d'or et d'argent à légendes latines ou allemandes (LIVONIE ou LIVLANDT) depuis la fin du XVe siècle jusqu'au milieu du XVIe. Les ateliers étaient Wenden (WEN, WENDEN), Riga (RIGENSIS), Reval (REVALIE); on donne quelques bractéates à cette dernière ville. Les archevêques de Riga frappèrent m. en communauté avec les seigneurs de Livonie, au XVIe siècle. Depuis 1518, ils avaient un monnayage spécial où paraissent les armoiries des évêques et celles de l'archevêché (crosse et croix en sautoir). Les évêques de Dorpat (THARBAT ou DARP), du XIVe au XVIe siècle, frappèrent m. ainsi que l'évêque d'Oesel, Magnus, duc de Schleswig-Holstein, dont les ateliers furent Arensburg (ARENSBOCH) et Hapsal (HAPSAL). (B. de Koehne, *Zur Münzkunde Lievland's*, *Z. f. M. Siegel u. Wappenkunde*, 1842, II ; R. de Toll et Sachssendahl, *Siegel u. Münzen der.. Gebietiger über Liv-Est- und Curland*, Reval, 1887).

Au XVIIe siècle, le grand maître Gothard Ketler se fit donner la Courlande à titre de duché héréditaire, sous la protection de la Pologne. Ce duc et ses successeurs frappèrent des p. de 3 et 6 gros, des shillings, des thalers, etc., sur lesquels paraissent les armes de Pologne et le lion de Courlande avec les titres de : ...*In Livonia Curlandiæ & Semigalliæ dux*.

Charles XI de Suède frappa différentes m. dans la ville de Narva en Esthonie, avec DOMINVS PROTECTOR.MEVS, et un C sous une couronne ; au ℞, le nom et les armes de la ville.

On a aussi différentes m. du duché de Livonie avec les noms de Christine, de Charles-Gustave et de Charles XI de Suède. (Catal. vente Adolphe Preiss, *M. und Medaillen der baltischen Provinzen*, par Wesener ; Egger, expert ; Vienne, 1874.)

DUCS DE COURLANDE

*1563. Gothard Ketler.
1587. Frédéric.
*1639. Jacob.
*1683. Frédéric-Casimir.
1698. Frédéric-Guillaume.
1711 à 1737. Pendant cette période, la Courlande est disputée entre Ferdinand Ketler, neveu du dernier duc, *Maurice de Saxe et le prince Menzikoff.
*1737. Jean-Ernest de Biron.
1741. Louis-Ernest de Brunswick-Bevern : jusqu'en 1759, la Courlande est gouvernée par les Etats.
*1759. Charles-Christian, fils de Frédéric-Auguste II, roi de Pologne.
*1762. Jean-Ernest de Biron, pour la seconde fois.
1769-95. Pierre.

RUSSIE

La Russie fut occupée successivement par les Sarmates, les Goths, les Huns, les Bulgares. Des principautés s'y formèrent, mais ne purent acquérir une grande puissance parce qu'elles étaient sans cesse morcelées pour des apanages. Au XIIIe siècle, les Mongols fondèrent dans la Russie méridionale le grand empire du Kaptchak ou de la Horde d'or. Les différents princes russes devinrent tributaires à l'exception du grand-prince de Moscou. A la suite de luttes successives, le grand-duc Ivan III secoua le joug des Tartares (1481). Après l'extinction de la dynastie de Rurik, la Russie décline pour se relever avec Michel Romanov (1613) et ne cesser de grandir avec Pierre le Grand et Catherine II. En 1812, la Russie acquit la Finlande, la Bothnie, la Bessarabie ; en 1815, la Grande-Pologne, et depuis, diverses possessions gagnées sur la Turquie.

L'esquisse du monnayage de la Russie que nous allons essayer de tracer est sans doute bien imparfaite, mais il ne peut en être autrement sans la connaissance de la langue russe.

A l'origine, le commerce intérieur et extérieur des habitants de l'Europe orientale se fit au moyen de fourrures qui, même après l'établissement d'un monnayage, régulier, continuèrent à être une valeur d'échange : la nécessité du commerce de détail donna aux peaux de martre, d'écureuil, de zibeline et d'hermine un taux fixe et une valeur comparative entre elles, de telle façon qu'elles servaient à payer les divers objets que l'on achetait.

L'embarras d'un numéraire si volumineux et si fragile, donna l'idée de tailler de petits morceaux de peau ou de cuir sur lesquels on apposa des marques. Il est probable que chaque ville ou bourg avait sa monnaie de cuir, usitée pour le commerce de détail, tandis que les fourrures entières et l'argent au poids servaient pour les grands achats.

Ahmed de Tous écrivait, en 1160, que les peaux d'écureuil étaient la monnaie courante des Russes. Suivant cet auteur, c'était un cuir mat, sans poils, mais avec les pattes de devant et de derrière, ainsi que les ongles ; incomplètes, ces peaux n'avaient plus de valeur. En 1700, Pierre le Grand rendit un ukase qui défendait la circulation des coupons de cuir employés comme petite monnaie.

Ce genre de monnaie fut aussi employé en Pologne, puisqu'au XIVe siècle, l'archidiacre de Gnezne écrivait que l'on ne se servait dans ce pays que de monnaie noire et de peaux de têtes d'écureuil : *Ubi prius cum nigro argento et pelliculis de capitibus aspergelliis graviter forisabant.* Au XIIIe siècle, les gros de Prague firent renoncer à l'emploi des têtes d'écureuil. Les fourrures employées comme monnaies étaient : la *kouna*, peau de martre ; les *riézany*, coupons de peaux ; les *dolguéi*, coupons allongés ; les *mordki*, têtes ou museaux ; les *nogaty*, fourrures ; les *ouchki*, oreilles ; les *viékochi*, *bielki*, écureuils, petits-gris, hermine ; les *lobki*, têtes ; les *skoury*, peaux ; les *zouby*, dents. Du reste, les monnaies étrangères pénétraient en Russie, alors que l'on n'y employait encore que des fourrures.

Les plus anciennes monnaies russes paraissent être celles de la grande principauté de Kieff qui sont antérieures à l'invasion des Tartares et remontent au Xe siècle. Ces pièces représentent le grand-duc assis de face, le buste de la Vierge, celui du Christ, de face, la tête nimbée et tenant le livre des évangiles ; le buste de Saint Georges ; le Christ assis de face et bénissant, etc. Les légendes portent : *Vladimir, et ceci est son or ; Vladimir sur le trône, et c'est son argent ; argent de Sviatoslaf.* Il est évident que ces pièces, d'or ou d'argent, ont été imitées des monnaies des empereurs grecs ; les types byzantins et l'irrégularité des lettres russes peuvent même faire croire que ces m. ont été gravées par des artistes de Byzance.

Les blancs du trésor de Nejine, découvert en 1852, représentent le prince de Kieff tenant dans la m. droite une longue croix latine, coiffé d'un diadème et assis ; au ℞, sorte de trident. Les lég. sont en écriture slavonne très incorrecte. Stroganoff a contesté que ces pièces fussent des imitations de m. byzantines comme l'admettait le comte Tolstoi (*Z. f. N.*, 1882, p. 112, 177, pl. V). Les chroniques russes font mention de blancs d'arg. en 1115 et en 1257.

Lorsque la Russie passa sous la seconde domination des Mongols (1240), les tributs furent exigés en m. métalliques ; c'est ce qui explique la nature des premières m. russes. Les Mongols exigèrent sur ces pièces en signe de soumission, le *tamgha* de la horde d'or. Les premières m. portèrent des deux côtés des légendes arabes. Plus tard, les princes russes introduisirent sur la monnaie des emblèmes nationaux, avec l'inscription ; *sceau de tel prince ou grand prince ;* le ℞ était réservé à la légende arabe. Les plus anciennes m. de ce genre ne portent pas le nom du prince et sont par conséquent difficiles à déterminer. Ivan III, grand prince de Moscou, fut le dernier dont les monnaies bilingues rappelèrent la conquête tartare.

Les monnaies russes d'argent ont porté du XIIIe au XVIe siècle le nom de *dengui* (*denga*, en tartare *tengha*, m. d'argent, de *tamgha*, emblème). Sous Ivan IV le Terrible, les *dengui* prirent le nom de *copecs* (singulier *kopeïka*, du mot *kopié*, lance, parce qu'elles portent un cavalier tenant une lance abaissée). Les m. de la valeur d'un demi-copec, qui présentent un cavalier brandissant un sabre, ont pris le nom de *dengui* qui s'est conservé jusqu'à nos jours.

Les caractères arabes qui, sur plusieurs m., forment la légende : *Le sultan Toktamich-khan, puisse-t-il vivre longtemps*, indiquent la dépendance dans laquelle étaient les grands-ducs relativement au khan de Tartarie.

Les anciennes m. russes, le plus souvent d'une forme oblongue, représentent le prince à cheval, tenant un faucon sur le poing, quelquefois brandissant un sabre et accompagné d'un chien ; le prince assis sur un trône ; Samson domptant un lion.

On voit également divers animaux fabuleux, des faucons, des lions, des aigles.

Les symboles du christianisme sont rares, et on peut considérer comme une exception la pièce du grand-prince Wasili l'Aveugle (1425-1462) offrant la Vierge et un ange tenant une croix et au ℞ une colombe volant. L'aigle à deux têtes paraît d'abord sur des *pouly* du xve siècle ; il devient le type principal. Beaucoup de pièces portent des noms de villes : Moscou, Pskow, Novgorod, Derpt, Twer, etc. Le titre de grand-prince (*Velikii Kias*) est celui que l'on trouve sur les m. russes avant 1547. A signaler le titre pris par Alexei Mikhailovitch (1645-1676), *tsar et grand-prince de toute la grande, petite et blanche Russie.*

On connaît, dans la numismatique russe, sous le nom de *Ssoïuznyia*, monnaies d'alliance, de rares pièces portant le nom de deux princes. On appelle *mordowkis* des imitations de copecs fabriquées par les Mordwas, les Tartares et autres peuplades pour l'ornementation de leurs costumes.

Les m. de cuivre ne paraissent pas remonter au delà du xve siècle ; elles portaient le nom de *pouly* (du tartare *poul*, m. de cuivre, écaille de poisson).

Quant aux monnaies d'or, il est presque prouvé qu'il n'en existait point en Russie, sous les grands-ducs ; celles que l'on connaît sont fausses. Schubert dit qu'on ne sait si les grandes pièces d'or des tzars étaient des monnaies ou des médailles et marques de distinction. L'usage de faire présent de médailles d'or s'est conservé en Russie jusqu'au règne de Pierre le Grand : le tsar Ivan Vasilievitch envoyait des *portugaises*, des *nobles* et des *ducats* aux officiers de ses armées victorieuses. Oléarius atteste que les m. d'or ne servaient anciennement qu'à cet usage.

Vers 1483, le roi de Hongrie, Mathias Corvin, envoya des monnayeurs au grand-duc de Russie, Ivan Vasilievitch. Il existe un ducat à l'imitation de ceux de Hongrie, pièce d'épreuve exécutée par ces ouvriers, et portant le nom du grand-duc Ivan.

Pierre le Grand établit un nouveau système monétaire au commencement du XVIIIe siècle ; il fit venir des graveurs étrangers. Les m. commencèrent à être parfaitement rondes et frappées au balancier. En 1718, on commença à mettre une inscription sur la tranche des *roubles* et des *demi-roubles* (Poltiny).

Les m. de Pierre le Grand sont : en or, des pièces de un et de deux ducats, et des pièces de deux roubles ; en argent des p. de deux roubles et leurs divisions, des tymfs et des pièces de 1, 3, 5 et 10 copecs, des 1/2 et 1/4 de copec (les p. de 3 copecs sont appelées *altyns*, et celles de 10 copecs, *grivny*) ; en cuivre, des pièces de 1/2, 1, 2 et 5 copecs, des poluszki (quart de copec) et des 1/2 poluska.

On recherche les roubles de Pierre le Grand portant une croix au-dessus du buste et la date 1725 (année de la mort du tzar). Enfin, on classe parmi les m. des contremarques qui étaient données à ceux qui avaient payé l'impôt mis sur toute personne voulant porter de la barbe : ces pièces offrent à l'avers l'aigle russe et une date ; au revers, un nez avec une bouche, les moustaches et la barbe ; les légendes sont : *Dengiti usinti*, argent reçu ; *sborodi pochlina usiatâ*, l'impôt de la barbe reçu ; *dague platchena*, impôt payé. Il en existe en cuivre pour 1699 et 1705 ; un essai est daté de 1725 ; les pièces en argent et en or sont fausses. Ce jeton était appelé vulgairement *borodoraia*, le barbu (cf. Hawkins, *Numism. chronicle*, t. VII, 153).

Les types ordinaires sont le buste du souverain et l'aigle de Russie ; les légendes sont russes ou latines. Jusqu'à l'an 1700, le millésime est compté depuis la création du monde. Mais, en 1700, qui correspond à l'an du monde 7208, on commence à compter depuis la naissance de J.-C. Dans les deux cas, les chiffres sont notés en lettres slavonnes.

L'hôtel de la Monnaie de Saint-Pétersbourg ne commence à fonctionner qu'en 1724. Jusqu'à cette époque, les m. sortent des quatre ateliers de Moscou.

Catherine, Pierre II, Anna, Jean II et Elisabeth continuent le monnayage de Pierre le Grand. A signaler le rouble carré en cuivre de Catherine Ire. Sous Elisabeth, un ukase du 25 octobre 1756 décida la frappe de pièces d'argent pour l'Esthonie et la Livonie, *livoneses* et divisions (96, 48, 24, 4 et 2 copecs). De 1759 à 1761, on frappa, pour la Prusse, les monnaies suivantes : en argent, des *florins*, des *tymfs*, des 1/2 florins, des p. de 6 et de 3 gros ; en cuivre, des *escalins*.

Sous Catherine II, on frappe : pour la Sibérie, des pièces de 1, 2, 5 et 10 copecs, des 1/2 copecs et des poluszki ; pour la Moldavie et la Valachie, des p. de 3 et de 5 copecs et de 3 dengui.

Nicolas Ier émet des pièces de 3, 6 et 12 roubles en platine ; il donne à la Pologne un monnayage particulier, comprenant : des p. de 50 et 25 florins et d'un ducat, en or ; de 1, 2, 5 et 10 florins, 5 et 10 gros, en argent ; de 1, 3 et 6 gros, en cuivre.

La monnaie spéciale de la Géorgie se compose, à la même époque : de pièces de 1/2 *abbaze*, de 1 et 2 *abbazes* en argent, d'*irakli* et de p. de 1/2, 1 et 2 copecs.

Il y a également, pour les différents règnes, des pièces d'essai.

Sous Catherine II, on frappe du cuivre à Moscou, Pétersbourg, Ekaterinenbourg, Systerbeck, Annenskoie, Kolywan et Theodosie. Sous Alexandre, on trouve des lettres qui sont les initiales des divers monétaires.

Des roubles et 1/2 roubles d'argent d'Alexandre Ier ont été frappés à Birmingham comme pièces d'essai, avec la machine de Boulton, qui y avait été commandée pour l'atelier de Saint-Pétersbourg.

Les monnaies actuelles de la Russie sont les suivantes : en or, les pièces de 10 et 5 roubles (ayant cours en France pour 40 et 20 francs), la demi-impériale, valant 5 roubles et 15 kopeks (20 f. 66), et le ducat de 3 roubles ; en argent, les roubles (100 kopeks = 3 f. 99), les *poltinnik* (50 k.) les *tchetvertak* (25 k.), les *dvougrivenik* (20 k.), les *piataltinik* (15 k.), les *grivenik* (10 k.), et les *pietalchek* (5 k.), et des pièces de cuivre de 1/4 à 5 kopeks.

La Russie possède également une monnaie fiduciaire, représentée par des coupures de 1, 3, 5, 10, 25, 50 et 100 roubles, qui ont cours forcé.

ALPHABET RUSSE (1)

А	a	Б	b	В	v	Г	gh
Д	d	Е	é	Ж	j	З	z
И	i	І	ï	К	k	Л	l
М	m	Н	n	О	o	П	p
Р	r	С	s	Т	t	У	ou
Ф	f	Х	kh	Ц	ts	Ч	tch
Ш	ch	Щ	chtch	Ъ	e	Ы	î
Ь	e	Ѣ	è	Э	é	Ю	iou
Я	ia	Ѳ	ph				

(1) Nous devons à l'obligeance de M. Turlot, fondeur en caractères, rue de Rennes, à Paris, les caractères qui ont servi à composer cet alphabet. Nous le remercions vivement, car cet alphabet sera indispensable pour la lecture des légendes de monnaies russes.

VILLES DONT ON TROUVE LES NOMS OU LES INITIALES SUR LES MONNAIES RUSSES

Annenskoie.
Dorpat ou Derpt.
Ekaterinenbourg.
Gorodetz.
Ichora.
Kachin.
Kolpina.
Kolyvan-Voskressensk.
Mojaïsk.
Moscou.
Novgorod-la-Grande.
Novo-Torjok.
Péréiaslavl.
Pskow.
Riazan.
Sadogoura en Moldavie.
Saint-Pétersbourg.
Systerbek.
Souzdal.
Souzoun.
Théodosie.
Tiflis en Géorgie.
Twer.

SOUVERAINS RUSSES DONT ON A LES MONNAIES

GRANDS-DUCS DE KIEFF

*988. Wladimir Ier Swiatoslavitch.
*1016. Swiatopolk.
*1018-54. Jaroslaw Ier Wladimirovitch.
*1073-78. Swiatoslaw Jaroslavitch.

GRANDS-DUCS DE MOSCOU

*1362-1389. Dmitri Ivanovitch Donskoï.
*1389-1425. Vasili Dmitrivitch.

GRANDS-PRINCES DE RUSSIE

*1425-1462. Vasili Vasilievitch Tiomny. Ce prince s'empara de Mojaïsk, en 1457.
*1462. Ivan III Vasilievitch.
*1505. Vasili Ivanovitch.
*1533. Ivan IV Vasilievitch.

TSARS DE RUSSIE

*1547. Ivan IV Vasilievitch Grozny, le Terrible.
*1584. Feodor Ivanovitch.
*1598. Boris Feodorovitch Godounow.
*1605. Dmitri Iwanovitch, connu sous les noms de Grichka Otrepiev Samozvanetz Rastriga, ou Ljedmitri.
*1606. Vasili Iwanovitch Chouiski.
*1610. Vladislas Zigismuntovitch Vasa, fils de Sigismond III, roi de Pologne.
*1613. Michail Feodorovitch Romanow.
*1645. Alexei Mikhailovitch.
*1676. Feodor Alexievitch.
*1682. Ivan Alexievitch. On a des monnaies d'or frappées par ce grand-duc, avec son buste et ceux de son frère Pierre et de sa sœur Sophie.

EMPEREURS DE RUSSIE

*1689. Pierre Ier Alexievitch, dit le Grand.
*1725. Catherine Ire Alexievna.
*1727. Pierre II Alexievitch.
*1730. Anna Ivanovna.
*1740. Ivan IV Antonovitch.
*1741. Élisabeth Ire Petrovna.
*1762. Pierre III Feodorovitch.
*1762. Catherine II Alexievna. Au règne de cette impératrice, peuvent se classer les monnaies frappées par Héraclius II, tsar de Géorgie, sous la suzeraineté de la Russie.
*1796. Paul Ier Petrovitch.
*1801. Alexandre Ier Paulovitch.
*1825. Nicolas Ier.
*1855. Alexandre II.
*1881. Alexandre III.

MONNAIES DES PRINCES RUSSES APANAGÉS

PRINCIPAUTÉ DE BOROFSK

*1352. Vladimir Andreevitch.
*1410. Semen Vladimirovitch.
*1410. Jaroslaf Vladimirovitch.
*1410. Ivan Vladimirovitch.
*1426. Vasili Jaroslavitch. Cette même année, le grand-duc de Moscou le fit prisonnier; son fils Ivan se sauva en Lithuanie, et la principauté fut réunie au grand-duché de Moscou.

PRINCIPAUTÉ DE DMITRIEF

*1389-1428. Pierre Dmitrievitch.

PRINCIPAUTÉ DE GALITCH

*1360. Jouri Dmitrievitch Chemiaka.
*1434-1453. Dmitri Jurievitch Chemiaka.

GRAND-DUCHÉ DE TWER

*1399-1426. Ivan Mikhailovitch.
*1426-61. Boris Alexandrovitch.

PRINCIPAUTÉ DE JAROSLAVL

*1434-63. Alexandre Feodorovitch.

PRINCIPAUTÉ DE KACHIN

*Vasili Mikhailovitch.
*1407-08. Ivan Borissovitch.
*1426-61. Boris Alexandrovitch, prince de Twer.

PRINCIPAUTÉ DE MOJAÏSK ET BJÉLOZERSK

*André Dmitrievitch.
*1432-54. Ivan Andrejovitch.

ÉTAT DE NOWGOROD, AVEC NOWO-TORZOK, DE 1420 A 1478

PRINCIPAUTÉ DE PSKOW, 1424-1533.

PRINCIPAUTÉ DE RIAZAN

1402. Feodor Olgovitch.
1434. Ivan Feodorovitch.
*1454. Vasili Ivanovitch.
*1483. Ivan Vasiliévitch.

PRINCIPAUTÉ DE ROSTOV

*1331-1380. André Feodorovitch.

PRINCIPAUTÉ DE SOUZDAL

*1354. André Constantinovitch.
*1365. Alexandre Andrejovitch.
*Daniel Borissovitch.
*Vasili Dmitrievitch, grand-duc de Moscou.

PRINCIPAUTÉ DE TWER

*1346. Michel Alexandrovitch.
*1399. Ivan Mikhailovitch.
*1425. Alexandre Ivanovitch.
*1426. Boris Alexandrovitch.
*1461. Michel Borissovitch.
*1485. Ivan Ivanovitch.

PRINCIPAUTÉ DE VEREJA

*1449-85. Michel Andreevitch.

PRINCIPAUTÉ DE WOLOK-LAMSK

*1495. Ivan Borissovitch.

MOLDAVIE, VALACHIE ET ROVMANIE

Moldavie. — Au XIVe siècle, un Etat fut fondé sur les bords de la Moldava, sous le nom de Bogdanie. Il reconnut la suzeraineté de la Pologne en 1432, puis celle de la Turquie en 1513.

Depuis 1538, le sultan nomma le voivode de Moldavie, qu'il choisissait toujours parmi les Grecs Fanariotes.

Les m. des voivodes de Moldavie sont d'abord de petites p. en arg,, portant, d'un côté, une tête de taureau de face entre une rose, une étoile et un croissant ; au ℞. divers écussons armoriés.

Les lettres SI.M, qui se trouvent sur différentes m., signifient *signum monetæ*.

Nous donnons seulement les noms des voivodes auxquels M. Sturdza attribue des m. Nous devons ajouter que cet auteur admet seulement un petit nombre des identifications proposées par B. de Koehne.

En somme, les m. de la Moldavie, ainsi que celles de la Valachie, quoique faciles à reconnaître à première vue, sont d'un classement difficile.

VOIVODES DE MOLDAVIE

*1350-66. Bogdan Ier, BOGD.WAIWO.
*1374. Pierre Muschat, PETRI.WOIWODI.
*1390-99. Etienne Ier, STEPAN.WOIOD.

*1401. Alexandre le Bon, ALEXANDRI.
*1433. Elias ou Iliasch, ELIAS.WOIWODA.
*1435. Elias et Etienne, ELIAS. Ꞧ SDEPANV.
*1454. Bogdan, IωBOΓΔAN.BOEBOΔA.
*1456. Pierre Aaron, PETRVS.VOIEVODA.M.
*1458-1504. Etienne le Grand, STEPHANVS.VOIEV.
*1517-27. Stephanitza Voda, STEHANVS,VOIEVODA.
*1538-40. Etienne Locusta, Φ ω.CTEANA.BOEBOΔA.
*1552-61, 1564-66. Alexandre Lapuschneanu, ALEXANDER.
*1561-63. Jean Heraclides, despote, HERACLIDIS. *ou* IOHANN.
*1572-74. Ivonia, ωTEY.MOΛΔOBEI (Père de la Moldavie).
*1662-66. Eustrathius Dabija, JOHANN.ISTRAT.DaBijaw.

Valachie. — À partir de 1241, la Valachie forma un royaume particulier, tantôt uni à la Moldavie ou vassal de la Hongrie, tantôt indépendant. Mahomet II en fit une province tributaire en 1462 et, depuis cette époque, les voivodes furent nommés par la Turquie.

Les m. (petites p. d'arg., p. de 10 ducats, etc.), portent un aigle sur un heaume, et plus tard, le buste du prince coiffé d'un riche *kolpak.*

L'impératrice Catherine II fit frapper, à Sagodura (s), des pièces de 5 kopecks et de 3 dengi (= 1 para), de 1771 à 1774.

VOIVODES DE VALACHIE

*1360-73. Vlad Ier, Bassaraba, M.LADIZLAI.WAIWODE.
*1383. Mircea Ier, Bassaraba l'Ancien, Iωan MIPYA. BIObod.
*1419. Mircea II, Bassaraba, Iω.MPVA.BOE. *ou* MPZYA.
*1431. Vlad II, Bassaraba Dracul, Iω.BΛΛΔHCAA.BOHΔ.
*1456. Vlad IV, Bass. Zepelusch, IωAN.BAATICAA.
*1479-92. Vlad V, Bassaraba, Iω.BAAΔICAABA.
*1593-1601. Michael le Brave, MICHAEL.
*1658-59. Michael Radul, IO.MICHAEL.RAD.

*1688-1714. Constantin Brankovan, CONSTANTINVS.BASSARABA.DE.BRANKOWAN.

*1797-99. Constantin Hangerli, CONSTANTINVS.HANGERLI.

Roumanie. — En 1859, la Moldavie et la Valachie s'unirent administrativement sous le nom de Roumanie, et formèrent, en 1866, une seule principauté, gouvernée par Charles Ier de Hohenzollern. Depuis 1867, on frappe, en Roumanie, des p. de 20, 10 et 5 *lei* en or; de 5 et 2 *lei*, de 1 *leu*, et d'un *demi-leu* de 50 *bani* en arg.; de 5 bani en cuivre. *Billets hypothécaires* de 10, 20, 50, 100, 500 lei et billets de la Banque nationale d'Escompte.

BULGARIE, SERBIE, BOSNIE, DALMATIE, GRÈCE

Bulgarie. — La peuplade des Bulgares, mélange des races ouralienne et slave, se convertit au christianisme en 861. La B. devint une province byzantine de 1018 à 1186, et turque en 1395.

De minces pièces d'or ont été frappées par Sermon, gouverneur de la forteresse de Sirmium, qui combattit pour l'indépendance de la Bulgarie, contre Byzance, jusqu'en 1019. Ces p. portent le monogramme formé de ΘΕΟΤΟΚΕ.ΒΟΗΤΕΙ, et au R̸ ΖΕΡΜ — ωCΤΡ — ΤΗΛΑΤ, le *Stratélate Sermon* (G. Schlumberger, *Rev. Arch.*, 1877, I, 173).

On a une série de m. d'arg., avec lettres cyrilliennes, depuis Asan Ier, qui secoua le joug de Byzance; elles sont aux types suivants: Le Christ debout, les bras levés; la Vierge, les mains levées, avec le Sauveur dans son giron; deux figures diadémées, debout, et entre elles, une sorte d'étendard; figure tenant un globe et une croix; le Christ assis, la Vierge assise. On attribue encore aux princes bulgares de petites m. de cuivre avec: la Vierge: une figure debout, un cavalier, un aigle à deux têtes.

PRINCES BULGARES

885-93. Vladimira.
* 888. Siméon.
*1186. Asiena ou Asan Ier.
*1196. Petar II, π.
*1218. Joan Asien II.
*1245. Mihail II Asien, MIhL.ASENV.
*1294. Svetoslav, CBACAAB.
*1323. Mihail III, MX.
*1371. Joan Sracimir, IѠ.CPAYIMHP.
*1371-95. Joana Sismana, IѠ.Ш.

Depuis 1880, la Bulgarie a adhéré au système décimal, et frappe des pièces de 20 *lew* ou *alexandre d'or*, et de 2, 1 et 1/2 *lew* en arg.

Serbie. — De 640 à 1165, la Serbie, tour à tour sujette de l'empire byzantin et indépendante, était gouvernée par des *schupans*. En 1078, Grégoire VII appelait Michel Boislawitsch (1050-80), roi des Slaves. Bodin, fils de ce dernier, réunit la Bosnie et une grande partie de la Dalmatie à la Serbie.

Les textes disent qu'au temps de Dusan II, la Serbie avaient des m. d'or qui portèrent, d'abord le nom de *zlatica*, c.-à-d. *aureus*, puis celui de *ducat*. Le livre des lois de l'empereur Duschan parle, en 1349, des *perpera careva* que celui-ci fit frapper. On a découvert récemment des ducats d'or qu'on peut attribuer à Urosch II Milutin (1275), Duschan (1346), Vukaschin (1368) et Lazare (1371). Plusieurs de ces pièces portent l'aigle à deux têtes qui se retrouve sur le grand sceau de Duschan. L'authenticité de ces p. a été attaquée ; mais elle a été défendue par M. Ljubic (Cte rendu, *Num. Zeitsch.*, 1876, 226).

Les autres m. de Serbie sont des *matapans* imités de ceux de Venise, et d'autres petites m. d'arg. et de cuivre qui portent les types suivants : Le Christ assis sur un trône ; le prince debout ou à cheval tenant un sceptre, ou assis tenant une épée ; heaume surmonté d'une sorte de couronne supportant une rosace et un panache ;

le prince et Saint Étienne debout tenant un étendard ou une croix ; le roi assis entre deux têtes de lion (type imité des m. de Louis Ier de Hongrie) ; Saint Jean ; Saint Triphon, patron de Cattaro ; Saint Laurent ; le Christ dans une auréole ovale ; tête du Christ de face ; heaume avec cornes ; lion (sous Georges).

Les légendes sont en caractères cyrilliens ou latins.

On trouve sur les m. les lettres RV, NO, G, etc., qui sont probablement la marque de l'atelier. Les p. avec S.TRIPHON.CTHREN ou CATARENSI sortent évidemment de l'officine de Cattaro. Une m. porte le nom de Semendria (Saint André), capitale de la Serbie.

Charles-Robert, roi de Hongrie, frappa des m. aux types de celles de Serbie, avec KARLVS.S.STEFAN.

On a aussi des m. portant le nom de différentes forteresses : ПРHZPENЬ, le Christ debout ou assis (Prisrend) ; СКОПАЬ (Skoplje) ; СТЕZАNЬ (Stezan).

Soumise par les Turcs en 1459, la Serbie se révolta en 1804 et Czerni-Georges se fit reconnaître *prince de Serbie.* Le traité de Berlin consacra l'indépendance de la Serbie et lui donna la vieille Serbie avec Nissa (1878). Depuis cette époque, la Serbie a un système monétaire dont l'unité est le *dinar* de 100 *paras* valant 1 franc (*or :* 10 et 20 d.; *arg. :* 1, 2, 5 d., 50 paras).

ROIS DE SERBIE

Dynastie des Neemans (3e royaume)

1151. Tchoudomil.
1165. Etienne Neeman.
?*1193. Etienne Ier, Ventchan (lég. en 4 lignes).
*1224. Etienne II, Radoslaw, STIPANA + PX.RASIE.
*1234. Wladislav. PAAB (et *Etienne roi*).
*1241. Etienne III, Urosch Ier. (*do*).
*1272. Etienne IV, Dragutin, STEFANVS.DEI.GRA.REX.
*1275. Etienne V, Milutin.
Urosch II, STEFAN.REX.

1316. Wladislav II.
*1321. Etienne VI, Urosch III, Deschanski, VROSIVS.
*1331. Etienne VII, Duschan, le Grand, premier empereur serbe, STEPHANVS.IMPERATOR.
*1355. Etienne VIII, Urosch IV, VROSIVS.REX.
*1368. Wukaschin.
1371. Ouglicha.

Dynastie des Brankovitch

*1371. Lazare Ier (*Prince Lazare*).
*1389. Etienne Lazarewitsch (*Etienne despote*).
*..... Vuk Brancovitch.
*1427. Georges, ГнорbГb.
*1458. Lazare II, ΛΑΖΑΡΑ.
*1458-59. Hélène Paléologue.
1457-76. Stephan Georgevitch.

Principauté de Serbie

1804-12. Czerni George.
1816. Miloch Obrenovitch.
1839. Michel —
1842. Alex. Georgevitch,
1858. Miloch, 2e fois.
*1860. Michel, 2e fois.
*1868. Milan, roi en 1882.
1889. Régence.

Princes ou seigneurs serbes ayant frappé m. à des titres divers

*1386-96. Georges II Stracimirovitch : S.LAVRENCIVS:M. ℞ M.D.GEORGI.STRACIMIR *ou* GHOPГb ; lég. en plusieurs lignes ; heaume avec tête de chien.
*1405-21. Balsa III, prince de Monténégro et de Zenta : M.BALSE.D.GORGI (*Moneta Balse domini Gorgi*). Ecu penché à une tête de loup surmonté d'un heaume avec tête de loup pour cimier ℞ S.LAVRENTVS.M, le saint debout (cf. Fr. Lenormant, *R. N.*, 1861, 140).
*1322-54. Jean Oliver : MONITA.DESPOTI.OLI ; le prince assis ; heaume surmonté d'une tête de femme.

*1377-95. Kostantin : K.TΔN.π *ou* D.REX.COSTANTINVS ; ℞ S.STEFANV,SCVTARI, Saint Etienne à mi-corps.

*1364. Nicolas Altomanovitch.

*1370. Zupan Ropa, ЖѸПАН.РОПА.

*..... Zupan Rig, — РIГ.

*1379. Jakov, IAKOBЬ.

*1388. Dmitar. (*Blagovierni Knez Dmitar.*)

*1305-65. Zupan Branko.

*1452. Vlatko, ВЛАТКО.

Bosnie. — Charles Robert d'Anjou frappa des matapans aux types de ceux de Serbie avec la légende *Karolus* ROBER R-X B, STEFAN (Le roi et Saint Etienne tenant une croix patriarchale ℞ le Sauveur assis). Ce roi prenait les titres de : *Ungariæ, Dalmatiæ, Croatiæ, Bosniæ, Serviæ, Galliciæ, Lodomeriæ, Cumaniæ, Bulgariæque rex.* C'est ce roi qui établit Etienne II Kotromanowitch comme *ban* de Bosnie. Les m. de Bosnie portent des types semblables à ceux de Serbie, à l'exception du denier de Nicolas Ujlak, avec la Vierge, qui est imité de celui de Louis de Teck, patriarche d'Aquilée (1412-37).

Le Christ assis ; le ban debout tenant une épée et une croix ; Saint Paul et le ban debout ; le ban assis avec une épée sur les genoux ; S.GREGORIVS.NA2A2ENVS ou SANTVS.TRIFONIS.CATARENSIS ou S.GREGORI.PAPE, un saint debout ; couronne ; T couronné sur un écu timbré d'un heaume (pour Turdko II) ; la Vierge et l'enfant, MATER. REGNI ; écu losangé, etc.

BANS DE BOSNIE

*1272-90. Stephan Ier Kotromanowitch, STEFAN.BANVS.

*1283. Pavao i miladin Subici, DVX.PAVL' SECVNDVS.BAN.

*1322. Stephan II Kotromanowitch, STEFANVS.BANVS. BOSNE.

*1354. Stephan Turdko Ier, TVERTCO.BANI.BOSN, *ou* DNS. T.REG.BOSNE.

*1392. Stephan Dabisa.

1394. Helena.

*1398. Stephan Ostoja, STEPhOS.RASIE.BO.T.RX.
*1404. Stephan Turdko II, Turdkovic, DNI.T.T.REGS. BOSNE.
*1443. Stephan Thomas, Monogr. TMS liés sous une couronne ; DNS.TOMAS.REX.BOSNE.
*1461. Stephan Tomascvic, STEFAN.CRAGL.
*1471-77. Nicolas Ujlak Ilocki. M.NICOLAI.D.G.R.BOSNE.

Dalmatie. — Le roi de Hongrie André III frappa m. avec le titre de REX.DAL et une église à deux tours au ℟.

La ville de Spalatro frappa de petites m. de billon, *pizzolo*, au XIIIe siècle, avec SPA-LATI-NO en trois lignes et au ℟ une croix. En 1397, Sigismond, roi de Hongrie, établit, comme *ban* de Bosnie, Herwoja Herwatisch. Celui-ci prit bientôt le titre de *supremus Voywoda regni Bosniæ et Vicarius regni Ladislai* et frappa à Spalatro diverses m. avec des écussons portant un bras armé ; au ℟ paraît le patron de la ville (+ MONETA.ChERVOII.DVCIS. SPALETII ℟ SANTVS DOIMVS SPALETII ou S.DOMNIVS).

Raguse. — M. de cuivre jusqu'à la fin du XIIIe siècle, avec tête jeune et monument au ℟, CIVITAS.RAGVSI ; m. d'arg. du XIIIe au commencement du XVIe siècle ; avec Saint Blasius, patron de la cité, debout ou en buste ; buste de Jésus-Christ ; m. diverses jusqu'au commencement du XIXe siècle. A citer les m. suivantes : le *follaro* (follis), le *perpre*, l'*artiluk* (mot turc) de 3 *grossetti*, le *vizlin*, nom du thaler (N. Dechant, *Die M. der Republik Ragusa*, *Num. Zeitsch.*, II, 1870, 87-212).

Grèce. — Ce pays, qui était sous la domination musulmane ; depuis le XVe siècle, a recouvré son indépendance en 1830. Le nouveau monnayage de la Grèce débute par les m. du président Capo d'Istria (1831). La Grèce qui avait adhéré à l'Union monétaire, en 1868, en fait partie depuis 1875 et frappe les mêmes m. que la France. Billets de la *Banque nationale* et de la *Banque ionienne*.

ROIS DE GRÈCE

*1832. Othon de Bavière.
*1863. Georges de Danemark.

ITALIE

Hérules et Ostrogoths. — L'empire d'Occident avait été détruit par Odoacre, roi des Hérules,en 476. A l'instigation de l'empereur Zénon, les Ostrogoths, conduit par leur roi Théodoric, envahirent l'Italie vers 489 et en chassèrent les Hérules (493). Mais au lieu de rendre l'Italie à l'empire, les Ostrogoths y fondèrent une monarchie dont le dernier roi Theia fut défait par Narsès et tué à la bataille de Mons-Lactarius (553). Narsès porta le titre de duc d'Italie jusqu'en 568. A cette époque Justinien fonda l'Exarchat de Ravenne, province centrale de l'Italie grecque, dont Astaulf, roi des Lombards, s'empara en 752. Aucune m. ne peut être attribuée avec certitude à Odoacre.

Le monogramme de Théodoric paraît sur des sous d'or d'Anastase frappés à Rome (RM) et à Ravenne (RV). Ce monogramme occupe le champ du ℟ sur les demi-siliques d'argent portant les noms et bustes d'Anastase et de Justin Ier (la lég. du ℟ est INVICTA.ROMA). Les siliques (24e du sou) et 1/2 siliques d'Athalaric portent le nom et le buste de Justin Ier et au ℟ le monogramme ou le nom du roi. Certaines pièces de cuivre offrent le nom de Justinien Ier, et sur d'autres le nom d'empereur est remplacé par les légendes INVICTA.ROMA (buste casqué) ou FELIX. RAVENNA (buste avec couronne murale). Des siliques et des bronzes de Teodath portent le nom de Justinien. Un bronze de 40 nummi offre le nom et le buste de Teodath avec couronne fermée ; au ℟, VICTORIA.PRINCIPVM.S.C. Victoire. Un autre bronze, pièce de 10 nummi, porte INVICTA.ROMA, comme le bronze de Witiges dont les siliques sont au nom de Justinien. C'est encore le même empereur qui paraît sur les siliques de Matasunda et de Baduila. Ce dernier roi frappa également une silique avec son propre nom des deux côtés, des *nummi* de cuivre au nom d'Anastase avec le monogramme de Baduila ou DN. REX.B ; enfin des p. de 10 et de 5 nummi avec le buste du roi et au ℞ FLOREAS.SEMPER ou le nom du roi dans une couronne. Citons encore une p. de 5 nummi de Baduila : FELIX.TICINVS (Pavie), buste de femme avec couronne murale. Les siliques de Theia sont au nom d'Anastase. Il existe un certain nombre de bronzes ostrogoths, sans nom de roi, qui portent un loup, un aigle, une victoire, un buste de femme avec couronne murale ; les légendes sont INVICTA.ROMA ou FELIX.RAVENNA ; au ℞, les chiffres X, XX, XL indiquent la valeur en *nummi*, et à l'exergue on trouve des dates exprimées par II, III, IV, V ou ,Γ Δ, E, etc. (Friedländer, *Münzen der Ostgothen*, 1844 ; Keary, *Coinages of western Europe*, 1879, p. 42.)

ROIS OSTROGOTHS

493. Theodoric.
526. Amalasunthe.
*526. Athalaric D.N.ATHALARICVS.REX.
*534. Theodath, D N.THEODATHVS.REX.
*536. Witiges, D.N.WITIGES.REX.
* » Matasunda, femme de Witiges (monogr.).
540. Ildibad.
541. Eraric.
*541. Baduila (Totila), D.N.BADVILA.REX.
*552. Theia (Thila) DOMNVS.THEIA.P.REX *ou* D.N.THILA.REX.

Rois lombards. — En 559, les Lombards appelés par Narsès vinrent en Italie : Alboin, leur chef, prit Pavie en 571 et se fit reconnaître roi d'Italie. Les conquêtes d'Astaulf qui menaçait l'Exarchat et la Pentapole, afin d'avoir toute l'Italie, amenèrent en 752 le roi Pépin, dont Etienne II avait imploré le secours. Pépin soumit les Lombards ; Charlemagne détruisit leur monarchie en 774.

Le royaume lombard qui atteignit son apogée sous Cunipert et Luitprand n'eut jamais une grande force, car Rome, Venise et Naples, reconnaissant l'autorité de l'exarque de Ravenne, se formaient en républiques indépendantes pendant que les ducs de Bénévent, de Spolète, Turin, Friuli, etc., se rendaient héréditaires.

Pavie, la capitale, Vérone et Lucques étaient les villes principales du royaume lombard. Le roi Rotharis établit une pénalité contre les faux monnayeurs, ce qui indique qu'il se considérait comme possédant dans son intégrité le droit de frapper, et de réglementer le numéraire de ses Etats : « Rex Rotharis. Si quis sine jussione regis aurum figuraverit, aut monetam confinxerit, manus ejus incidatur. (*Lex Longob.*, lib. I, t. XXVIII.)

Les m. lombardes sont complètement différentes par le type et le style des m. mérovingiennes ou de celles de l'empire. Au droit se trouve généralement le buste du prince. Au ℟, on voit Saint Michel debout ou un ange tenant un casque, accompagné de la légende SCS.MIHIBL ; une croix potencée ; une fleur avec FLAVIA.LVCA qui indique l'atelier de Lucques. Toutes ces m. sont en or, à l'exception d'une en argent sur laquelle on a cru déchiffrer le nom de Luitprand dans un monogramme (cf. Keary, *Coinages of Western Europe*, 1879). On a attribué à Cunipert de petites bractéates retrouvées en grand nombre près de Turin avec des m. de Charlemagne et de Didier.

Ce dernier prince frappa des m. d'or avec une étoile (*tremissi stellati*) dans les villes de Pavie, Lucques, Milan, Plaisance et peut-être Trévise. Une autre récemment publiée porte FLAVIA SIDRIO, Sutri ? (G. Brambilla, *Tremisse ined. al nome di Desiderio..*, Pavie, 1888.)

ROIS LOMBARDS

568. Albwin ou Alboin.	625. Ariowalt.
573. Cleph.	636. Rotharis ou Rudhar.
.... Gouvernement des 30 ducs.	652. Rodoald ou Rudwalt.
586. Autharis.	654. Aripert.
591. Agilhulf.	661. Pertharit et Gundbert.
615. Adelwalt.	662. Grimoald.

*672. Pertharit, PER (bractéates arg.) ?
*680. Cunipert (avec son père, 679-688), D.N.CVNINCPERT.
*702. Luitpert, LVTPR. — 702. Raginbert.
*702. Aripert II, DN.ARIPERTRX.
*713. Ansprand.
*713. Luitprand, DN.LTPRAN.
744. Hildebrand.
744. Rachgis.
*749. Astaulf, DN.AISTVLF.REX.
*756. Desiderius (Didier), + DN.DESIDER.
*774. Athalgis, monogramme.

Bénévent et Salerne. — Après la chute des rois lombards, Arigise, duc de Bénévent, qui tenait son fief de Didier, se révolta contre Charlemagne, se fit sacrer roi et battit monnaie. Mais il fut réduit à l'obéissance, ainsi que son fils Grimoald III auquel Charlemagne imposa la condition de graver le monogramme impérial sur la m. de Bénévent (*V. M. carolingiennes*). En 848, Sicard ayant été assassiné, le duché fut divisé en deux principautés. Celle de Bénévent fut attribuée à Radelgise, trésorier du dernier duc. et celle de Salerne devint la propriété de Siconulfe, frère cadet de Sicard. Louis II, fils de Lothaire, fit des règlements sur les m. comme le prouve le texte suivant : *Imperator Hludovicus : de falsa moneta jubemus ut qui eam percusserit et probatum fuerit, manus ejus amputetur, et qui hoc consenserit, si liber est, sexaginta solidos componat, si servus est, sexaginta ictus accipiat.*(*Lex Longob.*, l. I, t. XXXVIII.)

Les premières m. attribuées aux ducs de Bénévent sont des imitations des sous et tiers de sou avec le nom de Justinien, la tête de face, au ℞ une croix potencée sur trois gradins et la lég. VICTORIA.AVG. Dans le champ, divers monogrammes sur lesquels on a basé les attributions. Sous Grimoald III, le nom du duc paraît en toutes lettres et au ℞ celui de Charlemagne. Un denier d'argent du même duc porte son monogramme et au ℞ BENEBENTV, croix entre A et ω. Un curieux denier de Grimoald IV offre une sorte de fleuron et au ℞ une croix pattée, radiée, avec la lég. ARCHANGELVS.MICHAEL, inspirée sans doute par les pièces lombardes. Cette inscription se retrouve sur les sous et triens de Sigo, de Sicaredus et de Radelchis ainsi que sur les deniers de ces deux derniers ducs, (B. de Koehne, *Münzkunde Süd-Italiens..*, *Mém. soc. imp. d'Archéol. de Saint-Pétersbourg*, 1851, p. 340; Keary, *Coinages of Western Europe*, 1879, 98).

Le monnayage de Salerne est semblable à celui de Bénévent. On attribue à Siconolphe des m. avec un monogramme en croix et le titre PRINCES BENEBENTI ; au ℟, une croix potencée et le nom de l'archange Michel. Des taris d'or à lég. latines et arabes, portant le nom de Salerne, sont donnés à Guaimar Ier. Des taris d'or et des p. d'argent avec OPVLENTA SALERNO sont à partager entre les deux Gisulfe. Une m. de cuivre avec ATN peut être attribuée à Aténolphe (cf. Engel, *Num. Normands de Sicile*, p. 58).

DUCS DE BÉNÉVENT

651. Grimoald Ier, roi en 662.
663. Romoald Ier.
683. Grimoald II.
690. Gishulf Ier.
*707. Romoald II, R.
*721. Andelas (*monogr.*)
*722. Grégoire, G.
729. Godescalc, G ?
*733. Gishulf II, G.
*750. Luitprand, L.
*758. Arrigis, A.

*787. Grimoald III, GRIM ✝ VALD *ou* GR.
*806. Grimoald IV, GRIMOALD.FILIVS.ERMENRICI.
*817. Sigo Ier, SIGO.PRINCEPS.
*832. Sicaredus, ✝ SICARDV.
*840. Radelchis, RADELCHIS.PRINCEPS.
851. Radelgar.
854. Adelchis (*Voy.* tome Ier, p. 117).
878. Gaiderise.
881-84. Radelchis II, 897-900.
884. Ajo. — 890. Ursus.
892-96. Domination grecque.
896. Gui, duc de Spolète.
900-910. Atenhulf, prince de Capoue.
?943-1061. Pandulfus (PAN.PR), et Landulfus, (LAN.PR.)

DUCS DE SALERNE

*840. Siconolphe, SICONOLFVS.	978. Pandhulf Ier, prince de Capoue.
851. Sigo II.	981. Pandhulf II.
853. Ademar.	981. Manso, duc d'Amalfi.
*861. Waifre Ier, WAIFERIVS.	983. Iohannes.
880. Guaimar ou Waimar Ier	994. Waimar III.
?899. Atenolphe, ATN OU AD. PRI.	1030. Waimar IV.
900. Waimar II.	*1052-77. Gisulf III, GISVLFVS. PRICES.
*933. Gisulf Ier, GISVLFVS.	

Pépin et Charlemagne, par l'abaissement des Lombards, fondèrent la puissance temporelle des papes qui, à leur tour, approuvèrent l'empire d'Occident. Les empereurs frappèrent à Milan, Pavie, Lucques, Trévise, Ravenne et Pise. Les rois d'Italie firent de même. Ce royaume d'Italie qui comprenait la Lombardie, la Bavière et l'Alemannie ou Souabe méridionale, avait été créé par Charlemagne en faveur de son second fils Pépin. En 1002, le titre de *roi d'Italie* fut remplacé par celui de *Rex Romanorum*.

Venise mit sur ses deniers les noms de Louis Ier et de Lothaire Ier et on a beaucoup discuté pour savoir si ces pièces indiquaient une soumission véritable aux empereurs.

ROIS D'ITALIE ET EMPEREURS D'OCCIDENT

754. Pépin, roi de France, patrice des Romains.
*774. Charlemagne, roi de France, empereur en 800-814.
781. Pépin II, *dit* Carloman, roi de France.
812. Bernard, fils naturel de Pépin II.
*814. Louis Ier le Débonnaire, empereur en 813-840.
*820. Lothaire Ier, empereur en 817-831 ; de 840 à 855.
*844. Louis II, fils de Lothaire, empereur en 849-875.
*876. Charles II le Chauve, *id.* 875-877.

*876. Carloman de Bavière (vacance de l'empire de 877 à 881).
*879. Charles III le Gros, empereur en 881-887.
*888. Bérenger de Frioul, empereur en 915-924.
*888. Rodolphe II de Bourgogne.
*889. Gui de Spolète, empereur en 891-894.
*891. Lambert, fils du précédent.
*896. Arnould de Bavière, fils naturel de Carloman, empereur en 896-899.
*899. Louis III de Provence, empereur en 901-929.
Louis IV le Jeune, *id.* 908.
*926. Hugues de Provence.
*931. Lothaire, fils et collègue du précédent.
*946. Albéric de Toscane.
*950. Bérenger II d'Ivrée.
*950. Otton Ier le Grand, roi de Germanie, empereur en 961-973. Pour la suite des empereurs d'Occident, voyez *Allemagne*.

Après 1033, Conrad le Salique porta les titres de : empereur, roi des Romains, de Bourgogne, d'Arles, de Provence, de Lorraine, de Saxe, de Bavière et de Germanie.

Au XIe siècle, pendant la querelle des investitures, la plupart des villes se constituent en républiques, reçoivent de l'empereur des concessions monétaires et mettent sur la m. le nom du souverain qui leur a fait cette concession. Nombre d'évêques obtiennent de l'empereur des privilèges analogues, par exemple, l'archevêque de Ravenne (1065) et l'évêque de Padoue (1099). C'est au traité de Constance (1183) que l'empereur sanctionna définitivement les droits régaliens que les villes exerçaient déjà depuis longtemps. Le nom impérial resta encore sur les m., excepté à Rome, Sienne, Florence et Venise. Vers 1203, cette dernière ville, sous l'influence de l'art byzantin, crée le type du *sequin* (*Zecchino*), sur lequel on voit le doge recevant l'étendard des mains de Saint Marc, patron de la cité. En 1252, Florence émet le *florin* d'or portant la grande fleur de lis, des armoiries de la cité et au ℟, Saint Jean-Baptiste debout. Ce type eut une vogue immense et fut copié ou imité pendant trois siècles. A la fin du xve siècle, on vit paraître aussi le teston d'arg. importé en France par Louis XII. A citer aussi le type du *giulio* et du *gigliato* qui représentent un personnage, pape, prince, etc., assis sur un siège dont les bras sont en forme de lions.

L'Italie fournit encore une série considérable d'autres m. dont l'étude serait longue, m. qui prenaient souvent un nom spécial dans chaque ville. Nous avons cru pratique de donner la liste alphabétique des villes de l'Italie dont on a des m. et nous avons réservé un paragraphe spécial aux maisons royales de Savoie et des Deux-Siciles. Une liste de noms des familles italiennes facilitera le classement des pièces en permettant de se reporter aux villes. La plupart des m. italiennes portent des noms et représentations de divers saints. On trouvera par conséquent d'utiles indications dans la *liste des saints qui se trouvent sur les monnaies* (V. à la fin de ce volume).

NORMANDS DE SICILE ET D'ITALIE. — Robert Guiscard, un des fils de Tancrède de Hauteville, gentilhomme normand, se fit donner le titre de duc de Pouille et de Calabre par le pape Nicolas II (1059). Roger, frère de Robert, s'était emparé de la Sicile qui appartenait alors aux Sarrazins. Son fils Roger II réunit, en 1130, le duché de Pouille, Aversa, Gaëte, Naples et Amalfi qui formèrent alors le royaume des Deux-Siciles.

Les princes normands imitèrent les types byzantins et arabes, adoptant indifféremment l'invocation grecque : Ἰησοῦς Χριστὸς νικα, et la formule arabe : *Il n'y a de Dieu que lui seul, il n'a pas de compagnon.* Les Normands s'occupèrent aussi de réglementer la monnaie :

« II. Rex Rogerius. Adulterinam monetam cudentibus, vel scienter accipientibus pœnam capitis irrogamus et eorum substantiam publicamus. Consentientes etiam hac pœna ferimus. — III. Qui nummos aureos vel argenteos raserint, vel quocumque modo minuerint, tam personas eorum quam bona omnia publicamus. » (*Constit. Sicul. sive Napolit.*, lib. III, c. LX).

Les m. de Robert Guiscard sont, en or, à lég. coufiques et en cuivre à lég. latines. Ces dernières portent le buste du prince ; au ℟ le nom de Salerne et les murs de la ville. Sur les m. de ses successeurs, les types sont les suivants : buste de Saint Matthieu, des ducs ; le duc debout ou à cheval ; une tour, type habituel des m. frappées à Salerne. Sur les pièces de Roger Ier de Sicile, on voit le comte casqué à cheval et au ℟ la Vierge. Sur les m. des rois, sur les m. de cuivre comme sur les *taris* d'or, on voit souvent un grand T, qui rappelle peut être le nom de Tancrède, chef de la maison de Hauteville. Les autres types sont : une croix cantonnée du nom du prince ; une barque ; le Christ assis de face ; un Saint debout ; buste du roi ou le roi assis ; buste de Saint Janvier (S.IA) ; quadrupède courant ; tête de cheval ; tête de bélier ; aigle ; étoile ; globe crucigère ; sanglier ; cerf ; pomme de pin ; les sigles IC + XC + NI + KA ; porte ; lion ; calice ; poisson ; paon ; cygne ; ancre ; châtel ; trois tours ; griffon, etc.

Les ateliers monétaires des Normands sont : *Salerne, Amalfi, Mileto, Bari, Brindisi, Naples, Messine, Palerme, Capoue et Gaete*. Ces ateliers sont quelquefois indiqués en toutes lettres : ΕΓΙΝΕΤΟ ΕΙC ΤΗΝ ΠΟΛΙΝ ΜΕCCΗΝΗC, OPERATA IN VRBE MESSANE. CIVITAS.GAIETA, CIVITAS.CAPVANA. Quelques m. portent également une indication de valeur : MED.TERC, QVARTA.TERCENARII.

A signaler les ducats d'or de Roger II portant le buste du Christ et, au ℟, le roi Roger et le duc Roger, son fils (R.R.SLE et R.DX.AP), avec l'indication AN.R.X (*Anno regni decimo*) ; les ducats de Guillaume II et du duc Roger, son fils, copiés sur les précédents.

Une tradition populaire attribue au roi Guillaume Ier l'émission de m. de cuir, mais c'est sans aucun fondement (cf. *R. N.*, 1887, 333).

A Gaëte, les consuls et ducs frappèrent des m. anonymes avec CONSVL.ET.DVX. On possède aussi une pièce de Richard II (1121-1135) avec RIC.CON.ET.DVX.II (Spinelli, *Monete cufiche* ..., 1844 ; A. Engel, *Num. et Sigill. des Normands de Sicile et d'Italie*, 1882).

DUCS DE POUILLE

*1075. Robert Guiscard, RO ou ROBER.
*1085. Roger Borsa. ROGERIVS.DVX *ou* ROG.DVX.SALERNO, *ou* PΩKEPIOC.ΔOYΣ.
*1111. Guillaume. VV.DVX.APVLIE *ou* GVI.DVX.
*1127. Roger II. R.
Roger III.

ROIS DE SICILE

*1072. Roger Ier, grand-comte de Calabre et de Sicile. ROGERIVS.COMES.
Simon.
*1105. Roger II, roi de Sicile en 1130, ROGERIVS.COMES (*Calabrie Sicilie*), RO.RX, ROGERIVS.REX, R.II (*Rogerius secundus*), POΓEPI.PHΞ *ou* ANAΞ.
*1154. Guillaume Ier le Mauvais. W.REX.DVX.APVL.
*1166. Guillaume II le Bon, W.R.SICIL.DVCAT' APVL' PRINC.CAP *ou* W.REX.II.
*1190. Tancrède, TACD.REX, TANCRE.
1193. Tancrède et Roger III, son fils, rois.
1193. Tancrède et son-fils Guillaume III.
*1194. Guillaume III, G.R. *ou* GVI *ou* GVIL.

PRINCES DE CAPOUE

*1059. Richard Ier, RICHARD.PRINÇEPS.
*1106. Robert Ier, ROBERTVS.PRINCEPS.
*1136. Anfuse, *Anf*VSVS.P.
Anfuse et son père, le roi Roger. A.P. R̄ R.R.

NAPLES-SICILE. — Constance, fille et héritière de Guillaume II, ayant épousé l'empereur Henri VI, le royaume des Deux-Siciles passa dans la maison des Hohenstaufen. La maison d'Anjou s'en empara ensuite, mais ne gardant que Naples, fut contrainte d'abandonner la Sicile aux princes d'Aragon. Un de ceux-ci, Alphonse V, réussit à réunir momentanément Naples et la Sicile (1435-1458). Les deux royaumes, partagés entre deux branches de la maison d'Aragon, furent réunis par Ferdinand le Catholique en 1504. En 1720, Victor-Amédée, duc de Savoie, auquel la paix d'Utrecht (1713) avait donné la Sicile, céda cette province à l'Autriche qui reconstitua le royaume des Deux-Siciles (1721). La branche cadette de la maison de Bourbon régnant en Espagne devint propriétaire de ce royaume en 1735. Après les règnes de Joseph Bonaparte et de Joachim Murat, le royaume revint à la maison de Bourbon et fut annexé au royaume d'Italie en 1861.

Le monnayage des Deux-Siciles est très varié. A citer d'abord les deniers et les pièces d'or d'Henri VI (HE ou E.IMPERATOR) et de Constance (C.IMPERATRIX). Henri VI et Frédéric II frappent des augustales d'or (et 1/2) portant FE et *Henricus Cæsar Augustus*, etc., en légendes coufiques ; au ℞, une croix cantonnée de IC.XC.NI.KA. Frédéric II introduit l'aigle sur ces pièces et en frappe avec F.IMPERATOR ou avec son nom en arabe ; il frappe des *giulio* avec le titre de roi de Sicile, des gros, des deniers, etc., avec ceux d'empereur et roi. Les princes d'Aragon gardent l'aigle sur leurs m., tandis que la maison d'Anjou introduit le type de la salutation évangélique sur des p. d'or et d'argent. Charles Ier frappe aussi des gros tournois avec son titre de comte de Provence et Robert le *gigliato* à la croix fleurdelisée sur lequel on voit le roi couronné assis entre deux lions, type emprunté par Alphonse Ier d'Aragon qui émet, entre autres pièces, le ducaton d'or au cavalier armé et l'*alfonsino* avec son buste. Viennent ensuite, après les florins, les ducats de Ferdinand Ier avec son buste, les coronnats d'arg. avec le buste couronné ou le roi assis couronné par un cardinal, les carlins à l'aigle et au livre dans les flammes, les *cinquina* et *cavallo* de cuivre avec deux cornes d'abondance ou la croix de Jérusalem, les m. diverses de Philippe II avec HILARITAS.VNIVERSA ou FIDEI.DEFENSOR dans une couronne. Philippe reprend l'aigle de Sicile et la corne d'abondance sur les m. de cuivre. Sur une m. de ce métal, Charles II est nommé TRINACRIAE.REX, en souvenir du *triquetrum*, armes de la Sicile. Les m. postérieures n'offrent plus guère que des armoiries, l'aigle de Sicile et un génie sous François Ier et Ferdinand II (Spinelli, *Monete cufiche... nel regno delle due Sicilie*, 1844; Vergara, *Monete de' Reali di Napoli*, 1715; Lazari, *Le zecche e monete degli Abruzzi*, 1858; Al. Heiss, *Descr. gen. de las monedas hispanocristianas*, 1865-69; L. Blancard, *M. frappées en Sicile au* XIIIe *siècle*, *R. N.*, 1864).

ROIS DE SICILE

*1194. Henri VI, emp. d'Allemagne, et Constance, E,HE.C.
*1197. Frédéric Ier (II comme empereur), F, etc.
*1231. Frédéric III, FRDERIC'T.
*1250. Conrad Ier, emp.
1254-68. Conrad II dit Conradin, emp.
*1258-66. Mainfroi ou Manfred, son oncle, usurpateur.
*1266-82. Charles Ier d'Anjou.

ROIS DE NAPLES

*1282. Charles Ier d'Anjou.
*1285. Charles II d'Anjou.
*1309. Robert.
*1343. Jeanne et André de Hongrie, puis Louis de Tarente (L.ET.I).
*1381. Charles III de Durazzo.
*1386. Ladislas.
*1414. Jeanne II et Jacques de Bourbon.
*1382. Louis Ier d'Anjou.
1386. Louis II. *id.*
1417. Louis III. *id.*
*1438. René. *id.* R.

ROIS DE SICILE

*1282. Constance, fille de Mainfroi et Pierre Ier d'Aragon. COSTA.P.
*1285. Jacques Ier. IA.
1296. Frédéric II.
1337. Pierre II.
1342. Louis.
1355. Frédéric III.
*1377. Marie d'Aragon et Martin Ier.
1409. Martin II d'Aragon.
1410. Blanche, veuve de Martin Ier.

ROIS DE NAPLES (suite)

*1433. Alphonse Ier, roi d'Aragon, de Sicile et de Naples.
*1458. Ferdinand Ier.
*1494. Alphonse II.
*1495. Charles VIII, roi de France, et Ferdinand II.
*1496. Frédéric III.
*1501. Louis XII, roi de France.

ROIS DE SICILE (suite)

1412. Ferdinand, roi d'Aragon.
*1416. Alphonse Ier, roi d'Aragon.
*1458. Jean, roi d'Aragon.
*1479-1504. Ferdinand III le Catholique, roi d'Aragon.

ROIS DES DEUX-SICILES

*1504. Ferdinand d'Aragon.
*1516. Charles-Quint, empereur.
*1556. Philippe II, empereur d'Autriche.
*1598. Philippe III, roi d'Espagne.
*1621. Philippe IV, roi d'Espagne.
*1655. Charles II, roi d'Espagne.
*1701. Philippe IV de Bourbon, depuis roi d'Espagne.
*1707. Charles VI d'Autriche, roi de Naples; 1721, roi de Sicile.
*1735. Charles III de Bourbon, depuis roi d'Espagne.
*1759. Ferdinand Ier de Bourbon-Espagne.
*1806. Joseph-Napoléon (Naples).
*1808. Joachim Murat (Naples).
*1815. Ferdinand Ier (IV).
*1825. François Ier.
*1830. Ferdinand II.
*1859-60. François II.

SAVOIE, PIÉMONT, ÉTATS SARDES

Rodolphe, roi de Bourgogne, donna la Savoie et la Maurienne à Berthold, fils de Hugues, marquis d'Italie. Les comtes de Savoie acquirent successivement le duché de Génevois (distinct du comté de G.), le duché de Chablais, la baronnie de Faucigny et le comté de Tarentaise, puis la principauté de Piémont, comprenant le marquisat et le comté de Nice, la principauté de Monaco, la seigneurie de Verceil, la principauté de Messerano et le duché d'Aoste; aux XVIIe et XVIIIe siècles, le Montferrat, une partie du Milanais et la Sardaigne.

Les princes de cette maison, comtes de Savoie en 1027, prirent le titre de ducs en 1416, et celui de rois de Sardaigne en 1720. Ils s'intitulaient *rois de Chypre* depuis que Charles Ier le Guerrier eut hérité de ce titre à la mort de sa parente Charlotte de Lusignan (1487), Victor-Emmanuel devint roi d'Italie en 1861.

Il est possible que les premiers comtes aient monnayé dans l'atelier d'Aiguebelle où les évêques de Maurienne frappaient des deniers imités de ceux de Vienne, avec AQVABELLA. (*R. N.*, 1859, 487). En tous cas, la série monétaire paraît commencer seulement avec Humbert II.

Les m. d'Aymon, obole, fort blanc et gros douzain, ont une valeur respective de 2, 4 et 12 pites, qui est indiquée sur les m. par 2, 4 et 12 points.

Par une ordonnance de 1363, l'empereur Charles IV voulut imposer au Dauphiné et à la Savoie des types rappelant sa suzeraineté ; cette tentative resta sans résultat.

Sous Amédée IV, le nom SABAVDIA remplace celui de l'atelier de Suse. Les points placés sous différentes lettres sont des marques de monnayeurs.

Les premières armoiries furent l'aigle d'Empire ; l'écu à la croix d'argent paraît en 1292.

Amédée V inscrit sur ses m. le nom du Piémont, PEDEMONTENSIS, qui lui fut donné par l'emp. Henri VII, en 1310. Le titre *marchio* paraît sous Amédée VI, qui frappe le premier florin, au type de Florence. On ne connaît pas la signification de la lettre A qui figure dans le champ d'un grand nombre de m. de Savoie.

Sous Amédée VIII, la base monétaire était le florin de petit poids, valant 12 gros (le gros, 8 forts). Sous Amédée VIII commence la distinction entre les m. de cours de Piémont et de Savoie. Amédée IX émet le ducat d'or avec le cavalier. Le portrait apparaît sur les m. de Savoie, avec Charles Ier. A signaler les écus avec les bustes de Philibert II et de Iolande, d'Emmanuel-Philibert et de Marguerite de France.

Depuis Victor-Amédée II, des m. spéciales à la Sardaigne portent la croix cantonnée de quatre têtes humaines.

Voici les principaux types des m. de Savoie : étoile accostée de deux besants ; croix cant. de besants ; trois besants en ligne ; écu de Savoie ; croix cant. de AMED ; A, avec ou sans étoiles, remplissant le champ ; aigle à deux têtes ; écu de Savoie penché, surmonté d'un heaume, entre deux lacs d'amour ou FERT ; tête humaine ; FERT, entre deux traits ou dans un quadrilobe ; écu penché dans une couronne de lacs ; écu droit, avec heaume de face ; Saint Maurice d'Agaune à cheval ; Saint Maurice debout ; types du florin, du sequin, du gros tournois ; écu en losange ; s remplissant le champ ; le duc à cheval ; écu surmonté de FERT et accosté de trois lacs ; initiales du nom des ducs dans le champ ; bustes tenant souvent une épée ; cheval en liberté ; écu avec un ou deux lions comme supports ; éléphant et béliers ; croix de Malte ; Saint Charles debout ; compas ; centaure ; bras armé ; bannières passées dans une couronne ; la Justice sur un nuage ; l'Annonciation, etc.

Les dates d'émission paraissent sous Charles II.

Les divers ateliers monétaires de la Savoie sont :

Aiguebelle, Suse (depuis Humbert II, SECVSIA) ; *Chambéry* (depuis le XIIIe siècle) ; *Saint Maurice d'Agaune*, en Valais (XIIIe siècle, avec l'image du saint); *Saint Symphorien d'Ozon* (depuis Philippe, XIVe siècle) ; *Bourg* (depuis Aymon; cédé à la France, 1601) ; *Pont-d'Ain* (depuis 1338); *Saint-Genix* (de 1341 à 1355) ; *Yenne* (XIVe siècle) ; *Pierre-Châtel* (1355-59) : *Nyon ; Aix-les-Bains* (XVe siècle) ; *Cornavin* (près Genève ; de 1448 à 1530) ; *Montluel* (de 1503 à 1530) ; *Gex* (1584-88) ; *Bielle* (Bresse ; 1640-42).

Dans le Piémont, Turin (T) et Verceil (VER) sont les principaux ateliers.

Branche de Vaud. — Louis Ier, devenu seigneur de Vaud en 1285, frappa, dans l'atelier de Thierrens, près Moudon, des contrefaçons de l'évêque de Lausanne. L'emperceur Albert ordonna le transfert de cet atelier à Nyon (1299), où Louis II continua le même monnayage. En 1308, il fit un accord avec l'évêque, qui reçut le quart des bénéfices. En 1350, la seigneurie de Vaud revient au comte Amédée VI, qui conserve l'atelier de Nyon.

Branche d'Achaïe. — Les comtes de Maurienne, issus de Thomas Ier, devinrent comtes du Piémont (par la cession d'Amédée IV à son frère Thomas II, 1244), et princes d'Achaïe et de Morée (par le mariage de Philippe de Savoie avec Isabelle de Villehardouin, 1301). Philippe, Jacques, Amédée et Louis frappèrent des m. diverses, avec TORINVS.CIVIS, l'écu de Savoie brisé d'une bande, et le titre de *princeps Achaie* (D. Promis, *Monete dei Reali di Savoia*, 1841 ; A. Perrin, *Catalogue du médailler de Savoie, Musée de Chambéry*, 1882).

Royaume d'Italie. — Par la convention de 1865, l'Italie fait partie de l'*Union monétaire* et frappe les mêmes m. que la France. Il y a aussi une m. fiduciaire, composée de coupures de papier émises par six banques.

COMTES, PUIS DUCS DE SAVOIE

1000. Berold, Berald, Berthold, comte de Maurienne.
1024. Humbert Ier aux Blanches Mains, petit-fils de Louis III l'Aveugle, roi de Bourgogne, et fils de Charles-Constantin, comte de Vienne, épousa la fille de la reine Ermengarde et du comte de Manassès.
1048. Amédée Ier.
1050. Pierre Ier, marquis.
1070. Amédée II, frère du précédent.
*1080. Humbert II, marquis de Suze et Turin. VMBERTVS.
*1108. Amédée III, comte de Savoie. AMEDEVS.
*1148. Humbert III, *id.* VMBERTVS.
*1188. Thomas, *id.* vicaire général de l'empire en Piémont et Lombardie.
*1233. Amédée IV, comte de Savoie, duc de Chablais et d'Aoste, vicaire général de l'empire. AMEDEVS.

*1253. Pierre II, dit le Petit Charlemagne, frère du précédent, et Boniface, son neveu. PETRVS.
* 1268. Philippe, archevêque de Lyon, frère d'Amédée IV.
*1285. Amédée V, fils de Thomas, comte de Maurienne, et frère d'Amédée IV ; il fut prince de l'empire. AMEDS.
*1323. Édouard. EDVARD.
*1329. Aymon, frère du précédent. AIMO.
*1343. Amédée VI, dit le *Comte Vert*. AMEDEVS.
*1383. Amédée VII, le *Rouge*, *id.*
*1391. Amédée VIII, duc, comte de Genève, *id.*
*1439. Louis. LVDOVICVS.
*1465. Amédée IX. AMEDEVS.
*1472. Philibert Ier. PHILIB'.
*1482. Charles Ier. KAROLVS.
*1490. Charles II. KAROLVS.R̸ BLANCA.D.S.TVTRIX.
*1496. Philippe, frère d'Amédée IX. PHILIPVS.
*1497. Philippe II le Beau. PHILIBTVS.
*1504. Charles III, frère du précédent. CAROLVS.
*1553. Emmanuel-Philibert. EM.PHILIB *ou* FILIB.
*1580. Charles-Emmanuel Ier. CAR.EM.
*1630. Victor-Amédée Ier. V.AMEDEVS.
*1637. François-Hyacinthe.
*1638. Charles-Emmanuel II, frère du précédent.
*1675. Victor-Amédée II, roi de Sicile en 1713, et de Sardaigne en 1720.
*1730. Charles-Emmanuel III.
*1773. Victor-Amédée III.
*1796. Charles-Emmanuel IV.
*1802. Victor-Emmanuel.
*1821. Charles-Félix.
*1831. Charles-Albert.
*1849. Victor-Emmanuel II.

PRINCES DE PIÉMONT

1244. Thomas, comte de Piémont, de Flandre et de Maurienne, fils de Thomas, comte de Savoie.

1259. Thomas II, comte de Maurienne et de Piémont.
*1282. Philippe, *id.*, prince d'Achaïe et de Morée.
*1334. Jacques, *id.*
*1367. Amédée, *id.*
*1402. Louis, frère du précédent.
1418. Réunion du Piémont au duché de Savoie.

BARONS DE VAUD

*1284. Louis Ier, baron de Vaud, seigneur de Bugey, fils de Thomas Ier, comte de Piémont, de Flandre et de Maurienne.
*1302. Louis II.
1350. Catherine, dame de Vaud; vend ses fiefs à Amédée VI, comte de Savoie

ROIS D'ITALIE

*1861. Victor-Emmanuel II.
*1878. Humbert Ier.

VILLES ET ÉTATS DIVERS DE L'ITALIE

Acquabella. — De 1060 à 1091. Anonymes des comtes de Savoie (*Voy.* p. 222.)

Acqui. — 1240-1329. Evêque Oddone Bellingeri.

Alba. — Terline et Soldi, vers 1539.

Alexandria. — 1176-1348. Autonomes (tête de saint Pierre).

Amalfi. — Mastalo (914), et Mansone III, ducs et consuls ; incertaine avec AMABILIS.

Amatrice. — Ferdinand d'Aragon (1458), r. de Naples.

Ancona.—Autonomes, XIIIe et XIVe siècles. (S.QVIRIACVS). Les papes, de 1389 à 1798 (℟ S. PETRVS.MARCHIA *ou* ANCONA).

Antignate. — Giovanni II Bentivoglio obtint, en 1494, de l'empereur Maximilien Ier, le privilège de battre m. à

Antignate. Selon quelques auteurs, les m. auraient été frappées à Bologne, avec des coins gravés par Francia.

Aosta. — Princes de Savoie, 1393-1590 (AVGVSTE.PRETORIE).

Aquila. — Les rois de Naples, de 1382 à 1494. Innocent VIII, Charles VIII et Louis XII (AQ, AQLA, DE.AQVILA ; aigle, lion).

Arezzo. — Hugues Ier, marquis de Toscane (960), frappa m. au type des Carolingiens; autonome; Guido Tarlato di Pietramala, évêque (1313). L'atelier ferme sous la domination florentine, au XIVe siècle (DE.ARITIO, ARRETIVM).

Arquata. — Privilège de Ferdinand III, en 1641. Les marquis Spinola, de 1641 à 1694.

Ascoli. — Autonomes des XIIIe et XIVe siècles, Ladislas, roi de Naples ; les papes de Martin V à Léon X, qui ferme l'atelier. Francesco Sforza (1433). Pie VI et République romaine (1798) (DE.ASCVLO *ou* ASCHOLO *ou* ESCVLO).

Asti. — Concession à la commune par Conrad II, en 1140 ; autonomes avec le nom de cet empereur, XIIe-XIVe siècles : les marquis de Montferrat ; Charles et Louis, ducs d'Orléans ; Louis XII, François Ier ; Charles-Quint ; Emmanuel-Philibert. Atelier fermé sous Charles Emmanuel Ier de Savoie (ASTENSIS).

Atri (Hadria). — Les ducs Giosia Aquaviva (1459), et Matteo di Capua (1462).

Avigliana. — Les comtes de Savoie, de 1297 à 1405.

Bardi. — Donné en 1551, par Charles-Quint, au prince Frédéric Landi.

Barletta. — Charles Ier d'Anjou, roi de Sicile, 1267.

Belgiojoso. — Le prince Antonio da Barbiano, 1769 (sequin, écu, frappés à Vienne ?).

Belmonte. — Le prince Antonio Pignatelli, 1733.

Benevento. — Les ducs ; autonomes ; les papes de 1074 à 1118 ; bractéate pontificale du IXe siècle.

Bergamo. — Autonomes au nom de Frédéric II, XIIIe-XIVe siècles ; le doge P. Cicogna, 1589 (PGAMVM, PERGAMENSIS).

Biella. — Atelier de Charles-Emmanuel II, en 1642.

Bologna. — Privilège de Henri IV. Autonomes ; les

Pepoli et Visconti, 1337-54 ; les papes, 1360-1860. Atelier fermé en 1861 (BONONI — A ; sur beaucoup de m., l'A final est placé au milieu du champ, disposition qui a été imitée par Ferrare, Crémone, Mantoue, etc., sur des m. d'arg. auxquelles on donne le nom de *bolognino*). Lion avec étendard, saint, clefs en sautoir, Saint Petronius assis, buste de Saint Jean, etc.

Borgonuovo della Rocchetta. — Les Spinola, en 1669.

Borgo S. Stefano. — Les Doria, en 1668.

Borgotaro. — Privilège accordé aux Fieschi, par Guillaume de Hollande, roi des Romains, en 1249. Le prince Sinibaldo Fieschi, 1502-24. (PRIN.VAL.TARI).

Bozzolo. — Privilège donné, en 1593, par l'empereur Rodolphe. Les Cesare Gonzaga, 1593-1671. L'atelier ferme à cette date (P. BOZOL).

Brescello. — Alphonse II d'Este, duc de Ferrare, 1571-97 (BRIXILLI).

Brescia. — Autonomes, 1189-1336 ; Pandolphe Malatesta, 1404-21 (BRISIA, BRIXIE).

Brindisi. — Princes normands ; Henri VI à Conrad ; Ferdinand Ier et II d'Aragon ; augustales de Frédéric II, gravées par Nicolas Pisano.

Busca. — Le marquis Manfredi Lancia, 1299.

Cagliari. — Alphonse V d'Aragon ; Ferdinand V de Castille, les rois d'Espagne, 1517-1708 ; Charles VI, empereur : les princés de Savoie, rois de Sardaigne, depuis 1721. Atelier fermé en 1812 (atelier indiqué par SARDI.REX.). Gros des Gherardesca, 1289-95 (*Z. f. N.*, 1884, 388).

Camerino. — République, 1259-1444 ; Sixte IV ; les seigneurs de Varano, 1444-1538 ; Paul III, Octave Farnèse, etc. (CAMMERENO, CAMERINA, CAMERTIVM.DVX) (Santoni, *Zecca e M. di C.*, 1875).

Campi. — Les Centurioni-Scotti et Serra, 1654-1669.

Campobasso. — Niccolo II de Monfort, comte, 1450-62 (COM.CAMPIBASSI).

Candia (Crète). — Venise et les doges, 1632-1659.

Capoue. — Les princes normands ; le pape Jean VIII.

Carmagnola. — Les marquis de Saluce, 1475-1548.

Carrega. — Concession donnée aux Doria ; aucune m. connue.

Casale. — Les marquis de Montferrat et les ducs de Mantoue, 1381-1697 (MONTIS.FERRATI ; CASAL, CASALE). Saint Martin et le marquis ; cavalier ; aigle ; armoiries ; saints à cheval ; cerf ; bustes des marquis, de la Vierge. Gros, 1/2 et 1/4, écu d'or, cavallo, blanc, teston, écu d'argent, sesino, etc. (D. Promis, *M. dei Paleologi, marchesi di Monferrato*, Turin, 1858).

Castel Durante. — Guidubaldo Ier de Montefeltro, duc d'Urbin, 1482-1508. M. frappée à Urbin.

Castelleone. — Cabrino Fondulo, seigneur, 1420-24.

Castelsardo. — Nicolo Doria, seigneur, 1436-48.

Castiglione dei Gatti. — Les Pepoli, 1475-1713.

Castiglione del Lago. — Ferdinand II de Médicis, grand-duc de Toscane, 1643 (CATS.PRIN.).

Castiglione delle Stiviere. — Les Gonzague, 1580-1723 (CASTIGL.A.STIVERIIS, CASTILIONIS, CAST.PRIN.).

Castro. — Pierre-Louis Farnèse, duc, 1545-47 (CASTR, DVX.CASTRI).

Cattaro. — République de Venise, 1420-1638 (chATARENSIS).

Céphalonie. — République de Venise, 1730-35.

Ceva. — Guillaume et Boniface, marquis, 1324-51.

Chieti. — Alphonse Ier d'Aragon, 1443-58 ; Charles VIII, r. de France, 1495 (TEATINA.CIVITAS).

Chiusi. — Autonomes du XIVe siècle.

Chivasso. — Manfred, marquis de Saluce (1305-10) ; Théodore et Jean Ier, marquis de Montferrat, 1306-71. Atelier transporté à Casale vers 1400.

Cisterna. — Le prince Giacomo del Pozzo, reçut de Clément IX, en 1660, un privilège monétaire qui fut confirmé par Clément X.

Civitaducale. — Autonomes, XVe siècle.

Civitavecchia. — Pie VI, 1775-99.

Cocconato. — V. Passerano (COCO).

Como. — Autonomes, XIIe-XIIIe siècles et 1447 ; les Rusca et Azzone Visconti, 1327-1412 ; Lothaire IV (CVMANVS, CVMIS, CVMARVM).

Compiano. — Concession faite aux Landi par Charles-Quint, en 1552. Atelier fermé en 1630.

Corfou. — Manfred, roi de Sicile ; Philippe de Tarente ; république de Venise.

Correggio. — Les d'Austria, comtes, 1550-1630 (CO, COR, CORRIGII) (Bigi, *Di Camillo e Siro da Correggio e delle loro monete*, Modène, 1870).

Corte (Corse). — Théodore, roi de Corse, 1736 ; autonomes, 1764-68.

Cortemiglia. — Les Carretto, XIVe siècle ; leurs m. étaient appelées *carrettini* (*Rev. belge*, 1865, 427).

Cortona. — Autonomes du XIIIe siècle.

Crema. — Giorgio Benzoni, seigneur, 1406 (DOMINVS. CREME).

Cremona. — Concession monétaire donnée par Frédéric II, en 1155. Autonomes jusqu'en 1330 ; Jean, roi de Bohême, 1331 ; Azzo Visconti, 1335 ; Cabrino Fondulo, 1413-20 ; les Sforza, 1441-1535 (CREMON, CREMONA) ; serpent, croix. *Bolognino*, gros, 1/2 gros, *quattrino*, *sesino*, denier, etc.

Crevacuore. — Les Fieschi, XV-XVIe siècles (CREPACHORII).

Cuneo (*Coni*). —Charles II d'Anjou ; Robert et Jean Ier, de Piémont, 1309-81.

Desana (Déciane). — Concession faite à Louis II Tizzone (1510-25) par Maximilien Ier ; François Mareuil ; Pierre Bérard ; Philippe Tornielli ; les Tizzone, 1529-1693 ; atelier cédé au duc de Savoie, qui le ferma (DECI.CO; DECIENSIS ; DECIAN.COM.) (D. Promis, *Monete della zecca di Dezana*, Turin, 1863).

Dogliani. — Jean, marquis de Saluce, XIVe siècle.

Domodossola. — Jean Visconti, évêque de Novare, 1329-42 ; m. frappées à Novare (COMES.OSSOLE).

Donnazzo. — Les comtes de Savoie, 1338-1400.

Fabriano. — Concession du pape Pie II, en 1464 ; autonomes ; Jules de Médicis, pour Léon X (1520-23) ; Clément VII ; l'atelier ferme à sa mort, 1533 (D.FABRI).

Faenza. — Les Astorgio Manfredi, 1448-1501 (Argnani, *Cenni storici sulla Zecca.. dei Manfredi*, Faenza, 1886).

Fano. — Pandolphe Malatesta, 1384-1427 ; autonomes ; les papes, 1472-1605. Pie VI, 1795 (FANVM, CIVITAS.FANI).

Feltre. — Concessions de Conrad III (1140), et de Frédéric Ier (1179), à l'évêque de Feltre. Aucune m. connue.

Fermo. — Concession d'Otton IV, en 1220 ; Boniface IX ; Louis Migliorati, 1425-28 ; les papes, 1428-1518 ; François Sforza, 1434-46 ; autonomes, 1500 (DE.FIRMO, DE.FIRMANIS, VB.FIRMANA).

Ferrara. — Concession de Frédéric Barberousse ; autonomes ; la famille d'Este, 1344-1597 ; les papes, 1598-1754 FERARIA, DE.FERARI). Sequin, teston, gros, quattrino, écu d'or, etc. (V. *Modène*).

Finale. — Marquis de Carretto.

Firenze (Florence). — Autonomes, 1189-1532 ; les Médicis, 1533-1737 ; Virginie, duchesse de Modène, 1586 ; maison de Lorraine, 1737-1801, 1805-1859 ; maison de Bourbon, 1801-1807 ; gouvernement provisoire, 1859 ; atelier fermé en 1861 (FLORENTIA, SENATVS.POPVLVS Q.FLORENTINVS ; florin d'or et d'arg., guelfo, gros de 5 soldi, gros, carlin, écu d'or et d'arg., teston, giulio, sequin, quattrino, etc. ; Saint Jean-Baptiste debout, lis de Florence ; armoiries, bustes, etc.).

DUCS DE TOSCANE

828. Boniface, comte de Lucques et marquis de Toscane.
845. Adalbert Ier, duc et marquis.
890. Adalbert II, *id.*
917. Gui.
929. Lambert, frère du précédent.
931. Boson.
936. Hubert, duc de Toscane et de Spolète, marquis de Camerino.
961. Hugues le Grand.
1001. Adalbert III.
1014. Raginaire ou Reinier.

1027. Boniface II de Modène.
1052. Frédéric Boniface.
1055. Béatrix de haute Lorraine, mère du précédent, et Geoffroy le Barbu.
1076. Mathilde et Welf de Bavière, de la maison d'Este.
1115. Henri V, empereur.
1116. Ratbod, gouverneur pour l'empereur.
1119. Conrad, duc de Ravenne, *id.*
1131. Rampret, *id.*
1133. Henri, duc de Bavière, *id.*
1139. Ulderic, *id.*
1153. Welf d'Este, frère de Henri de Bavière, gouverneur pour l'empereur.
1195. Philippe, cinquième fils de l'empereur Frédéric Ier, gouverneur pour l'empereur.
12... *République de Venise.*
*1533. Alexandre de Médicis, premier duc de Florence, ALEXANDER.
*1536. Cosme de Médicis, duc de Florence, COSMVS, MED.
*1574. François-Marie de Médicis, grand-duc, FRAN. MED.
*1587. Ferdinand Ier de Médicis. FERD.M.
*1608. Cosme II de Médicis.
*1620. Ferdinand II de Médicis. FERD.II.
*1630. Christine de Lorraine, veuve de Ferd. Ier.
*1670. Cosme III. COSMVS III.
*1723. Jean Gaston.
*1737. François de Lorraine, depuis empereur.
*1765. Pierre-Léopold-Joseph de Lorraine.
*1790-1801 et 1814-1824. Ferdinand III.
*1803-1807. Charles-Louis, marquis de Toscane ou Étrurie ; Marie-Louise, régente.
*1824. Léopold II.

Forli. — Les Riario, qui reçurent en 1477, de Sixte IV, le droit de monnayer à Imola et dans le comté (1477-99).

Fosdinovo. — Concession de Léopold Ier en 1666 ; les Malaspina ; atelier fermé en 1671.

Fossombrone. — M. frappées à Urbin, 1482 (DE.FOROSEMBRONIO).

Frinco. — Concession de Frédéric IV, en 1487 ; les comtes Mazzetti, 1580-1601 (FRIN, FRINGI. Le lion vénitien ailé) ; *sesino* de cuivre.

Fuligno. — Conrad II Trinci (1438) ; les papes, 1439-1534 ; Pie VI et la République romaine (DE.FVLIGINEO, FVLIGNEO).

Gaeta. — Les Lombards ; les Normands (GAIETA).

Garfagnana. — M. de César d'Este battues à Modène.

Gazzoldo. — Concession de Charles VI ; les comtes S. et Annibal degli Ippoliti, 1591-1663 (CO.GAZOLDI).

Genova (Gênes). — La commune de Gênes obtint de Conrad II, en 1139, une concession monétaire ; c'est pourquoi le nom de ce prince se trouve sur la majeure partie des m. de cette ville ; autonomes, 1140-1339 ; les doges, depuis Simon Boccanegra, 1339-1488 ; Boucicaut, gouverneur, 1406 ; Philippe Marie Visconti (1421-36) ; François et Gal. Marie Sforza (1464-67); Prosper Adorno, gouverneur pour le duc de Milan (1477) ; J. Gal. Marie et Louis Sforza (1488-1500); les rois de France ; les doges, 1528-1789; gouvernement démocratique, 1798-1805; Napoléon; République, 1814 ; les rois de Sardaigne, 1823 (IANVA, CIVITAS.IANVE, DVX.IANVENSIVM ; REIP.GENV.). Denier ; gros ; genovino d'or et divisions ; écus d'or et d'arg. ; testons ; ducaton et 1/2, etc. Le type ordinaire est une sorte de castel, dit *portail génois* et, au ℞, une croix dans un entourage de lobes. Jusqu'à la fin du xve siècle, le doge sous lequel a été frappée la m. est indiqué par un nombre ordinal en chiffres romains ; depuis le commencement du xve siècle, les doges mettent leurs initiales sur la m.; la dignité devient biennale à partir de 1528, mais les m. ne portent plus le nom des doges ; on peut lés classer à l'aide des dates.

DOGES DE GÊNES

*1339. Simon Boccanegra, DVX.IANVENSIVM.PRIMV'.
*1345. Jean Murta, IIe doge.
*1350. Jean Valente, DVX.IANVE.TERCIVS.
*1356. Simon Boccanegra, DVX.IANVENSIVM.QVARTV.
*1363. Gabriel Adorno.
*1370. Daniel Campofregoso.
*1378. Antoniotto Ier Adorno.
*1384. Nicolas Guarco, DVX.IANVENSIVM.OTAVVS.
*1388. Léonard Montaldo, *id.* DECENA.
*1392-93. Antonio Montaldo.
*1413. Georges Adorno.
*1415. Barnabé Guarco.
*1415-21. Thomas Campofregoso, T.D.C.DVX.IANVENS XVIIII.N.
*1436. Le même, T.C.DVX.IANVENSIVM.XXI.
*1443. Raphael Adorno, R.A.DVX.IANV.XXIII.
*1447. Barnabé Adorno.
*1447. Gian Campofregoso.
*1448. Louis Campofregoso.
*1450. Pierre Campofregoso, IOhS.P.C.DVX.IANV.XXVI.
*1461. Prosper Adorno.
*1461. Louis Campofregoso.
*1463. Paul Campofregoso, P.C.DVX.IANVE.XXVIII.
*1478. Baptiste Campofregoso, B.C.DVX.IANVEN.XXX.
*1483-88. Paul Campofregoso.
*1532. Antoniello II Adorno, ANTONIOTVS.ADVRNVS.
*1528. Uberto Cattaneo.
*1531. Baptiste Spinola.
*1533. Baptiste Lomellini, etc.

Guardiagrele (Abruzze citérieure). — Ladislas (1391-1405) et Jeanne II, de Naples (GVAR).

Guastalla. — Concession de Ferdinand Ier, roi des Romains, en 1557 ; les Gonzague, 1570-1678 et 1729-46 (GVA *ou* GVAS.DS *ou* DVX).

Gubbio. — Les Montefeltro, 1404-1444 ; les ducs d'Urbin, 1444-1631 ; les papes, 1646-1798 (DE.EVGVBIA, EVGV-BII, EVGVBIVM).

Incisa. — Les marquis d'Incisa, vers 1300 (MARCHIONV. ACISE).

Ivrea. — Autonomes du XIVe siècle (avec le nom de Frédéric Ier ; YPORIA).

Lavagna. — Les Fieschi, XVIe siècle (COM.LAVANIE).

Lecce. — Les rois de Naples, 1495-99.

Lecco. — J. Jacques Médicis, 1431 (CO.LEVCI).

Lesina. — Autonomes de Venise, 1549.

Livorno. — Les grands-ducs de Toscane, 1655-1737. (LIBVRNI.)

Loano. — Concession de Charles V en 1547 ; les J. André Doria, princes et comtes, 1590-1640 ; les Lomellini, 1644-1700 (COMES.LODANI).

Lodi. — Autonomes, 1250 ; Jean da Vignate, 1410-13 (LAODE, LAVDENSIS).

Loreto. — Autonomes, XIVe siècle.

Lucca. — Rois lombards ; les empereurs, de Charlemagne à Henri V (1125) ; autonomes, depuis Otton IV, 1200-1342 ; République de Pise, 1342-69 ; Elisa Bonaparte et Félix Baciocchi, 1805-14 ; Charles-Louis de Bourbon, 1815-47 (LVCA, RESPUBLICA.LVCENSIS; SANCTUS VULTUS, tête du Christ).

Maccagno. — Concession de Ferdinand II au comte Jacques III Mandelli, 1622-45 (*Rivista della Numismatica*, Asti, 1864-1866, I, pl. IV, 3, 4).

Macerata. — Boniface IX, 1392 ; autonomes, 1404 ; les papes, 1471-1590 ; 1795 (DE.MACERATA, MACER..).

Malta. — V. *Rhodes.* L'Etat formé par l'ordre des hospitaliers de Saint-Jean cessa lorsque Napoléon Ier s'empara de Malte en 1798. Jean d'Homèdes frappe à Malte en 1539, la première m. des gr. maîtres, avec l'agneau pascal et le champ écartelé aux armes de l'ordre et de sa famille. On a ensuite : des sequins, testons et 1/2, des m. de cuivre de 2 et 4 tari (T. 2 ; T. 4), des tari d'arg., des doubles et quadruples sequins, des p. de 5 et 20 écus d'or, des écus d'arg. de T.XXX (30 tari) système français ; armoiries, bustes, Saint Jean. Les dernières m. sont de très mauvais style. (Furse, *Mémoires numism. de l'ordre de St-Jean de Jérusalem*, Rome, 1885).

GRANDS MAÎTRES DE SAINT-JEAN DE JÉRUSALEM

1534. Pierre Du Pont.
1535. Didier de Saint-Jaile.
*1536. Jean d'Homèdes.
*1553. Claude de la Sengle.
*1557. Jean de Lavalette Parisot : ce grand maître, pour faciliter le commerce, fit frapper des monnaies de convention de cuivre qui portaient lalégende *non æs sed fides*.
*1568. Pierre de Monté.
*1572. Jean Levesque de la Cassière.
*1582. Hugues de Loubens Verdalle.
*1595. Martin de Garzez.
*1601. Alof de Wignacourt.
*1622. Louis Mendez de Vasconcellos.
*1623. Antoine de Paule.
*1636. Paul Lascaris Castellard.
*1657. Martin de Redin.
*1660. Annet de Clermont.
*1660. Raphaël Cotoner.
*1663. Nicolas Cotoner.
*1680. Grégoire Caraffa.
*1690. Adrien de Wignacourt.
*1697. Raimond Pérellos de Rocaful.
*1720. Michel-Antoine Zondodari.
*1722. Antoine-Manuel de Vilhena.
*1736. Raimond-Despuig de Montanègre.
*1741. Emmanuel-Pinto de Fonseca.
*1773. François-Ximenès de Texada.
*1775. Emmanuel de Rohan.
*1797. Ferdinand de Hompesch.

Manfredonia. — Manfred de Souabe, Conrad II ; l'atelier fut transféré à Brindisi en 1268.

Manopello. — Le comte Pardo Orsini, 1495 ; concession du roi de France Charles VIII.

Mantova. — Evêques anonymes, 1150 ; autonomes, 1200-1359 ; les Gonzague, capitaines-généraux (1329), marquis (depuis Jean-François, 1407-44) jusqu'à 1707 ; les empereurs d'Autriche, 1711-1797 (le nom VIRGILIVS ; MAN-

TVE, DE.MANTVA ; DVX.MANT). — Denier, obole, gros, bologino, sessino, teston, 1/2 teston, grossetto, giulio, écu d'arg., écu d'or, sequin, 40 sesini d'arg., 30 soldi, 80 soldi, 20 s., quattrino, etc.; XPI.IHESV.SANGVINIS, etc., armoiries, bustes des ducs, sainis debout, ostensoir, etc. (A. Portioli, *La zecca di Mantova*, 1879-80).

DUCHÉ DE MANTOUE

12... Après la mort de la comtesse Mathilde, les Mantouans s'étaient constitués en république ; ils se soumettent à Louis, comte de San Bonifacio.
1272. Pinamonte Bonacossi, seigneur de Mantoue.
1293. Bardellone Bonacossi, *id.*
1299. Bottesilla Bonacossi, *id.*
1310. Passerino et Bectirone Bonacossi, *id.*
*1329. Louis Ier de Gonzague, capitaine de Mantoue.
*1390. Gui *id.* *id.*
*1369. Louis II, capitaine de Mantoue.
*1382. François Ier. *id.* FRANCISCHVS.
*1407. Jean-François, marquis de Mantoue. IOHS.FRACISC.
*1444. Louis III, marquis de Mantoue. LVDOVICVS.
*1478. Frédéric Ier, *id.*
*1484. Jean-François II, *id.* FRANCISCVS.
*1519. Frédéric II, premier duc de Mantoue et marquis de Montferrat. FED.
*1540. François III. FRAN.
*1530. Guillaume et Marguerite. MAR.E.GVL. GVLLIEL.
*1587. Vincent Ier, VINCENTIVS.
*1612. François IV.
*1612. Ferdinand.
*1627. Vincent II, frère du précédent.
*1628. Charles Ier, fils de Louis de Gonzague, duc de Nevers et petit-fils de Frédéric II.
*1637. Charles II, petit-fils du précédent, et Marie, régente jusqu'en 1647.
*1635. Ferdinand-Charles Gonzague et *Isabelle Claire d'Autriche.
1709. L'empereur s'empare du duché de Mantoue et donne le Montferrat à la Savoie.

Massa Lombarda. — Le marquis François d'Este, 1564-78 (MASSE.LOMBARDR.).

Massa di Lunigiana. — Concession de l'empereur Ferdinand Ier ; les Malaspina, princes et ducs, 1559-1792 (MAS, MASSAE.P.).

Massa di Maremma.— Autonomes, XIVe siècle.

Matelica. — Pie VI, 1795-98 (MATELICA).

Medule. — François de Gonzague, 1593 ; Ferdinand de G., 1612-26 (MARCHIO.MEDVLAR, MEDV.ETC).

Merano. — Les comtes de Merano, 1240-1295 ; les comtes de Tirol et la maison d'Autriche, 1380-1480 (COMES. TIROLIS ; DE.MARANO). (*Voy.* p. 171 ; cf. *Num. Zeitsch.*, 1889).

Messerano.—Anonymes des Fieschi, XVe et XVIe siècles ; les Fieschi, 1521-1690. Atelier cédé en 1727 au roi de Sardaigne (MESSERANI).

Messina. — Les Normands ; la maison d'Aragon et les rois d'Espagne, 1377-1676. A cette date l'atelier fut transféré à Palerme.

Milano. — Les rois lombards ; les empereurs d'Occident et les rois d'Italie, de Charlemagne à Louis V, 774-1329 ; autonomes, 1260-1310 ; les seigneurs Visconti, 1329-1447 ; autonomes, 1447-50 ; les Sforza, ducs, 1450-1535 ; Louis XII et François Ier, rois de France, 1500-22 ; Charles-Quint et les rois d'Espagne, 1535-1702 ; Charles III et Marie Thérèse d'Autriche, 1702-1780 ; la maison de Lorraine-Autriche, 1780-1859 ; Napoléon Ier, etc. (MDIOLA, MEDIOLANVM, DVX.MEDIOLANI *ou* MLI ; atelier actuel, M). Denier, obole, gros, soldo, sesino, terzarolo, sequin, écu, florin, ducat, pistole, bissolo, trillina, double gros, teston, écu, ducaton, etc. ; S.AMBROSIVS, le Saint debout ou assis ou en buste ; bustes des ducs ; les ducs à cheval ; brûlots avec des seaux à feu ; anneau couronné, ou entouré de lauriers et de palmes, dans lequel est passée une étoffe ; un phénix renaissant ; guivre couronnée ; armoiries des Visconti, des Sforza, du duché (*D'arg. à une guivre d'azur, cour. d'or, issante de gu.*) (F. et E. Gnecchi, *Le Monete di Milano*, 1884).

DUCHÉ DE MILAN

1257. Martin della Torre s'empare du gouvernement du Milanais.
1263. Philippe, frère du précédent.
1265. Napoléon, parent des précédents.
1277. Otton Visconti, archevêque de Milan.
1295. Mathieu Ier Visconti, neveu du précédent.
1322. Galéas.
*1329. Azzo Visconti. AZO.
*1339. Luchin, oncle du précédent et Jean, IOhES.Z. LVchINVS.
*1349. Jean, fils de l'archevêque Mathieu Visconti. IOhS.
*1354. Mathieu II, Bernabo et Galéas, bâtards du précédent. BERNABOS.Z.GALEAZ, B.G.
*1385. Jean-Galéas Ier, fils de Galéas. IOhS.
*1402. Jean-Marie, IOhANES.
*1412. Philippe-Marie, frère du précédent. FILIP.MARIA.
*1450. François Sforza. FR.SF.
*1466. Galéas-Marie Sforza et Blanche Visconti, bâtarde. BLANCA *ou* BL.; GZ, GALEAX.
*1476. Jean-Galéas-Marie et Bonne de Savoie, IO.GZ, BONA.
*1494. Louis-Marie, fils de François Sforza. LVDOVICVS, M.SF.
*1500. Louis XII, roi de France.
*1512. Maximilien Sforza, fils de Louis-Marie.
*1515. François Ier, roi de France.
*1521. François-Marie, fils de Louis-Marie Sforza. FRANCISCVS.II.
*1535. Réunion à l'empire, puis au royaume d'Espagne.
*1714. Réunion à l'empire (Traité de Rastadt).

Mirandola. — Concession de Maximilien Ier en 1515 ; les Pico, seigneurs et ducs, 1515-1691 (MIRAN, MIRANDVLAE).

Modena. — Autonomes (Frédéric II) 1226-93, 1306-36 ; Maison d'Este, ducs, 1294-1790 ; Maximilien occupe la ville en 1511 et la cède à Léon X ; les papes, 1514-1527 ;

atelier fermé en 1796 (DE.MVTINA, MVTINENSIS, DVX.MVT; gros, demi-gros, sesino, écus d'or, écu de 103 soldi, giulio, teston, 1/2 et 1/4, écu et double écu d'arg., quattrino de cuivre, etc.; S.GEMINIANVS, le Saint debout; bustes les ducs, etc.) (Crespellani, *La zecca di Modena*, 1884).

DUCS DE FERRARE, MODÈNE ET REGGIO

1196. Azzo Ier d'Este, podestat de Ferrare.
1195. Salinguerra, chef gibelin.
1208. Le même Azzo Ier, seigneur perpétuel de la ville marquis d'Ancône.
1212. Salinguerra et Aldrovandin, fils d'Azzo, seigneurs.
1215. Salinguerra et Azzo II, frère d'Aldrovandin.
1264. Obizzo d'Este, petit-fils d'Azzo II, seigneur de Ferrare, en 1290, seigneur de Reggio; en 1288, de Modène.
*1294. Azzo III (Fr. et Aldrovandin ses frères).
1308. Foulques, bâtard.
1317. Renaud et Nicolas, neveux d'Azzo III.
*1344. Obizzo III d'Este, OP.MCHIO.
1353. Aldrovandin II, fils d'Obizzo.
*1361. Nicolas II, frère du précédent. NICHOL.MARCHIO.
*1388. Albert, frère des précédents.
*1393. Nicolas III.
*1441. Lionel, bâtard. LEONELLV.MARCHIO.
*1450. Borso, frère du précédent, premier duc. BORSIVS.DVX.
*1471. Hercule, frère des précédents, HERCVLES.
*1502. Alphonse Ier, ALFONSVS.
*1534. Hercule II. HERCVLES.II.
*1559. Alphonse II. ALFONSVS.II.
*1597. César, petit-fils d'Alphonse Ier.
*1628. Alphonse III, duc de Modène.
*1629. François Ier.
*1658. Alphonse IV.
*1662. François II.
*1694. Renaud.
1737. François III.
1780-90. Hercule Renaud

Monaco. — Les Grimaldi, 1506-1793 et depuis 1814, écus, soldi, etc. (PRIN.MONOECI). Depuis 1878, la principauté a frappé quelques p. de 100 et 20 fr. conformes à celles de l'Union (Jolivot, *M. et médailles de Monaco*, 1885).

Moncalieri. — Les ducs de Savoie, 1421-1630.

Moncalvo. — Les Paleologo, marquis de Monferrat, 1338-1412.

Monluello. — Les ducs de Savoie, 1503-30.

Montalcino. — République de Sienne, 1555-59 (R.P. SEN.IN.MONTE.ILLICINO).

Montalto. — Les papes, 1585-90 ; 1795-98 (MONTALTO, MONTE.ALTO).

Montanaro. — Les Ferrero et J. Baptiste de Savoie, abbés de S. Benigne de Fruttuaria, 1529-1582 (S.BE.AB. ; MONTANAR.).

Monza. — Hector Visconti, seigneur, 1412-13.

Murato (Corse). — Autonomes, 1763-64.

Musocco. — Les Trivulce, marquis de Vigevano, 1487-1523 (F. et E. Gnecchi, *Le Monete dei Trivulzio*, 1887).

Musso. — Privilège accordé à J. Jacques Trivulce par le roi Louis XII ; 1516-18 ; J. Jacques de Médicis, 1528-32 (M.MVSSI) (Cf. *Rev. belge*, 1870, 205).

Napoli (Naples). — Atelier ouvert par les empereurs byzantins ; autonomes, 700 ; le duc Etienne Ier, 758-89 ; l'empereur Basile Ier, 884 ; les ducs Serge II et Athanase II, 867-902 ; la maison d'Anjou, 1266-1438 ; la m. d'Aragon, 1435-1501 ; Louis XII, 1501-04 ; les rois de Castille et d'Espagne, 1504-1708 ; autonomes, 1648, 1799 ; les Bourbons, 1708-1806, 1815-1860 ; Joseph Bonaparte, et Joachim Murat, 1806-15 (le nom de Saint Janvier, SCS. IANV ; REX.SICILIE ; NEAP ; SPQN ; REIP.N ; atelier actuel, N).

Nizza (Nice). — Les ducs de Savoie, 1521-1636.

Noceto. — Frédéric Ier, emp. 1163.

Novara. — Les évêques, XIIe siècle ; autonomes, XIIe-XIVe siècles ; les Visconti et Sforza, 1351-1400 ; Pierre-Louis Farnèse, marquis, 1545-47 ; l'atelier est fermé en 1547 (NOVARIA). (Caire, *Numismatica e Sfragistica Novarese*, Novare, 1882).

Novellara. — Anonymes des Gonzagues, comtes ; concession de Ferdinand, emp., 1559 ; Alphonse II Gonzague, 1650-88 (NO, NOVEL).

Orciano. — Thomas Obizzi, marquis, 1790-96.

Ortona. — Jeanne II de Naples ; autonomes, vers 1459 ; Charles VIII de France, 1495 (ORTO.).

Orvieto. — Autonomes, 1341-54 ; atelier ouvert en 1341 par décret de la commune.

Padova. — Autonomes, 1200-1348 ; les Carrara, seigneurs, 1337-1405 ; Venise ferme l'atelier (PADVA.REGIA, DVX.PADVE) (Dall' Acqua Giusti, *Delle monete, tessere e medaglie de' Carraresi*, Venise, 1851).

Palermo. — Les califes aglabites et fatémites, 827-1071 ; les Normands transfèrent l'atelier à Messine ; les souverains de Naples, 1676-1860.

Parma. — Concession à la commune par Philippe de Souabe, roi des Romains, 1207 ; autonomes (avec ou sans nom d'emp.), 1207-1236 ; le pape Jean XXII ; autonomes, 1331-46, 1348 ; les Visconti, 1346 ; François Ier Sforza, 1449-66 ; les papes, 1512-1545 ; les Farnèses, 1546-1731 ; les Bourbons, 1731-1859 ; atelier fermé (PARMA, PAR.DVX) ; denier, grossetto, gros et 1/2, giulio et double g., écu d'or, ungaro d'or, teston, écu d'arg., quattrino, etc. ; S.VITALIS ou S.HILARIVS, le Saint en buste ou debout, armoiries des papes ou des Farnèses.

DUCS DE PARME ET DE PLAISANCE

*1546. Pierre-Louis Farnèse, fils du pape Paul III
*1547. Octave Farnèse, OCT.FAR.
*1586. Alexandre, ALEX.FAR.
*1592. Ranuce Ier, RAN.FAR.
*1622. Odoard, ODOARDVS.FAR.
*1646. Ranuce II, RAN.FAR.
*1694. François.
*1727. Antoine, frère du précédent.
*1731. D. Carlos, infant d'Espagne.

*1737. D. Philippe, infant d'Espagne.
*1765-1802. D. Ferdinand, *id.*
*1815. Marie-Louise d'Autriche.
*1847. Charles III de Bourbon.
*1854-59. Robert.

Passerano. — Les Radicati, comtes de Cocconato, 1581-1598, cédèrent leurs droits au duc de Savoie (PASERAN, MONETA.PASE.CC.) (D. Promis, *M. dei Radicati e dei Mazzetti*, 1860).

Pavia. — Rois lombards, 670-756 ; les empereurs et les rois d'Italie, 774-1250 ; autonomes, 1250-59 ; les Visconti, 1359-1447 ; François Sforza, duc de Milan, 1450-54 (PAPIA, PAPAI, PAPIE, PP) (Brambilla, *Monete di Pavia*, 1883).

Pergola. — Pie VI, 1796 ; République romaine, 1798.

Perugia (Pérouse). — Autonomes, 1260-1506, 1540 ; les papes, 1506-1572, 1795-98 (DE.PERVSIA).

Pesaro. — Anonymes des Malatesta, 1355-1429 ; les Malatesta (1438-41) cèdent Pesaro aux Sforza, 1445-1512 ; César Borgia, 1500-03 ; les ducs d'Urbin, 1513-1622 ; Laurent de Médicis, 1516-19 ; Léon X, 1519-21 ; atelier fermé en 1622 (PISAVR, DOMINVS.PIS., PISAVRVM ; un saint ; deux saints debout ; vue de la ville de Pesaro).

Piacenza (Plaisance). — Autonomes (Conrad II), 1140-1313, 1500 ; Galeas, seigneur de Milan, 1313-22 ; Jean da Vignate, 1410-13 ; les papes, 1513-45 ; les Farnèse, ducs, 1556-1731 ; Marie-Thérèse d'Autriche, 1740 ; Charles Emmanuel III de Savoie, 1744 ; les Bourbons, 1748-1802 (DE. PLACENCIA, PLAC.DVX).

Pinerolo (Pignerol). — Les princes d'Achaïe et de Savoie, 1334-1400.

Piombino. — Privilège donné par Maximilien Ier, en 1509 ; Jacques VII Appiani, 1594 ; les Ludovisi, 1634-99 (PR. PLVMB ; PL.).

Pisa. — Rois lombards ; Charlemagne ; autonomes (avec noms d'empereurs) 1150-1509 ; Bonaccorso di Palude, podestat, 1242-44 ; Charles VIII de France ; domination de Florence, en 1509 ; les Médicis, 1595-1737 (PISA, PISIS, PISE, POPVLI.PISANI ; aigle ; la Vierge ; armoiries).

Pistoia. — Rois lombards.

Pomponesco. — Jules-César Gonzague, comte, 1583-93.

Ponzone. — Marquis anonymes, 1305 ; interdiction de Henri VII, en 1310 (*Rev. belge*, 1865, 427).

Porcia. — Annibal Alphonse, prince, 1701.

Ravenna. — Lombards ; l'évêque Léon, au nom de Charlemagne, 770 ; archevêques anonymes, XIIIe-XIVe siècles : République de Venise, 1442 ; Nicolo Fieschi, archevêque, 1517 ; les papes, 1517-36, 1730-58 ; atelier fermé (DE. RAVENA, ECLESIE RAVENE).

Recanati. — Autonomes, par concession de Boniface IX, 1393-1600; Anonymes papales et Nicolas V, XVe siècle (RECANATI, DE.RECANETO).

Reggio. — Nicolo Maltraversi,. évêque, 1233-93 ; les d'Este, 1293-1306, 1505-1597 ; les papes, 1512-1523 (DE. REGIO, DVX.REGII ; REGIENSIVM).

Retegno. — Les Trivulzio, princes et barons, 1664-1726 BARO.RET *ou* RETENNII).

Rimini. — Droit monétaire accordé par l'emp. Frédéric Ier et confirmé par Innocent IV; autonomes, 1250-1355 ; les Malatesta, 1389-1463 ; atelier fermé en vertu d'une bulle de Pie II (DE.ARIMINO, RIMINI, ARIMINI ; RIMINENSIS).

Rodigo. — Jean-François Gonzaga, marquis, 1483-96.

Rogoredo. — François Trivulzio, marquis de Vigevano, 1526-69.

Roma. — Les papes, depuis Grégoire III, 731 ; de Léon III à Léon IX, les papes associent à leur nom sur la m. celui de l'empereur ; depuis Léon IX jusqu'à Urbain V, il n'y a plus de m. des papes à Rome, mais on en trouve à Avignon ; Sénat romain, 1188-1252, et XVe siècle ; Brancaleone d'Andalo, 1252-56, et Charles d'Anjou, 1263-85, sénateurs ; sénateurs anonymes, 1285-1347 ; Cola d Rienzo, tribun, 1347-48 ; Charles-Quint, sénateur, 1528 République romaine, 1798-99, 1849 ; Ferdinand IV, roi de Naples, 1800 ; Napoléon Ier ; les Vacances de siège entre chaque pape (SCS.PETRVS ; SENAT.P.QVE.RO, ROMA.CAPVT. MVNDI ; PATRIMONIVS.BEATI.PETRI). Deniers, gros, sequin et doubles sequins (armoiries, ℞, un saint debout, les rois mages, différentes scènes tirées des Ecritures), testons, écus, *giulio* (le pape assis entre deux lions), écu d'or, etc.). Rome assise sous la figure d'une femme tenant une palme et un globe ; peigne champenois ; lion marchant ; le lion de Bologne avec l'oriflamme ; deux clefs ; buste du pape ; écus armoriés surmontés de la tiare ; Saint Pierre, Saint Pierre et Saint Paul, Saint Jean ; le Saint-Esprit sous la forme d'une colombe ; bustes du Christ, de Saint Paul, de la Vierge avec l'Enfant ; saints debout ; aigle sur un foudre (république), etc. Les papes frappèrent d'abord au nom des empereurs, en mettant seulement leur monogramme sur la m. (V. *Carolingiens*).

Au XIe siècle, les Romains enlevèrent aux papes toute autorité, et la m. fut frappée pendant trois siècles au nom du peuple romain.

Les papes battirent m. à Avignon, de 1342 à 1700, mais le monnayage recommença à Rome, sous Urbain V, et depuis Martin V, on a une suite de m. interrompue seulement par des lacunes sous Urbain VII, Innocent IX et Léon XI.

Les papes frappèrent également à Ancone, Bologne, Plaisance, Parme, Fano, Macerata, Montalto, Ferrare, Rimini. Pie VI eut encore plusieurs autres ateliers.

Pendant le temps qui s'écoulait entre la mort d'un pape et l'élection de son successeur, le cardinal camerlingue faisait frapper des m. ; on a, depuis le XVIe siècle, une série de ces m., qui portent ordinairement SEDE. VACANte et les armoiries d'un cardinal.

Les dernières m. pontificales, de 1866 à 1870, sont conformes aux m. de France et d'Italie (Cinagli, *Le Monete dei Papi*, 1848 ; D. Promis, *Monete dei romani pontefici avanti il mille*, Turin, 1859 ; Pizzamiglio, *Studi storici ...ad alcune prime Monete papali*, 1877 ; Vitalini, *Tariffa delle Monete pontificie*, 1882, etc.).

PAPES

34. S. Pierre.
66. S. Lin.
78. S. Anaclet.
91. S. Clément Ier.
100. S. Evariste.
109. S. Alexandre.

119. S. Sixte.
127. S. Télesphore.
139. S. Hygin.
142. S. Pie Ier.
157. S. Anicet.
168. S. Soter.
177. S. Eleuthère.
193. S. Victor.
202. S. Zéphirin.
219. S. Calixte Ier.
223. S. Urbain Ier.
230. S. Pontien.
235. S. Anthère.
236. S. Fabien.
251. S. Corneille.
252. S. Luce Ier.
253. S. Etienne Ier.
257. S. Sixte II.
259. S. Denis.
269. S. Félix Ier.
275. S. Eutychien.
283. S. Caïus.
296. S. Marcellin.
308. S. Marcel Ier.
310. S. Eusèbe.
311. S. Melchiade.
314. S. Sylvestre.
336. S. Marc.
337. S. Jules.
352. S. Libère.
355. Félix II.
366. S. Damase.
384. S. Sirice.
398. S. Anastase Ier.
402. S. Innocent Ier.
417. S. Zozime.
418. S. Boniface Ier.
422. S. Célestin Ier.
432. S. Sixte III.
440. S. Léon Ier le Grand.
461. S. Hilaire.
468. S. Simplice.
483. S. Félix III.
492. S. Gélase Ier.
496. S. Anastase II.
498. Symmaque.
514. Hormisdas.
523. S. Jean Ier.
526. Félix IV.
530. Boniface II.
533. Jean II Mercure.
535. S. Agapet Ier.
536. S. Sylvère.
537. Vigile.
555. Pélage Ier.
560. Jean III, Cattelin.
574. Benoît Ier, Bonose.
578. Pélage II.
590. S. Grégoire Ier le Grand.
604. Sabinien.
607. Boniface III.
608. S. Boniface IV.
615. S. Déodat.
618. Boniface V.
625. Honorius Ier.
640. Severin.
640. Jean IV.
642. Théodore Ier.
649. S. Martin Ier.
654. S Eugène Ier.
657. Vitalien.
672. Adéodat.
676. Donus ou Domnus Ier.
678. S. Agathon.
682. S. Léon II.
684. Benoît II.
685. Jean V

686. Conon.
687. Sergius Ier.
701. Jean VI.
705. Jean VII.
708. Sisinnius.
708. Constantin.
715. S. Grégoire II.
* 731. Grégoire III.
* 741. Zacharie.
752. Étienne II.
757. S. Paul Ier.
768. Étienne III.
* 772. Adrien Ier.
* 795. Léon III.
* 816. Étienne IV.
* 817. S. Pascal Ier.
* 824. Eugène II.
* 827. Valentin.
* 827. Grégoire IV.
* 844. Sergius II.
* 847. S. Léon IV.
* 855. Benoît III.
* 858. Nicolas Ier.
* 867. Adrien II.
* 872. Jean VIII.
* 882. Martin II ou Marin Ier.
* 884. Adrien III.
* 885 Étienne V.
* 891. Formose.
896. Boniface VI.
* 896. Étienne VI.
* 897. Romain.
* 898. Théodore II.
* 898. Jean IX.
* 900. Benoît IV.
903. Léon V.
* 903. Christophe.
* 904. Sergius III.
* 911. Anastase III.
913. Landon.
* 914. Jean X.
* 928. Léon VI.
929. Étienne VII.
* 931. Jean XI.
936. Léon VII.
939. Étienne VIII.
* 942. Martin III ou Marin II.
* 946. Agapet II.
* 956. Jean XII.
* 963. Léon VIII.
964. Benoît V,
*.965. Jean XIII.
* 972. Benoît VI.
974. Donus II.
* 974. Benoît VII.
983. Jean XIV.
985. Jean XV.
985. Jean XVI.
996. Grégoire V.
999. Sylvestre II.
1003. Jean XVII.
1003. Jean XVIII.
1009. Sergius V, Buccaporci.
1012. Benoît VIII de Tusculum.
1024. Jean XIX de Tusculum.
1033. Benoît IX de Tusculum.
1044. Grégoire VI.
1046. Clément II.
1048. Damase II.
*1049. S. Léon IX.
1055. Victor II Gebhard.
1057. Étienne IX de Lorraine.
1058. Nicolas II.

1061. Alexandre II de Ragio.
1073. Grégoire VII.
1086. Victor III de Capoue.
1088. Urbain III de Lagny.
1099. Pascal II.
1118. Gélase II de Gaëte.
1119. Calixte II de Bourgogne.
1124. Honorius II.
1130. Innocent II de Papi.
1143. Célestin II de Chastel.
1144. Luce II de Caccianonici.
1145. Eugène III.
1153. Anastase IV.
1154. Adrien IV, Breakspeare.
1159. Alexandre III, Bandinelli.
1181. Luce III.
1185. Urbain III, Crivelli.
1187. Grégoire VIII.
1187. Clément III, Scolaro,
1191. Célestin III.
1198. Innocent III de Signi.
1216. Honorius III, Savelli.
1227. Grégoire IX de Signi.
1241. Célestin IV.
1243. Innocent IV de Fiesque.
1254. Alexandre IV de Signi.
1261. Urbain IV, Court-Palais.
1265. Clément IV.
1271. Grégoire X, Visconti.
1276. Innocent V de Tarentaise.
1276. Adrien V, Ottoboni
1276. Jean XXI.
1277. Nicolas III, Orsini.
*1281. Martin IV de Brion.
1285. Honorius IV, Savelli.
1288. Nicolas IV d'Ascoli.
1294. S. Célestin V de Moron.
1294. Boniface VIII, Caïetan.
1303. S. Benoît XI, Boccasini.
1305. Clément V de Goth.
1316. Jean XXII d'Euse.
1334. Benoît XII.
1342. Clément VI, Roger.
1352. Innocent VI d'Albert.
*1362. Urbain V de Grimoard.
1370. Grégoire XI, Roger.
1378. Urbain VI, Prignano.
1389. Boniface IX, Tomacelli.
1404. Innocent VII, Meliorati.
1406. Grégoire XII, Conrario.
1409. Alexandre V, Philarge.
1410. Jean XXIII, Cossa.
*1417. Martin V, Colonna.
*1431. Eugène IV, Condalmero.
*1447. Nicolas V, Parentucelli.
*1455. Calixte III, Borgia.
*1458. Pie II, Piccolomini.
*1464. Paul II. Barbo.
*1471. Sixte IV de la Rovère.

*1484. Innocent VIII, Cibo.
*1492. Alexandre VI, Borgia.
*1503. Pie III, Todeschini.
*1503. Jules II de la Rovère.
*1513. Léon X de Médicis.
*1522. Adrien VI, Boyers.
*1523. Clément VII de Médicis.
*1534. Paul III, Farnèse.
*1550. Jules III, Giochi.
*1555. Marcel II, Servius.
*1555. Paul IV, Caraffa.
*1559. Pie IV, Medichino.
*1565. S. Pie V, Ghisleri.
*1572. Grégoire XIII, Buoncompagno.
*1585. Sixte V, Peretti.
1590. Urbain VII, Castagnana.
*1590. Grégoire XIV, Sfondrato.
1591. Innocent IX, Fachinetti.
*1592. Clément VIII, Aldobrandini.
1605. Léon XI de Médicis.
*1605. Paul V, Borghèse.
*1621. Grégoire XV, Ludovisio.
*1623. Urbain VIII, Barberini.
*1644. Innocent X, Panfili.
*1655. Alexandre VII, Chigi.
*1667. Clément IX de Rospigliasi.
*1670. Clément X, Altieri.
*1676. Innocent XI, Odescalchi.
*1689. Alexandre VIII, Ottoboni.
*1691. Innocent XII, Pignatelli.
*1700. Clément XI, Albani.
*1721. Innocent XIII, Conti.
*1724. Benoît XIII, Orsini.
*1730. Clément XII, Corsini.
*1740. Benoît XIV, Lambertini.
*1758. Clément XIII, Rezzonico.
*1769. Clément XIV, Ganganelli.
*1775. Pie VI, Braschi.
*1800. Pie VII, Chiaramonti.
*1823. Léon XII, della Genga.
*1829. Pie VIII, Castiglioni.
*1831. Grégoire XVI, Capellari.
*1846. Pie IX.
1878. Léon XIII.

Ronciglione. — Vacance de siège, 1799 (Cinagli, p. 407).

Ronco. — Les Spinola, marquis de Roccaforte, 1647-1699 (COM. RONCHI).

Rovegno. — Jean-André Doria, comte de Loano, 1668.

Rovigo. — République de Venise, 1487.

Sabbioneta. — Privilège de Maximilien Ier ; les Gonzague et Nicolo Remirez, ducs, 1559-1684 (SAB.PR, DVX.SAB ou SABLONET).

Salerno. — Les Lombards et les ducs.

Saluzzo. — Avec l'investiture du marquisat à Manfred III, Frédéric donna le droit monétaire (1221); les marquis, 1307-1563 (M.SALVTIARVM). St Constance à cheval ou debout ; armoiries ; aigle ; buste des marquis.

San-Benigno di Fruttuaria —V. *Montanaro.* Les abbés, 1529-1582 (ABB.S.BENI ou BENIGNI).

San-Gervasio. — Les princes de Savoie, 1448-1535.

S. Maria (marquis de *Monte* — et seigneurs de *Castello*). — Les documents parlent de *Moneta Sanctæ Mariæ*, de *floreni Castellani*, qu'on ne connaît pas en nature.

San Marino. — M. de la République, frappées à Milan, en 1864.

San-Martino dell'Argine. — Scipion Gonzaga, prince de Bozzolo, 1614-1671 (SANTO.MARTIN).

San-Severino. — Pie VI, 1796-97.

Santa-Fiora. — Hildebrand VII Aldebrandeschi, comte palatin, XIIIe siècle.

Santia. — Le duc de Savoie, en 1630.

Sassari (Sardaigne). — Guillaume II de Narbonne, juge d'Arborée, 1408-13.

Savone. — Concession monétaire de Louis de Bavière, emp., 1327 ; autonomes, 1350 ; Charles VI, rois de France, 1396-1410 ; Spinetta Campofregoso, 1421 ; Ph.-Marie Visconti, 1421-35 ; Louis XI, 1461-64, L. XII, 1507-10, François Ier, 1515-23 ; François Sforza, 1464-65 ; Gui Fregoso, gouverneur, 1510-14 ; domination des Génois, 1523 (SAONA, SAVONAE). *Voy.* tome Ier, p. 156-160.

Scutari. — République de Venise, XVe siècle.

Sebenico. — 1491-98 (Deniers frappés à Venise).

Siena. — Autonomes, XIe siècle-1390 ; Jean Galéas Visconti, duc, 1390-1404 ; autonomes, 1404-1555 ; (à Montal(cino) ; Cosme Ier de Médicis, duc de Florence, 1557-74 SENA.VETVS, SENARVM.DVX ; dans le champ, s ornementé et quelquefois accompagné d'étoiles ; la Vierge ; croix accompagnée des *différents* des maîtres de la monnaie) ; gros, sequin, ducat, denier, giulio, teston, écu d'or, etc. (D. Promis, *M. Della republica di Siena*, 1868).

Siniqaglia. — Fr. Marie Ier, della Rovere, duc d'Urbin, 1501-38 (M. frappées à Urbin ; CIVITAS.SINIGALI).

Solferino. — Charles Gonzaga, marquis, 1640-78 (SOLF, SOLFERINI.DOM.).

Sora. — Pierre-Jean-Paul Cantelmi, duc, 1459-61 ; Charles VIII, 1459.

Soragna. — Nicolo Meli-Lupi, prince 1731 (Pigorini, *Monete, Medaglie e Sigilli dei principi di S.*, 1867).

Sorrento. — Serge III, duc, 1072, ; princes lombards.

Spalatro. — M. frappées à Venise, 1491-1500 (SPALATINO, C.SPALATENSIS).

Spoleto. — Autonomes, XIVe siècle ; les papes, 1458-1521, 1795 ; République romaine, 1798 (DVCAT'SPOLETANI).

Sulmona. — Les rois de Naples et Charles VIII de France, 1382-1502 ; atelier fermé (S.M.P.E.).

Susa. — Les comtes de Savoie, 1091-1233 (SECVSIA).

Tagliacozzo. — Alexandre V, 1410 ; ce pape avait donné à Jacques Orsini, la permission d'ouvrir un atelier.

Tassarolo. — Concession d'Henri VII en 1312 dont les Spinola n'usèrent que de 1560 à 1688 (COMES.TASSAROLI) (Olivieri, *M. degli Spinola*, Gènes, 1860).

Teano. — Le comte lombard Jean, 1022 ?

Termini. — Atelier de Ferdinand, roi de Naples, 1515-21.

Terni. — Pie VI, 1795-98.

Tivoli. — Pie VI, 1797-98.

Todi. — Autonomes, XIIIe siècle ; Nicolas V, pape, 1450.

Torino (Turin). — Les princes d'Achaïe, 1297-1418 ; les ducs de Savoie, jusqu'en 1798 ; République piémontaise, 1798-99 ; République subalpine, 1800 ; Napoléon Ier, 1801-1814 (TORINVS.CIVIS ; atelier actuel, T).

Torriglia. — Violante Doria Lomellini, comtesse de Loano, veuve d'André III Doria 1665-66, par concession de Charles-Quint, donnée en 1548.

Tortona. — Privilège de Frédéric II, 1248 ; autonomes, 1249-1322 ; Charles Settala, évêque, et marquis d'Albera, 1653-70 (TERDONA).

Trau. — M. frappées à Venise, 1516.

Tresana. — Concession de Maximilien II, 1571 ; les Malaspina, 1571-1651 (MAR.TRE).

Trento.—Evêques, 1182-1539, 1776 (EPS.TRIDEN *ou* TRIDENTINVS) (Gazzoletti, *Della zecca di Trento*, 1858).

Treviso. — Les Lombards ; Charlemagne, Louis Ier et Lothaire ; autonomes, 1317-18 ; Henri II, comte de Goritz, lieutenant impérial, 1319-23 ; m. frappées à Venise, 1492 (TARVISIVS, TARVIXI).

Udine. — Atelier des patriarches d'Aquilée, XIVe siècle.

Urbino. — Concession du pape Martin V, 1420 ; les Montefeltro, les Della Rovere, 1420-1606 ; Laurent de Médicis, 1516-19 ; m. frappées par Clément XI, à Rome (CIVITAS.VRBINI, VRBINI.DVX).

Vasto (Abruzzes). — César d'Avalos, marquis, 1706 (MAR..VASTI).

Venezia (Venise). — Les empereurs, 814-1125, autonomes, 1125 ; les doges, 1155-1797 ; république démocratique, 1797 ; François II d'Autriche, 1798-1802, 1814-37 ; Napoléon Ier, 1804-14 ; Frédéric Ier d'Autriche et François-Joseph II, 1835-66 ; autonomes, 1848 ; atelier fermé, 1866 (VENECIA ; S.MARCVS.VENETI. ; VENE.DVX ; le lion, la Vierge et l'Enfant, etc.). Sequin (*zecchino*, de *zecca*, atelier monétaire), portant le doge agenouillé recevant un étendard des mains de Saint Marc, avec la lég. SIT.T.XTE.D.Q.TV.REG.ISTE.DVCAT. (*Sit tibi, Christe, Datus, quem tu Regis, iste Ducatus*, hexamètre léonin) ; soldino (le doge agenouillé tenant un étendard), sesino, quattrino, lira ; ducat d'or (type du sequin ℟ DVCATVS. REIPVB.) ; quart d'écu à la croix ; écu à la croix ; etc. Armoiries et rarement le buste du doge sur diverses pièces. Il faut parler d'une curieuse série d'*oselles*, monnaies-médailles que les doges offraient le jour de Noël à la noblesse de la République et qui avaient remplacé sous le doge Antonio Grimani, en 1521, les canards sauvages, *ucellæ*, offerts auparavant. Ces oselles présentent le type du sequin ; au ℟ le nom du doge au génitif avec MUNUS, la date et des sujets allégoriques. Il existe des oselles d'or frappées pour le compté des particuliers et non pour le doge. La série des oselles va de 1521 à 1797 et est interrompue seulement sous N. Donato (1618) et F. Cornaro (1656) (Dr G. Werdnig, *Die Osellen..*, Vienne, 1889 ; Menizzi, *Monete dei Veneziani..*, 1848 ; C. Wachter, *Num. Zeitsch.*, 1870, 1871, 1873 ; Cf. 1883, 222 ; etc.).

DOGES DE VENISE

697. Paul Anafesto.
717. Marcel Tegagliano.
726. Orso.
737. Dominique Léon. — Maîtres de la milice.
738. Félix Cornicola. — Maîtres de la milice.
739. Deusdedit. — Maîtres de la milice.
740. Jovien ou Julien. — Maîtres de la milice.
741. Giovanni Fabriciaco. — Maîtres de la milice.
742. Deusdedit ou Théodat, fils du doge Orso.
755. Galla.
756. Dominique Monegario.
764. Maurice Galbaio.
787. Jean Galbaio.
804. Obelerio ou Willerin.
811. Angelo Particiaco.
827. Giustiniani Particiaco.
829. Jean Particiaco.
837. Pierre Tradonico.
864. Orso Particiaco.
881. Jean Particiaco.
887. Pierre Candiano. — Jean Particiaco rétabli.
888. Pierre Tribuno.
912. Orso Particiaco II.
932. Pierre Candiano II.
939. Piérre Badoër.
942. Pierre Candiano III.
959. Pierre Candiano IV.
976. Pierre Orseolo.
978. Vital Candiano.
979. Tribuno Memmo.
991. Pierre Orseolo II.

1009. Otton Orseolo.
1032. Dominique Orseolo.
Dominique Flabanico.
1043. Dominique Contarini.
1071. Dominique Silvio.
1084. Vital Faledro.
1096. Vital Michieli.
1102. Ordelafo Faledro.
1117. Dominique Michieli.
1130. Pierre Polano.
*1148. Dominique Morosini. D.MAVR.
*1155. Vital Michieli II.
*1173. Sebastiano Ziani. SEB.DVX.
*1178. Orio Malipiero. AVRIO.DVX
*1192. Henri Dandolo. ENRICVS.
*1205. Pierre Ziani. P.ZIANI.
*1228. Jacques Tiepolo. IA.TEVPL.
*1249. Marin Morosini. M.MAVROS.
*1252. Ranier Zeno. RA.CENO.
*1268. Laurent Tiepolo. LA.TEVPL'.
*1275. Jacques Contarini. IA.QTARIN.
*1280. Jean Dandolo. IO.DANDVL.
*1289. Pierre Gradenigo. PE.GRADONIGO.
*1310. Marin Giorgi.
*1312. Jean Soranzo. IO.SVPANTIO.
*1328. François Dandolo. FRA.DANDVLO.
*1339. Barthélemi Gradenigo. BA.GRADONIGO.
*1342. André Dandolo. ANDR.DANDVLO.
*1354. Marino Faliero. MARIN.FAL.
*1355. Jean Gradenigo. IOhS.GRADOICO.
*1356. Jean Delfino. IO.DOLPHYNO.
*1361. Laurent Celso. LAVR.CELSI.
*1365. Marco Cornaro. MARC.CORNARIO.
*1367. André Contarini. ANDR.QTARENO.
*1382. Michel Morosini.
*1382. Antoine Venier. ANTO.VENERIO.
*1400. Michel Steno. MIChAEL.STEN.
*1413. Thomas Mocenigo. TOM.MOCENIGO.
*1423. François Foscari. FRA.FOSCARI.

*1457. Pascal Malipiero. P.MARIPET.
*1462. Christophe Moro.
*1471. Nicolas Trono. N.TRONVS.
*1473. Nicolas Marcello. NI.MARCELL'.
*1474. Pierre Mocenigo. PE.MOCENIGO.
*1476. André Vendramino. AND.VENDRAMIN.
*1478. Jean Mocenigo. IO.MOCENIGO.
*1485. Marc Barbadigo. MARC.BARBADICO.
*1486. Augustin Barbadigo. AVG.BARBADICO.
*1501. Léonard Lorédano. LEONAR.LAVREDAN.
*1521. Antoine Grimani. ANT.GRIM.
*1523. André Gritti. ANDREAS.GRITI.
*1539. Pierre Lando. PETRVS.LANDO.
*1545. François Donato. FRAN.DON.
*1553. Marc-Antoine Trevisano.
*1554. François Venerio.
*1556. Laurent Priuli. LAV.PRIO.
*1559. Jérôme Priuli. DVX.IE.PRIO.
*1567. Pierre Loredano. PET.LAV.
*1570. Aloïs Mocenigo. ALOY.MOC.
*1577. Sébastien Venier. SEB.VENERIO.
*1578. Nicolas da Ponte. NIC.DE.PONT.
*1585. Pascal Cicogna. PASC.CICONIA.
*1595. Marin Grimani. MARIN.GRIMAN *ou* G.
*1606. Léonard Donato. LÉON.DONAT.
*1612. Marc-Antoine Memmo.
*1615. Jean Bembo.
*1618. Nicolas Donato.
*1618. Antoine Priuli. ANT.PRIOL.
*1623. François Contarini.
*1624. Jean Cornaro. IOAN.CORNEL.
*1630. Nicolas Contarini.
*1631. François Erizzo.
*1646. François Molino. FRANC.MOLINO.
*1655. Charles Contarini.
*1656. François Cornaro.
*1656. Bertucci Valiero.
*1658. Jean Pesaro.
*1659. Dominique Contarini. DOMIN.CONTAR.

*1675. Nicolas Sagredo.
*1676. Aloïs Contarini.
*1684. Marc-Antoine Giustiniani.
*1688. François Morosini.
*1694. Silvestre Valieri.
*1700. Aloïs Mocenigo II.
*1709. Jean Cornaro.
*1722. Aloïs Mocenigo III.
*1732. Charles Ruzzini.
*1735. Aloïs Pisani.
*1741. Pierre Grimani.
*1752. François Loredano.
*1762. Marc Foscarini.
*1763. Aloïs Mocenigo IV.
*1779. Paul Renier.
*1789-97. Louis Manin.

Ventimiglia. — Jean Requesens, comte, 1725.

Vercelli. — Autonomes (Frédéric II) XIIIe siècle ; les ducs de Savoie, 1504-1630 (VER*cellis*).

Vergagni. — Jean-Baptiste Spinola, 1680 (?).

Verona. — Lothaire II, Otton Ier et Henri Ier, 947-1024 ; concession de Frédéric II à l'évêque Théobald, en 1154 ; celui-ci céda probablemènt ses droits à la commune ; les Della Scala, 1262-1387 ; Jean-Galéas Visconti, 1387-1402 ; Aug. Barbarigo, doge de Venise, 1491 ; Maximilien Ier, 1509 ; Venise, 1516 (VERONA, D.VERONE).

Vicenza. — Autonomes, XIIIe siècle (VICENCIE).

Villa di Chiesa. — République de Pise, 1303 ; les rois d'Aragon et de Sardaigne, 1323-1410.

Viterbo. — Patrimoine de Saint Pierre, XIIe-XIIIe siècles ; concession de Frédéric II, 1240 ; autonomes, 1240-75 ; Pandolphe, comte d'Anguillara, podestat, 1275 ; les papes, 1303-42 ; 1378-84 ; 1464-76 ; 1795-98 ; François da Vico, seigneur 1375-78 (VITERB.).

Vittoria (près Parme) ? — Frédéric II, 1247 (S.VICTORIS).

Volterra. — Concession d'Henri VI à l'évêque Hildebrand, 1189 ; les évêques, XIIIe et XIVe siècles (DE.VVLTERRA).

Zara. — M. frappées par la république de Venise 1400-13, 1470, 1650-1706 ; le doge, 1706.

PRINCIPALES FAMILLES FEUDATAIRES QUI ONT FRAPPÉ MONNAIE

Aldobrandeschi, comtes de S. Fiora.

Appiani (APP), princes de Piombino.

Aquaviva, ducs d'Atri.

Barbiani, c. de Coni, etc.

Beccaria, seigneurs de Massegra.

Bentivoglio (BENT'LI), Bologne.

Cantelmi, ducs de Sora.

Carrara (KRARIA, CARARIA), Padoue et Ascoli.

Carretto (KARETO), Cortemiglia.

Centurioni, marquis de Torri et Campi.

Ceva, marquis à Ceva.

Cibo-Malespina (CIBO.MAL), princes de Massa et Carrara.

Correggio, comtes et princes.

Doria, ateliers à Loano, Montebruno, Torriglia, Borgo S. Stefano, Laccio, Rovegno, Garbagna, Grondona e Carrega.

Este (ESTENSIS), à Modène, Brescello, Montecchio, Reggio.

Farnesi (F, FAR, FARN), à Parme, Plaisance, Camerino, Castro, Novellara, Vittoria.

Ferrero - Fieschi (FER.FL, FLISCVS), à Crevalcuore, Messerano, Montanaro.

Fieschi, comtes de Lavagna, Borgotaro.

Gonzaga (GON.), à Mantoue et Casale.

Gonzaga di Novellara, comtes, à Novellara.

Gonzaga di Guastalla.

Gonzaga-Boschetto, à Sabbionetta, Bozzolo et Pomponesco.

Gonzaga di Castiglione, à Castiglione delle Stiviere, Medole, Solferino.

Ippoliti, à Gazzoldo.

Landi (LAN, LANDVS), à Bardi et Compiano.

Ludovisi (LVD, LVDO), à Piombino, Follonica et Marciano ?

Malaspina (MALSP), à Tresana et Fosdinovo.

Malatesta (DE.MALATESTIS), à Rimini, Pesaro, Fano et Brescia.

Mandelli (MANDEL), à Mac:cagno.
Manfredi, à Faenza.
Mazzetti di Chieri, à Frinco.
Medici (MED, MEDICES), en Toscane.
Meli-Lupi, à Soragna.
Milano da (m. à Vienne).
Monferrato (marquis de). (MONTF, MONTIS.FERRATI), à Casale, S. Evasio, Chivasso, Moncalvo, Alba.
Monforte, comtes de Campobasso.
Montefeltro et *della Rovere*, à Urbino, Gubbio, Sinigaglia, Pesaro, Camerino.
Obizzi, marquis d'Orciano.
Orsini, à Guardiagrele et Tagliacozzo.
Pepoli (DE.PEPOLIS), à Castiglione De'Gatti et Bologne.
Pico (PICVS), à Mirandola.
Pignatelli, à Belmonte.
Pio, à Carpi.
Porcia (sequins frappés à Vienne).
Pozzo (dal), à Cisterna.
Radicati (RADICATI), à Passerano et Cocconato.
Riario-Sforza, à Forli, Rovere, v. Montefeltro.
Saluzzo (marquis de), à Saluzzo, Busca, Carmagnola, Dogliani, Chivasso.
Scala (della), Verone.
Sforza Attendolo (SFORTIA), à Pesaro.
Sforza (SF, SFORTIA), Milan.
Simiana, marquis de Plaisance. Ils ne paraissent pas avoir usé du droit de battre m., qui leur fut concédé, en 1672, par Clément X.
Spinola (SPIN, SPINVLA), à Tassarolo, Arquata, Ronco, Borgonovo della Rocchetta et Verzagni.
Tizzoni (TI, TIT, TICIO), à Deciane.
Trivulzio (TRIVI, TRIVL, etc.), à Musocco, Musso, Retegno et Rovereto.
Varano (VARANVS, DE.VARANO), à Camerino.
Visconti, Milan.

SUISSE

A l'époque de la chute de l'empire d'Occident, les Burgondes prirent possession du sud-ouest de l'Helvétie, pendant que les Alemans prenaient le nord-est et les Ostrogoths la province de Rhétie. Après Tolbiac (496), l'Helvétie devint mérovingienne, et un certain nombre de *triens* peuvent être attribués à des localités de cette région.

La Suisse appartint aux royaumes de Bourgogne et d'Arles, puis devint province immédiate de l'empire, avec certaines franchises pour la défense desquelles les cantons d'Uri, Schwitz et Unterwald se soulevèrent en 1308. Après avoir défait les ducs d'Autriche, à Morgarten (1315), Sempach et Næfels (1386-88), les Suisses eurent à se défendre contre le dauphin de France, puis contre Charles le Téméraire qu'ils vainquirent à Granson et Morat (1476). L'Empire renonça à toute prétention sur la Suisse en 1499, et définitivement en 1648. Les Suisses conclurent, en 1516, une alliance perpétuelle avec la France. En 1798, la République helvétique fut proclamée par Bonaparte, qui organisa la Suisse en 19 cantons (1803), portés à 22 par le *pacte* fédéral, en 1815. Après la guerre du *Sonderbund*, une constitution fédérale démocratique fut adoptée le 12 septembre 1848.

Sous les Carolingiens, on trouve les ateliers de Bâle, Coire et Zurich.

Au commencement du xe siècle, les ducs de Souabe reçurent le droit de frapper m. à Zurich, et Hermann Ier fut le premier qui émit des deniers (926-948). Dans le courant du même siècle, le monnayage impérial fit place au monnayage ecclésiastique.

C'est probablement pour se gagner des amis politiques dans leur lutte contre la papauté, que Henri III et ses successeurs accordèrent le droit monétaire à divers évêchés et abbayes. Certains princes séculiers reçurent les mêmes droits, par exemple, ceux de Bargen et Sogern, de Nellenburg et Savoie, dont les ateliers furent Schaffhausen et Saint-Maurice-en-Valais.

Au milieu du XIe siècle, le denier fit place aux pièces irrégulières, connues sous le nom de *demi-bractéates*, auxquelles succédèrent, 150 ans plus tard, les *bractéates*. A l'époque de l'apparition de ce nouveau monnayage, les cités de la Suisse, devenues plus fortes, réclamèrent un droit monétaire distinct de celui des seigneurs ecclésiastiques et séculiers. Berne, en 1218, et Zofingen, en 1239, reçurent ce droit de l'empereur Frédéric II. Pendant les XIIIe et XIVe siècles, les empereurs accordèrent également le droit de monnayage aux seigneurs de Neuchâtel, Valais, Kyburg à Burgdorf, Habsburg à Laufenburg, Greiërz. Les seuls ateliers ecclésiastiques du XIVe siècle sont ceux de Coire, Lausanne et Sitten.

Dès 1344, Zürich avait invité, sans succès, les autres cités de la Suisse à adopter un monnayage uniforme. En 1425, se tint, à Zürich une convention monétaire où sept Etats (Berne resta en dehors) décidèrent que Zürich et Lucerne frapperaient, pendant 50 ans, des florins d'or (de 30 schill.), des *plapparts*, *angsters* et *pfennigs*. Mais la convention ne tint pas longtemps. En 1450, les villes de Berne, Feiburg, Lausanne, Solothurn et Wiflisburg, commencèrent la fabrication de *fünfer*, bractéates de cinq hallers, qui furent adoptés par Zürich en 1483. Une convention, en 1487, éleva le cours du florin à 40 schillings.

En 1500, Zürich, prenant le système monétaire de Berne et Solothurn, fabriqua des *batzen*, à 15 pour le florin d'argent pur, et des p. de 5 batzen appelées *diken*. En 1554, la même cité émit, pendant six ans, des thalers, des p. de 2 schillings (le *schilling* est le tiers du *batzen*), et des hallers ; les thalers ayant cours pour la valeur du métal. Mais Zürich dut interrompre, en 1561, l'émission ruineuse de ces thalers, qu'on reprit, en 1620, à un taux moins élevé.

En 1593, une convention monétaire eut lieu entre Berne, Freiburg, Solothurn, Genève et Neuchâtel, qui frappèrent des *parpaillots*, *six-quarts* et *trois-sols*, correspondant, comme poids et titre, au *kreutzer*, *demi-batzen* et *batzen*, et dont le cours continua pendant le XVIIe siècle.

Pour parer aux inconvénients de l'introduction de l'argent allemand à bas titre, frappé pendant la guerre de trente ans, Berne émit des batzens à raison de 50 au thaler impérial, au lieu de 22 et demi comme autrefois. Lorsque le thaler impérial reprit cette valeur primitive, Berne abaissa la valeur de ses m. à un demi-batzen, ce qui fut accepté par les autres États, dans une convention de 1653.

En 1622, Freiburg et Solothurn convinrent de frapper des batzen à raison de 80 au marc.

Zürich, Solothurn et Neuchâtel, dans une convention du XVIIIe siècle, élevèrent le titre de leurs m., et Bâle retira ses mauvaises espèces. Mais la guerre de sept ans amena un nouvel abaissement, puis des fixations à des taux variant avec les villes.

Avant 1800, le *louis d'or* était souvent pris comme unité de valeur.

Genève, qui se joignit à la confédération en 1533, prit, deux ans plus tard, un système ayant pour base le florin (27 au marc d'argent de Cologne), divisé en 12 sols ; le sol en 12 deniers ; le denier en 2 oboles, et l'obole en 2 pites ou pougeoises. Ce système florinal dura jusqu'en 1794, époque à laquelle Genève prit le système décimal avec la *génévoise* ou *écu* valant 12 anciens florins ou 80 sols.

De 1798 à 1803, la République helvétique frappa des pièces selon le système français, mais l'ancienne Confédération fut rétablie et avec elle les droits monétaires des divers États qui frappèrent des m. de bas aloi, quoique l'unité monétaire fut le *franc suisse* (1 fr. 50), avec les divisions de 40, 20, 10 et 1 batzen.

En 1833, Genève adopta le système décimal, et un monnayage uniforme fut établi en 1848, en même temps que la nouvelle constitution de la Suisse.

Depuis cette époque, la pièce de 20 francs de France eut cours en Suisse, et ce pays entra dans la convention monétaire de décembre 1865.

VILLES ET CANTONS DE LA SUISSE

Aargau. — Canton constitué en 1803; m. du XIXe siècle (Henseler, *Bull. Soc. Suisse Num.*, 1886).

Appenzell. — *A la champagne d'arg. chargée d'un ours debout de sable;* treizième canton en 1513, divisé en Inner et Usser Rhoden. Patron : Saint Maurice. M. de 1737 à 1750, et de 1808 à 1816.

Basel (Bâle). — *D'arg. au baselstab* (sorte de crosse, *de gu.* pour l'évêché, *de sable* pour la ville et le canton). Onzième canton en 1501. Patronne : la Vierge. — Des bractéates avec BASILEA et R ou B sont attribuées à des évêques des XIe et XIIe siècles. Des bractéates carrées du XIIIe au XIVe siècle portent une tête d'évêque de face avec B-A. De 1575 à 1788, les m. portent les noms des évêques ; celles de la cité ont au ℟ le nom de l'empereur ou la lég. DOMINE CONSERVA.NOS.IN.PACE. L'évêque, qui avait reçu le droit de monnayage de l'empereur, en 1087, et qui l'avait cédé à la cité en 1373, le reprit en 1556 (Jean-Charles, baron de Wartensee) et continua à monnayer de temps à autre jusqu'en 1789.

Bellinzona. — Atelier des cantons d'Uri, Schwyz et Unterwald (Emilio Motta, *Gazzetta Numismatica*, 1886 ; Trachsel, *Bull. Soc. Suisse Num.*, 1886).

Bern. — *De gueules à la bande d'or chargée d'un ours passant de sable ;* huitième canton en 1352, le second aujourd'hui. Patron : Saint Vincent. Bractéates du XVIe siècle à un ours passant ; m. diverses datées depuis les thalers de 1493. En 1528, Berne, ayant adopté la réforme, remplaça ses *plapparts* et *fünfers* par des *batzens*, *1/2 batzens*, *kreuzers* et *vierers* (Haller, I, 289).

Brugg. — V. sur l'Aar, qui frappa, au XIIIe siècle, des m. inconnues aujourd'hui.

Burgdorf. — V. Kyburg.

Chur (Coire). — *D'arg. à un bouquetin grimpant, de sable* (pour l'évêché) ; *d'arg. au château, dans une niche, bouquetin grimpant* (pour la ville). Patronne ; la Vierge. Henri II d'Arbon (1180-1193), denier avec CVRIENSIS ; évêques, 1500-1777 ; ville depuis 1618. Concession impériale à l'évêché en 959. Chur au XVIIe siècle possédait trois monnayages : celui de l'évêché, celui de la cité et celui de Thomas de Schauenstein-Ehrenfels, qui acquit, en 1608, les Etats de Haldenstein et Lichtenstein, avec le droit de monnayage et en usa à bas titre.

Diessenhofen. — Armes des comtes de Kyburg ; dans le canton de Thurgau. Bractéate du XIVe siècle avec DIONYSIVS, buste de Saint Denis. Concession impér. à la cité en 1309.

Disentis (dans les Grisons). — *De gueules au sautoir d'arg.* Kreuzers frappés en 1729 par l'abbé Marian de Castelberg, décriés par l'empereur. L'abbaye avait reçu une concession en 1466, de Frédéric III, confirmée en 1571. AB.DISER (*Num. Zeitsch.*, 1877, 235).

Engelberg (Unterwald). — Concession impériale à l'abbaye (?) Bractéates portant un ange (?).

Fishingen (Cant. de Thurgau). — Concession impériale à l'abbaye (?). On lui a attribué des bractéates qui appartiennent à Rheinau (Meyer, *Denare*..., p. 82).

Freiburg (Fribourg). — 1o *D'azur, au château à trois tours d'arg.; 2o coupé de sable et d'argent*, neuvième canton en 1481 ; en 1422, l'empereur Sigismond avait donné à Fribourg le droit de battre de la m. d'argent. Patron : Saint Nicolas. M. depuis le XVe siècle.

Gallen (St-). — *D'or, à l'ours rampant de sable* (pour l'abbé) ; *d'arg. à l'ours rampant de sable* (pour la cité) ; Frédéric III accorda à St Gall le droit de mettre à l'ours un collier d'or, en 1475 ; *De sinople aux faisceaux de licteur* (pour le canton) ; quatorzième canton en 1803. Concession impériale à l'abbaye, en 947, à la cité en 1415. Abbés, 1594-1796 ; cité, bractéates dites *baerpfennig* avec armes de la cité, s.g, etc. ; plappart, de 1424, la plus ancienne m. datée de Suisse ; bractéates dites *gallus-pfennig*, avec buste de saint, pour l'abbé ou la cité, de 1373 à 1415 ; deniers d'or et d'argent avec les armes de la cité, sans ℞ (*Num. Zeitsch.*, 1880, Thrachsel).

Genève (Genf). — *Parti. au 1, d'or à une demi-aigle, éployée de sable ; au 2, de gueules à la clef d'or.* La devise *Post tenebras spero lucem* (Job, XVII, 12) fut changé au milieu du XVIe siècle en *Post tenebras lux*, qqf. *lucem.* Evêché, du XIe au XVe siècle. Les plus anciennes m. des évêques sont les deniers de Conrad et les oboles d'Adalgodus (1017-31). M. Demole a publié récemment un denier de Frédéric (1031-73) qui porte : GENEVA.CIVITAS, temple ; ℞ FREDERICS . EPS, croix (*R. N.*, 1887, 176).

Cité et canton, écu d'or au soleil, 1542-52, ducat, pistole, thaler, écu patagon, 1/4 d'écu, seizains (6 sols), etc. (E. Demole, *Hist. monét. de G., de 1535 à 1792*, 1887). Des oboles et deniers des comtes de Génevois portent COMES.GEBENNENSIS, etc.

Amédée III, comte de Génevois, reçut de l'emp. Charles IV, en 1355, le droit de frapper des m. d'or et d'arg. L'atelier d'Annecy fut ouvert le 15 août 1356. L'évêque de Genève et le comte de Savoie, Amédée VI, s'opposèrent successivement à ce monnayage. L'atelier d'Annecy fut fermé en 1362, rouvert en 1374 sous Pierre, et fermé définitivement en 1391. Florins, sizains, deniers, oboles (E. Demole, *l'Atelier mon. des comtes de Génevois à Annecy*, 1883). Le comté fut cédé en 1401 aux comtés de Savoie.

Glarus. — *De gueules, à Saint Fridolin, en pèlerin, marchant* ; septième canton en 1352 ; m. des XVIIe et XIXe siècles.

Gotteshausbund (Ligue Caddée). — Thaler et groschen du XVIe siècle. MO.NO.DOMVS.DEI.CVRIENS.

Graubündten (Grisons). — Armes des trois ligues : Gotteshausbund, *d'arg. au bouquetin grimpant de sable* ; Zehengerichtenbund, *écartelé d'azur et d'or, une croix contre-changée de même* ; Grauerbund, *parti d'arg. et de sable*; quinzième canton formé en 1803 des trois lignes de la Rhétie supérieure ; m. du XIXe siècle.

Greierz (Gruyère), canton de Fribourg. — *De gueules à une grue d'arg.* Michael, comte et prince, sol de 1552.

Haldenstein-Schauenstein. — *D'or à trois poissons nageant ;* etc.). Droit monétaire donné par Rodolphe II, en 1612, aux barons d'Ehrenfels, dont trois familles ont frappé m. : les barons de Schauenstein, les barons de Salis, les barons de Schauenstein-Reichenau.

Kyburg. — Les comtes reçurent de Louis IV, en 1328 le droit monétaire et frappèrent à Burgdorf, puis à Wangen, des bractéates avec leur buste et les lettres BV ou BVRDORF.

Laufenburg. — *D'or au lion rampant de gueules.* Concession aux comtes en 1373 par Charles IV. Bractéates de cette époque, avec un heaume à tête de cygne, ou le lion de Habsbourg. Cité, m. du XVIe siècle (Münch, *Die M. zu L.*, 1874).

Lausanne. — *Parti d'arg. et de gueules, deux ciboires contre-échangés* (pour l'évêché) ; *coupé d'arg. et de gu.* Triens mérovingiens ; évêché, du IXe au XIVe siècle, deniers anonymes avec SEDES.LAVSANE ℟ CIVITAS.EQSTRIV (Ces deux noms indiquent que les habitants de Lausanne croyaient à l'identité de leur ville et de la *civitas Equestris*) ; les évêques signent leurs m. depuis Gui de Prangins (1375) jusqu'à Sébastien (1517-1536) ; deniers avec BEATA.VIRGO, 1229-31.

Luzern. — *Parti d'azur et d'arg.* — Canton en 1332. Patron : Saint Leodegarius ou Léger. Bractéates du XVe siècle ; plappart et m. diverses jusqu'au XIXe siècle ; concession impériale à la cité, en 1415.

Saint-Maurice (Valais). — Il est question du XIIe au XIVe siècle, d'une *moneta maurisiensis* (Haller, II, 185).

Muri. — Droit monét. donné à l'abbé par Léopold (1700).

Nyon (Cant. Vaud). — Atelier des comtes de Génevois.

Neuchâtel (Neuenburg). — *D'or au pal de gueules chargé de trois chevrons d'arg.* Droit monétaire accordé aux comtes par Charles IV en 1347. Passa de la famille de Hochberg à celle de Longueville en 1512. Bractéates avec

N.C ou N.O et un heaume de face (XIVe siècle). Maison d'Orléans-Longueville, depuis 1575, m. diverses ; maison de Brandebourg, depuis 1707, avec Frédéric Ier de Prusse ; Alexandre Berthier, prince de Wagram, 1806-1815.

Peterlingen. — Concession à l'abbaye en 962.

Pruntrut (Porentruy, C. Berne). — Bractéates ? Atelier des évêques de Bâle dans lequel le comte Samuel Léopold de Deux-Ponts monnaya en 1729.

Rheinau. — Concession impér. à l'abbaye, en 1241, confirmée en 1375. Bractéates du comte de Laufenburg, en 1408.

Rorschach. — Otton Ier donna en 947 à l'abbé de Saint-Gall le droit de monnayer à R.

Sarine et Broye. — Canton fondé en février 1798 et réuni au canton de Fribourg le 30 mai 1798. P. de 24 kreuzers.

Schaffausen (Schaffouse). — *D'or au demi-bélier saillant de sable.* Douzième canton en 1501. Concession à la cité en 1333 ; bractéates du XIVe au XVIe siècle avec bélier et types divers ; m. diverses.

Schwyz. — *De gueules* (*une croix d'argent cantonnée à senestre,* au XVIIe siècle). Bractéates du XVe siècle, avec le buste de Saint Martin et S.M. M. diverses depuis le XVIIe siècle (SVITENSIS). Concession en 1424.

Sitten (Sion). — *De gueules, sabre et croix en sautoir et mitre en chef.* Mérovingiennes (SIDVNIS) ; m. avec buste de Saint Théodule, S.T., sans ℟. Evêques, m. signées, 1457-1780. Concession de l'empereur, en 1274.

Solothurn (Soleure). — *Coupé de gueules et d'arg.* Patron : Saint Ursus. Concession impériale à l'abbaye de Saint Ursus, en 930, qui vend à la cité en 1381. Bractéates des XIIIe et XIVe siècles, VRSVS, tête du Saint à g., croix au-dessus ; tête du Saint de face, S-O ; Dragon passant ; m. diverses depuis le XVIe siècle (SOLODORENSIS).

Stein. — Concession à l'abbaye de Saint Georges, en 1005, confirmée en 1232.

Tessin (Ticino). — *Parti de gueules et d'azur.* Canton formé en 1803 de ceux de Bellinzona et Lugnano. M. du XIXe siècle.

Thurgau (Thurgovie). — Dix-septième canton en 1803. M. du XIXe siècle.

Unterwalden. — Parti : au 1, coupé de gu. et d'arg. à une clef (Obwalden) ; *au 2 de gu. à une double clef* (Nidwalden), m. du XVIe siècle jusqu'en 1812.

Uri. — D'or à la tête de buffle de sable, muselée de gu. (Uri de Urus, Urochs, ou de la tribu des Taurisci). M. depuis le XVIe siècle. Concession en 1424.

Uri, Schwyz et Unterwalden. — Monnayage commun au XVIe siècle ; d'autres m. de la même époque portent seulement les noms de Uri (VRANIE) et d'Unterwalden.

Waadt (Vaud). — Les ducs de Savoie, 1273-1536 (w sous le temple des deniers) ; canton, XIXe siècle.

Wallis (Valais). — *Parti d'arg. et de gu. à 13 étoiles.* Jusqu'en 1628, la m. du Valais était celle des évêques de Sion. Diken, batzen et kreuzer de 1628.

Zofingen. — Barré de 4, gu. et arg. (Canton d'Aargau). Bractéates des XIIIe et XIVe siècles de types divers avec z-o, frappées par les comtes de Froburg ; m. diverses du XVIIIe siècle.

Zug. — D'arg. à la fasce d'azur. Patron : Saint Oswald (on trouve aussi Saint Michel et Saint Wolfgang). Bractéate du XVIe siècle aux armes du canton ; m. diverses depuis le XVIIe siècle (TVGIENSIS).

Zürich. — Taillé d'arg. et d'azur. Otton Ier (TVREGVM) ; les ducs de Souabe, 926 ; en 1045, Henri III accorde aux abbesses de Frauenmünster le droit monétaire ; bractéates du XIIIe siècle avec église, tête de Saint Félix ; des XIVe et XVe siècles, buste de l'abbesse de face, ZVRICH, ZV, etc. ; *Cité*, bractéates du XIVe siècle, à l'aigle impérial, frappées avec la permission de l'abbaye, qui abandonna ses droits monétaires à la cité en 1514. M. depuis le XVe siècle, avec le titre de cité impériale que Zürich possédait depuis 1218. (REIP. TIGVRINAE ou THVRICENSIS, etc.) ; bractéates, *hallers* du XVIe siècle avec les armes de la cité.

ESPAGNE

Vers la fin de 409, les Alains, les Suèves et les Vandales franchirent les Pyrénées et ravagèrent la Tarraconaise, la Galice, la Lusitanie et la Bétique. Les Suèves et quelques tribus vandales s'établirent en Galice, les Alains en Lusitanie, et les Vandales Silingues en Bétique. Les Alains et les Vandales ayant passé en Afrique vers 428, les Suèves restèrent seuls maîtres des provinces barbares.

La nation des Goths, composée des Ostrogoths et des Wisigoths, après avoir détruit l'armée de Valens, à Andrinople (378), avait été réduite à l'obéissance par Théodose. Puis celui-ci reconnut Athanaric, comme premier roi des Wisigoths, et ce peuple fut dirigé vers l'Espagne qu'il reconquit sur les Suèves. Mais au lieu de reconnaître la suprématie romaine, les rois wisigoths fondèrent un royaume indépendant dont la capitale fut, tour à tour, Barcelone, Toulouse, Narbonne, Emerita et Tolède. Au VIIe siècle, le roi Sisebut voulant faire cesser les pirateries des habitants de la côte d'Afrique, s'était rendu maître de la partie de l'Afrique connue sous le nom de Mauritanie Zeugitane : ce fut cette même province que les Sarrasins soumirent plus tard la première ; puis, attirés par le comte de Tanger, Julien, qui avait à venger un outrage, ils pénétrèrent en Espagne, et battirent complètement le roi Rodrigue à la sanglante bataille de Xerès de la Frontera ou plutôt de Guadalète (711). Les populations qui ne voulurent pas accepter la domination musulmane se réfugièrent dans les montagnes des Asturies, sous la conduite de Pélage, parent de Rodrigue. Après une lutte incessante, les rois chrétiens parvinrent, en 1492, à chasser définitivement les Arabes avec le dernier roi de Grenade. La Castille et l'Aragon furent réunis en 1479, par le mariage d'Isabelle et de Ferdinand. L'Espagne ne forma plus qu'un seul royaume sous Charles-Quint, et posséda, à cette époque, Naples, la Sicile, le Milanais, la Franche-Comté, les Pays-Bas et d'immenses colonies en Amérique. La guerre de la succession d'Espagne plaça sur le trône un petit-fils de Louis XIV. De 1808 à 1814, Napoléon tenta, sans succès, d'y installer son frère Joseph.

WISIGOTHS

On trouve, dans les lois wisigothes, divers textes concernant les m., dont l'un fut introduit par le roi Reccarède. Ces lois édictaient des peines sévères contre les faussaires et contre ceux qui rognaient les m. Les esclaves étaient mis à la torture et avaient la main droite coupée ; les hommes libres perdaient leurs biens ou la liberté. Le cours du sou d'or et du triens était forcé, du moment que ces m. n'étaient pas falsifiées. (L. VII, tit. VI).

Les seules monnaies connues des Wisigoths sont des tiers de sou d'or, à la taille (216 à la livre), au titre et même aux types des triens impériaux contemporains. C'est à la fin du règne de Léovigilde que cessa l'imitation servile des monnaies byzantines. Aucune pièce d'argent ou de cuivre ne paraît devoir être attribuée avec certitude aux rois wisigoths. Il est probable qu'on se servait des innombrables petits bronzes romains, que le commerce espagnol acceptait récemment encore, sous le nom d'*ochavos* (cf. notre chapitre sur les *M. mérovingiennes*). Les types des triens wisigoths sont les suivants : buste coupant la légende, avec croix sur le manteau ; Victoire ; croix haussée sur des degrés ; bustes de face, diadémés ou couronnés, sceptre entre deux bustes en regard, monogramme cruciforme. On trouve comme symboles : l'ᴀ et l'ω, des annelets, des astres, des croisettes dans un demi-cercle, des fleurons, globules entre deux croissants, sceptre surmonté d'une croisette.

Parmi les épithètes données aux souverains, on trouve: *Felix*, *inclitus*, *justus*, *pius*, *valens*, *victor*, etc.

Sur quelques triens de Justin et de Justinien, ainsi que sur des petits bronzes portant un chrisme, on trouve un monogramme que quelques savants ont considéré comme celui d'Amalaric.

On trouve des m. portant à la fois les noms de Chindasuinthe et de Recesvinthe, d'Egica et de Wittiza.

ROIS WISIGOTHS

369. Athanaric.
382. Alaric Ier.
412. Ataülfe.
415. Sigeric, frère de Sarus.
415. Wallia, beau-frère d'Ataülfe.
419. Théodoric Ier.
451. Thorismond.
453. Théodoric II, frère du précédent.
466. Euric, frère des précédents.
484. Alaric II.
507. Gesalic.
511. Amalaric, petit-fils de Théodoric le Grand d'Italie.
531. Théudis.
548. Théodigisèle.
549. Agila.
554. Athanagilde.
567. Liuva Ier.
*573. Léovigilde, LIVVIGILDVS.
*579. Herménégilde, ERMENEGILDI.
*586. Reccarède Ier, RECCAREDVS.
*601. Liuva II, LIVVA, LEVVA.
*603. Witteric, VVITTERICVS.
*610. Gondemar, GVNDEMARVS.
*612. Sisebut, SISEBVTVS.

621. Reccarède II.
*621. Suinthila, SVINTHILA.
*631. Sisenand, SISENANDVS.
*636. Chintila, CHINTILA.
*640. Tulga, TVLGAN.
*642. Chindasuinthe, CHINDASVINTHVS.
*653. Reccesuinthe, RECCESVINTVS.
*672. Wamba, WAMBA.
*680. Ervige, ERVIGIVS.
*687. Egica, EGICA.
*700. Wittiza, VVITTIZA.
* ?. Achila, ACHILA.
*710. Rodrigue, RVDERICVS.

VILLES DONT LES NOMS SONT INSCRITS SUR LES MONNAIES WISIGOTHES

ACCI, Guadix el Viejo.
ARROS, Arros.
ASTVRICA, Astorga.
AVRENSE, Orense.
BARBI, près Martos.
BARCINONA, Barcelona.
BEATIA, Baeza.
BERGANCIA, Betanzos.
BERGIO, Vierzo.
BITERRIS. Béziers.
BRACARA. Braga.
CALAPA.
CALIABRIA.
CAST(V)L(O)NA. Cazlona.
CATORA.
CESAR. AVGVSTA, Zaragoza.
CESTAVVI, Cestovi.
COLEVA, Goleia.
CONTONS, Magacela.
CORDOBA. PATRICIA, Cordoue.
DERTOSA, Tortosa.
EGESSA, Egea.
EGITANIA, Idanha-Velha.
ELIBERRI, Monte de Elvira.
ELVORA, Evora.
EMERITA, Merida.
EMINIO, Coimbra.
FRAVCELO, Francelos.
GEORRES, Valdeorras.
GVRENDA, Gerona.
ISPALI, Sevilla.
LAETERA, Ledra.
LAMEGO, Lamego.
LAVCVLO, ?
LEBEV, Leiba.
LVCV, Lugo.
MANΔOLAS. Mandolas.
MAVE, ?
MENTESA. La Guardia.
NARBONA, Narbonne.
OLOVASIO, Olibes ?
PVLANTVCIO, ?

PETRA, ?
PINCIA, Pentes ?
PORTOCALE, O'Porto.
RECCOPOLIS, ?
RODAS, Rosas.
SAGVNTO, Murviedro.
SALDANIA, Saldana.
SALMANTICA, Salamanca.
SENVER, Senra.
TARRACO, Tarragona.
TIRAONE, etc., Tarazona.
TOLETO, Tolède.
TORIVIANA, Torebia.
TORNIO, ?
TVCCI, Martos.
TVDE, Tuy.
VALENTIA, Valence.
VENTOSA, ?
VESEO, Viseu.

SUÈVES

Le royaume suève, fondé vers 409, par Hermanaric, fut un moment très puissant, sous Réchila et Réchiaire, de 438 à 455. En 411, les Suèves avaient à Bracara, en Galice, un atelier monétaire qui fut transporté à Emerita (Lusitanie), en 430, où l'on monnaya jusqu'en 457. A cette époque, les Suèves ayant perdu la Lusitanie, remirent en activité l'atelier de Bracara jusqu'à la destruction de leur royaume (584). Jusqu'en 463, les m. suèves ont un type particulier composé d'une croix dans une couronne ronde, flanquée de deux sortes d'ailes. De 463 à 550, les Suèves copient les m. romaines, et depuis 550, les m. wisigothes. Les triens pèsent environ 1 gr. 50, comme les triens impériaux, et portent généralement les noms d'Honorius et de Valentinien. A signaler la légende LATINA.MVNITA.BENE, et le denier d'argent avec D.N.HONORIVS.P.F.AVG, buste ; ℞, IVSSV.RICHIARI.REGES, dans une couronne, croix et BR(*acara*) (Al. Heiss ; commun. Acad. Ins. et B.-L., 2 nov. 1888).

ARABES D'ESPAGNE

De 86 à 136, les Califes de Damas règnent à Cordoue, et ont sous leur dépendance des émirs ou gouverneurs.

En 138, Abder-Rahman Ier fonde la dynastie des Omeyyahs, indépendante des califes de Damas (califat de Cordoue). Puis vinrent les dynasties maures des Almoravides et des Almohades ; enfin, en dernier lieu, les Nasrides de Grenade, dont le royaume, devenu tributaire de la Castille, en 1245, aida les chrétiens à détruire les autres puissances maures.

Pour cette numismatique, il est indispensable de se familiariser avec l'alphabet dit cufique, et M. Codera a eu raison de réunir d'excellentes indications pour le déchiffrement, dans son traité, auquel nous renvoyons nos lecteurs.

Lès légendes des m. hispano-mulsumanes sont généralement des versets du Coran ou des sentences dans le genre de celle-ci : *Allah est notre seigneur, Mahomet, notre envoyé, le Mahdi, notre imam*, etc.

En Afrique et en Espagne, après la conquête musulmane, de 92 à 100, on frappa d'abord de petites pièces d'or à légendes latines, puis arabe et latine. Ces pièces peuvent être classées en diverses catégories, d'après leurs types :

1. Globe sur une colonne supportée par trois gradins, ℟ au centre, SIMILIS.
2. Au centre, INDC.XII. ℟ au centre, SIMILIS.
3. Colonne. ℟, au centre, TERCIN ou ERETAN.
4. Des deux côtés, légendes circulaires latines, et lég. arabes dans le champ (*Il n'y a de Dieu que Dieu.* ℟ *Mahomet est le messager d'Allah*).
5. Globe sur une colonne. ℟, étoile à huit rayons.
6. Au centre INDC.XI ou XII. ℟, étoile à huit rayons ou lég. de cinq lettres, que Vasquez Queipo considère comme hébraïques.
7. Légendes arabes. ℟, lég. circulaire latine ; au centre, étoile.

Les légendes latines inscrites sur toutes ces m. sont en abrégé. Voici les lectures qu'on en a données :

1. IN *nomine* DOM*i*NI MIS*e*R*icordis* SOL*i*D*us* F*e*R*i*T*us* IN AFR*ica*. ℟, NON ES*t* D*e*U*s* NIS*i* VN*u*S CV*i* NVL*lus* AL*i*U*s*, continuant au centre par le mot SIMILIS. — 2. NSLDFRTINA FRCANXCVII (*Novus solidus feritus in Africa*, anno XCVII).

— 3. FERITOS SOLIdus IN SPANia ANNO. — 4. NNSLDFR-TINSPNANN (*Novus numus, solidus feritus in Spania anno*, continuant au centre par INDIctione XI). — 5. MVSEFNVS IRAMIRA (*Muse filius Nusir Amira*, transcription de l'arabe, *Muza ben Nosair amir*). Sur les dinars frappés en Espagne, il arrive souvent que l'année de l'hégire et celle de l'indiction ne concordent pas. Une petite pièce en cuivre porte deux bustes de face, imitation d'un type wisigoth. Divers fels offrent la représentation de l'épi ou du thon, si communs sur les bronzes antiques de l'Espagne (cf. H. Lavoix, *Catal. des m. musulmanes...*, 1887, préface, p. XLI et seq.).

MONNAIES DES ÉMIRS ET DES OMEYYAHS JUSQU'A ABDER-RHAMAN III

Nombreux *fels* de cuivre, *dinars*, 1/2 et 1/3 de *dinar* d'or, peu de *dirhems* d'argent.

M. des OMEYYAHS depuis: (1)

*300. Abder-Rahman III, *Cordoue, Zahra.*
*350. Al-Haquem II, *Zahra.*
*366. Hixem II, *Cordoue, Fez.*
*399. Mohammad II, Al-Mahdi, *Cordoue.*
*400. Çuleiman Al-Moçtain, *Cordoue, Zahra.*

CALIFES HAMMOUDÎTES DE MALAGA, CEUTA ET ALGESÎRAS

*407. Ali ben Hammoud, *Ceuta.*
*408. Al-Kaçim Al-Mamun, *id.*
*415. Yahya Al-Motali, *id.*
*427. Idris Al-Mutaayyad, *Cordoue.*
*431. Haçan Al-Moctansir, *Ceuta.*
*433. Idris II, Al-Ali, *Cordoue.*
438. Mohammad Al-Mahdi de Malaga.
*440-450 ? Mohammal Al-Mahdi d'Algesiras, *Cordoue.*
*445. Idris II, de nouveau, *Cordoue, Grenade.*

(1) Les dates données dans les listes suivantes sont celles de l'*hégire* (16 Juillet 622 de notre ère).

ABBADITES DE SÉVILLE

*433. Abbad Al-Motadhid, *Cordoue.*
*461-484. Mohammad Al-Motamid, *Cordoue*, *Murcie*, *Séville.*

ROIS DE BADAJOZ

Mohammad Al-Mothaffar.
456 ? Yahya Al-Mansor.
460. Omar Al-Motawaquil.

MONNAIES ANONYMES DE TOLÈDE ET CUENCA, VALENCE, ETC.

ROIS DE SARAGOSSE

*314. Yahya ben Mondsir.
*420. Mondzir ben Yahya.
*431. Çuleiman Al-Moçtain Ier.
*438. Ahmed Al-Moktadir.
*474. Yuçuf Al-Mutaman.
*478. Ahmed II, Al Moçtain, etc.

ROIS DE DENIA ET MAYORQUE

*408. Mochehid.
* Haçan.
*436. Ali Ikbalo d. Daulah.
* El Hachib Moudzir.
* Çuleiman ben Mondzir, etc.

TORTOSE

*433. Mokatil o Mokabil.
*445. Yala.
Lebil ou Nabil.
*453. Çuleiman.

ALMORAVIDES

*453. Yuçuf ben Texufin, *Cordoue*, *Denia*.
*500. Ali ben Yuçuf, *Grenade*, *Séville*, *Almeria*.
*537. Texufin ben Ali ben Yuçuf, *Séville*.
*539. Ichak ben Ali ben Texufin, *Cordoue*.

Vers 1100, les *dinars* des Almoravides passèrent dans le midi de la France, sous le nom de *marabotins*. Il pourrait se faire que Saint Louis ait frappé les premières p. d'or de la troisième race, précisément à cause de la faveur dont jouissait la m. d'or musulmane.

ROIS INDÉPENDANTS DE LA PÉRIODE INTERMÉDIAIRE ENTRE LES ALMORAVIDES ET LES ALMOHADES

*539 ? Al-Moçtansir ben Hud.
* Aben-Wasir, de Badajoz.
* Hamdin ben Mohammad ben Hamdin, *Cordoue*.
*542. Mohammad ben Çaad, *Murcie*.

ALMOHADES (516-668)

La plus grande partie des m. des Almohades sont anonymes, en or ou en argent ; on n'en connaît aucune en cuivre. Les pièces d'argent sont carrées, et celles d'or, quoique rondes, ont leurs légendes renfermées dans un carré. Les légendes sont ordinairement des versets du Coran ou les titres du prince (*Al-Mahdi*, *Imam du peuple*, *notre Imam*, *le Calife*), ou des formules (*Al-Mahdi est l'imam du peuple ; le Koran est la parole de Allah ; le Koran est notre Imam*).

Les ateliers dont on trouve les noms sur ces m. sont les suivants : *Cordoue*, *Séville*, *Baza ?*, *Valence*, *Bugia*, *Tlemcen*, *Tunez*, *Segelmesa*, *Jaen*, *Rabato-l-Fatah*, *Ceuta*, *Xeres*, *Grenade*, *Fez*, *Minorque*, *Murcie*, *Marruecos*, *Malaga*, *Majorque*, *Mequinez*, etc.

ROIS NASRIDES DE GRENADE (629-892)

*629. Mohammad ben Yuçuf ben Nasr.
*671. Mohammad ben Nasr.
*701. Amir Mohammad.
*725. Mohammad IV, Mohammad V (755).
*733. Yuçuf Ier.
*794. Mohammad VII Al Moçtain billah.
*810. Yuçuf III.
*820. Mohammad VIII, Mohammad IX.
*849. Al-Moçtain billah Çaad ben Ali.
*866. Ali ben Çaad, etc.

Ces m. sont des *dirhems*, des *dinars* et divisions analogues à ceux des Almohades. Les *fels* sont de forme très irrégulière. Certaines m. portent la mention : *Fut frappé en l'Alhambra de Grenade*. Il existe aussi des m. anonymes de Grenade et d'Almeria.

ROIS D'ESPAGNE

Les premiers rois chrétiens se servirent probablement d'abord des m. musulmanes. Ils émirent ensuite des copies de m. des marches de l'empire carolingien, qui donnèrent naissance aux monnayages espagnol et portugais.

Voici les principaux types des m. espagnoles : croix, A et ω ; bustes ; lion à tête humaine couronnée, avec la lég. LEON ; cavalier armé ; croix entre deux bustes ; fleurons ; sorte d'arbre ; lion issant ; personnage couronné, accompagné d'un plus petit ; castel à trois tours ; buste entre les deux tours d'un castel ; légende en plusieurs lignes ; champ écartelé aux armes de Castille et de Léon ; châtel et lion dans des rosaces ; buste de face ; initiales couronnées : agneau pascal ; le prince assis sur un trône ; écu de l'ordre de la bande ; cavalier armé ; bustes affrontés d'Isabelle et de Ferdinand ; armoiries ; lettres ornées couronnées ; arc et six flèches liées ; les colonnes d'Hercule, avec PLVS. VLTRA, et quelquefois deux hémisphères couronnés. A partir de Charles III, la généralité des m. présentent le buste du souverain, et au ℞ l'écusson couronné.

A l'époque d'Alphonse VII, différents monastères et églises frappèrent des m., dont quelques-unes paraissent devoir être attribuées à Ségovie et Santiago. La reine Urraca accorda, en 1116, le privilège de monnayer à l'abbé du monastère de Sahagun, et Alphonse VII fit de même en 1119. Alphonse VIII et son successeur D. Enrique, frappèrent, à Tolède, des dinars avec légendes arabes et ALF, ou le titre *émir des catholiques ;* au ℞, on trouve un verset de l'Evangile (*St Marc*, XVI, v. 15), ou la mention : *Fut frappé ce dinar, à Tolède, l'an 1 et 50 et 200 et 1000 de l'ère de As-Safar* (ère espagnole qui date de la soumission aux Romains, en 38 av. J.-C.). On a une m. de cuivre analogue avec ALF.

Béatrice de Portugal, femme de Jean Ier, frappa une monnaie avec BEATRICIS (*regina Castelle e Por*). Presque toutes les m. de Charles Ier (Charles-Quint), frappées pour la Castille, portent son buste et son nom, accompagnés du buste et du nom de Jeanne, sa mère.

De 1809 à 1813, Joseph-Napoléon frappa des m. d'or, d'argent et de cuivre, selon le système espagnol, et de 1833 à 1840, le prétendant Don Carlos des m. d'argent et de cuivre à Ségovie.

Les m. sont d'abord des deniers et oboles ; le gros paraît sous Alphonse XI. Pierre Ier, Jean II, Henri IV, ont frappé de grandes pièces d'or portant, dans des rosaces, le buste du prince, le prince armé à cheval ou assis sur son trône, l'écu de l'ordre de la bande surmonté d'un heaume à lambrequins et au ℞ le champ écartelé de Castille et Léon. Ces pièces paraissent être des multiples des pièces d'or usuelles, et sont considérées comme des p. de 10 et 20 doubles, de 5, 10, 20 et 50 henris d'or. Une grande pièce d'or de Ferdinand et Isabelle porte effectivement les chiffres XX qui sont une indication de valeur. Sous Philippe III, P. IV et Charles II, on trouve de grandes pièces d'argent portant le chiffre 50 R. qui les a fait nommer *cinquantines;* la pièce de 100 écus d'or de Philippe IV est marquée du chiffre 100.

Sous les rois catholiques, les m. sont : en or, des *doublons*, des écus, des doubles et des quadruples ; en argent des p. de 8, 4 et 1 réaux, des 1/2, 1/4 et 1/8e de réal; en billon, des blancs et des maravédis ; en cuivre, des doubles *cuartos*, des *cuartos* (1/4) et des *ochavos* (8me). Sous Philippe II paraissent les *onces* d'or et les *douros* d'argent. D'après la loi du 26 juin 1864, l'unité monétaire était l'*escudo,* écu de 10 réaux (2 fr. 59), le *duro*, double écu, la *peseta* de 4 réaux, la *media peseta* et le *réal* (0 fr. 23) étaient les autres m. d'arg. En or, il y avait le *doublon* de 10 écus ou *isabelle*, les pièces de 4 et 2 écus. Depuis le décret du 19 octobre 1868, l'unité monétaire est la *peseta*, égale au franc et les m. d'or, d'arg. et de bronze sont les mêmes que celles de l'Union Occidentale. Il y a en plus le *réal* d'arg. (0 fr. 25) et l'*alphonse* d'or de 25 pesetas frappé en vertu de décrets de 1871 et 1876, La m. fiduciaire se compose de coupures de 1000, 500, 100, 50 et 25 pesetas émises par la *Banco de Espana* et ayant cours légal.

Aragon. — Les premières m. de l'Aragon sont des deniers portant une croix à long pied accostée de branches enroulées, ou une croix à double traverse ; au droit le buste du prince. De Pierre IV à Alphonse, le monnayage se compose de florins, 1/2 et 1/4 de florins avec diverses marques dans le champ. Sous Jean II, qui frappe une m. d'or avec sa figure debout et des m. d'argent avec son buste de face, on voit paraître l'écu palé d'Aragon conservé sur toutes les m. postérieures. Charles-Quint frappa pour l'Aragon des pièces avec son buste et celui de Jeanne, sa mère, notamment une grande pièce d'or, et de curieuses p. d'argent portant, avec la légende TROPHEA. REGNVM.ARAGONV, un écusson écartelé à quatre têtes de rois maures.

Catalogne. — Le comté de Barcelone offre un marabotin de Raimond-Bérenger Ier (1018-1035) avec légendes arabes et RAIMVNDVS.COMES, (*R. N.*, 1856, 64), et quelques pièces incertaines. Le comté, étant réuni à l'Aragon sous Alphonse II, ce prince et ses successeurs frappent de nombreux gros, demi-gros et deniers portant au ℟ le nom de Barcelone (BARCINONA, etc.). Ferdinand II, Charles et Jeanne, les Philippe et Louis XIII ont un monnayage spécial sur lequel ils prennent le titre de *comtes de Barcelone*. La Catalogne offre encore une nombreuse série de m. locales contemporaines de l'invasion française en 1640 : *Agramon*, *Arbeca*, *Balaguer*, *Banolas*, *Bellpuig*, *Berga*, *Besalu*, *Bisbal*, *Caldas*, *Cardona*, *Cervera*, *Figueras*, *Gerona*. *Granollers*, *Igualada*, *Lerida*, *Manresa*, *Mataro*, *Oliana*, *Olot*, *Puigcerda*, *Reus*, *Rosas*, *Solsona*, *Tagamanent*, *Taragona*, *Tarrasa*, *Tarrega*, *Tortosa*, *Valls*, *Vich*, *Villafranca del Panades* (Pour les m. antér. de Vich, Urgel, Besalu, Ampurias, v. le tome Ier.)

Depuis Jacques Ier, les rois d'Aragon et les monarques espagnols frappèrent à Valence des m. d'or et d'argent portant au ℟ VALENCIE.MAIORICARVM ; le type ordinaire est le buste du prince de face ou de profil, au ℟ l'écu en losange de Catalogne.

Jacques Ier d'Aragon avait donné à son fils puîné Don Jayme, le royaume de Majorque, formé des Baléares d'où les Arabes furent chassés en 1262. Ce royaume fut réuni à l'Aragon par Pierre IV. Depuis Jacques II jusqu'à Ferdinand VII d'Espagne, on trouve un monnayage spécial aux Baléares sur lequel les princes prennent le titre de REX.MAIORICARVM (gros, deniers, réaux, etc.). Alphonse V frappe des deniers pour Minorque (MINORICARVM) ; de Charles Ier (Quint) à Charles II, des m. d'Ebusus portent au ℟ VNIVER.EBVSI.DNS (Pour Montpellier et le Roussillon, v. tome Ier). Sous Alphonse V, les couronnes de Naples et Sicile furent jointes à celles d'Aragon, et on vit paraître l'aigle impérial et le type du carlin ; à signaler les belles pièces d'or au cavalier.

Navarre. — Après les deniers au buste des premiers rois et ceux de la maison de Champagne qui portent le type dégénéré du peigne, la Navarre offre une série très variée du règne de Charles le Mauvais dont les m., en majeure partie, sont des imitations (chaise, florin, royal, gros, sol, denier, etc.). A signaler les écus, doubles et quadruples écus d'or de Ferdinand II d'Aragon. Les monarques espagnols continuent un monnayage spécial avec l'écusson aux chaînes de Navarre; Philippe IV a frappé aussi pour la Navarre, une grande p. d'argent de 50 réaux (Pour la *Nav. française*, v. *Béarn*, t. Ier).

MARQUES D'ATELIERS SUR LES MONNAIES ESPAGNOLES

L. Léon.
T. Tolède.
S. Ségovie.
B, B-S. Burgos.
C. Cuenca.
S, S-E. Séville.
M, MD. Madrid.
A. Avila.
CA. La Corogne.
V. Villalon, Valladolid.
JAEN. Jaen.
G. Grenade.
C couronné. Cadix.
B, BA, Barcelone.
LERIDA. Lerida.
GNA. Girone.
C. Catalogne.
TOR-SA. Tortose.
V. Valence.
Z. Saragosse.
J, JA. Jubia.
P-P. Pampelune.
P ou armoiries. Palma.
MA. Manille.
M. Mexico.
Caracas, Guatemala, Lima, Nicaragua, Pérou, Potosi, Popayan, Santa Fé de Bogota, Sainte-Marthe, Saint-Domingue, Santiago, San-Luis de Potosi, Zacatecas.

ROIS DES ASTURIES

718. Pélage.
737. Favila.
739. Alphonse Ier le Catholique.

ROIS D'OVIEDO

756. Fruela Ier.
768. Aurelio.
774. Silo.
783. Mauregat.
789. Bermude Ier.
791. Alphonse II, fils de Fruela.
842. Ramire Ier, fils de Bermude.
850. Ordogno Ier.
866. Alphonse III le Grand
909. Garcie Ier.

ROIS DE LÉON

914. Ordogno II, fils d'Alphonse III.
924. Fruela II.
925. Alphonse IV.
930. Ramire II.
982. Bermude II.
999. Alphonse V.
1027. Bermude III.
1037. Sancha, sœur de Bermude III et femme de Ferdinand Ier, roi de Castille.

ROIS DE CASTILLE ET LÉON

1037. Ferdinand Ier, de Navarre.
1065. Sanche II, le Fort.
*1073. Alphonse VI, ANFVS.REX.
*1109. Urraca, fille du précédent. VRRACA.REGI.
*1126-1157. Alphonse VII, ANFVS.REX *ou* IMPERATOR.

LÉON

*1157. Ferdinand II, FERNANDVS.
*1188-1230. Alphonse IX, ADEFONSVS *ou* ANFONS.

CASTILLE

*1157. Sanche III, SANCIVS.REX.
*1158. Alphonse VIII, ANFVS.
*1214. Henri Ier, ENRICVS.
*1230. Ferdinand III le Saint, roi de Castille et de Léon. F.REX.
1252. Alphonse X.
*1284. Sanche IV. SANCH.REX.
*1295. Ferdinand IV, sans son nom.
*1312. Alphonse XI. ALFONSVS.
*1350. Pierre le Cruel. PETRVS.
*1368. Henri II de Transtamarre. ENRICVS.
*1379. Jean Ier. IOHANIS.
*1390. Henri III. ENRICVS.
*1406. Jean II. IOHANES.

*1454. Henri IV, ENRICVS.QARTVS.
*1465-1468. Alphonse, proclamé roi à Avila contre son frère D. Henri IV. ALFONSVS.
*1474-1504. Isabelle Ire de Castille et Ferdinand V d'Aragon, FERNANDVS.ET.ELISABET.
*1475. Alphonse V de Portugal, ALFONSVS.
*1504. Jeanne d'Aragon et Philippe Ier d'Autriche.
*1516. Charles Ier, roi de Castille et d'Aragon, depuis empereur sous le nom de Charles-Quint. KAROLVS.
*1556. Philippe II, roi de Castille, d'Aragon et de Portugal. PHILIPPVS.
*1598. Philippe III, roi de Castille, d'Aragon et de Portugal.
*1621. Philippe IV, roi de Castille, d'Aragon et de Portugal.
*1665. Charles II, roi de Castille, d'Aragon et de Portugal.
*1700. Philippe V d'Anjou, roi d'Espagne.
*1724. Louis, puis Philippe V pour la seconde fois.
*1746. Ferdinand VI.
*1759. Charles III.
*1788. Charles IV.
*1808. Ferdinand VII.
*1833. Isabelle II.
*1870. Amédée de Savoie.
*1873. République.
*1875. Alphonse XII.
1885. Alphonse XIII ; Marie-Christine d'Autriche, régente.

ROIS D'ARAGON

Maison de Navarre

1035. Ramire Ier.
*1063. Sancho Ramirez. SANCIVS.
*1094. Pierre Ier, PETRVS.
*1104. Alphonse Ier, ANFVS.
1134. Ramire II.
1137. Petronille et Raimond-Béranger comte de Barcelone.

Maison de Barcelone

*1162. Alphonse II. ANFOS.
*1196. Pierre II. PETRO.
*1213. Jayme ou Jacques Ier. IACOBVS.
1276. Pierre III.
1285. Alphonse III.
*1291. Jayme ou Jacques II. IACOBVS.
1327. Alphonse IV.
*1335. Pierre IV, PETRVS.
*1387. Jean Ier. IOA.
*1396. Martin Ier. MAR.

1410. *Interrègne.*

Branche de Castille

*1412. Ferdinand Ier. FR.
*1416. Alphonse V. AL.
*1458. Jean II, IOHANES.
*1464-66. Pierre de Portugal.
*1467-1470. René d'Anjou.
*1479. Ferdinand II. *Réunion à la Castille.*

ROIS DE NAVARRE

8... Inigo-Jimenez (Arista).
852. Garcia Jimenez.
86.. Garcia Iniguez.
880. Fortun Garces.
905. Sanche Ier Garces.
926. Jimeno Garces.
931. Garcia Ier Sanchez.
970. Sanche II Garces.
974. Garcia II.
*1000. Sanche III le Grand (IMPERATOR).
*1035. Garcia III Sanchez, GARCIA.
*1054. Sanche IV, SANCIVS.
*1076. Sanche V Ramurez, roi d'Aragon.
*1094. Pierre Ier, *id.*
*1104. Alphonse Ier, *id.*
1134. Garcie IV Ramirez, roi de Navarre, petit-neveu de Sanche IV.
1150. Sanche VI.
*1194. Sanche VII, SANCIVS.
*1234, Thibaut Ier, comte de Champagne, neveu du précédent. TEBALD'REX.
*1253. Thibaut II de Champagne. TIOBALD'REX,

1270. Henri Ier.
*1274. Jeanne de Champagne et Philippe le Bel, roi de France. IOHANA.
1305. Louis X, roi de France.
1316. Philippe le Long, *id.*
1322. Charles le Bel, *id.*
1328. Jeanne de France et Philippe d'Evreux.
*1349. Charles II le Mauvais, comte d'Evreux. KAROLVS.
1387. Charles III.
*1425. Blanche et Jean II d'Aragon. I & B, IOHANES.
*1479. Eléonore, reine de Navarre. — François Phébus de Foix, petit-fils de la précédente, et Madeleine de France, sa mère et tutrice. FRANC.F. *ou* PHEBVS.
*1483. Catherine de Foix et Jean d'Albret. IOHANES, KATHERINA.
*1512. Ferdinand V, roi de Castille. FERNANDVS.
*1516. Henri II d'Albret.
*1555. Jeanne d'Albret et Antoine de Bourbon.
*1572. Henri III de Bourbon, depuis roi de France, sous le nom de Henri IV.

VANDALES

Les Vandales, chassés d'Espagne par les Wisigoths envahirent l'Afrique, sous la conduite de Genseric (429), s'emparèrent de Carthage (439) et fondèrent un royaume dont le dernier prince fut vaincu et fait prisonnier à Trikameron (533) par Bélisaire.

Les monnaies vandales sont en argent et en cuivre. Les premières portent un buste diadémé, et au ℞, dans une couronne, D.N avec les chiffres XXV ou les signes ⊔ (L) et ⊏ (C), indiquant la valeur des pièces qui correspondent comme poids à la *siliqua* byzantine (24e du sou), à la *demi-siliqua* et à la double. Les m. vandales en cuivre portent la légende KARTHAGO, un soldat debout, une tête de cheval, une figure de femme drapée, un buste diadémé ; au ℞, on trouve à l'exergue ou dans une couronne les chiffres x|II, Nx|II, Nxxi, Nxii, Niiii. Certaines de ces pièces paraissent correspondre au *follis* byzantin et à ses divisions ; celles qui portent xii, iiii et appartiendraient à un système local et représenteraient $\frac{1}{500}$, $\frac{1}{1500}$ et $\frac{1}{6000}$ du solidus. Certaines m. d'argent portant le nom d'Honorius et au ℞ ANNO IIII, ou V.K, femme debout (Carthage), paraissent avoir été frappées par les premiers rois vandales (J. Friedländer, *Münzen der Vandalen*, 1849 ; C. F. Keary, *Coinages of Western Europe*, *Num. chronicle*, 1879).

ROIS VANDALES

427. Genséric.
477. Huneric.
*484. Gunthamund, D.N.REX.GVNTHAMVNDV.
*496. Thrasamund, D.N.RG.THRSAMVNDS.
*523. Hilderic, D.N.HILDERIX.REX *ou* HIL.
*530. Gelimir, D.N.REX.GEILAMIR.

PORTUGAL

Après avoir passé aux mains des Arabes, l'ancienne Lusitanie fut donnée en comté par Alphonse VI de Castille à Henri de Bourgogne (1095). Le fils de ce dernier, Alphonse Ier, fut proclamé roi indépendant après la victoire d'Ourique sur les Maures (1139). A la mort du cardinal Henri, Philippe II d'Espagne s'empara du Portugal qui redevint indépendant avec Jean IV.

A l'origine, le Portugal se servit de m. étrangères de toutes espèces, surtout celles de Castille, de Léon et d'Aragon. En Portugal, le droit de battre m. a toujours été le privilège exclusif du souverain. La cathédrale de Braga reçut d'Alphonse Ier, un bénéfice dans la fabrication de la m. du royaume, mais non le droit d'en frapper (1128). La pièce de D. Denis avec CIVITAS.BRAGA, a été frappée probablement à l'étranger, par ordre de l'archevêque.

Les principales m. étaient la *cruzade*, le *teston* et le *réal*. Depuis Jean III, beaucoup de pièces portent en chiffres arabes ou romains l'indication de leur valeur en *reis*.

Les types sont : un cavalier armé ; croix formée de quatre écussons chargés de cinq besants ; le prince debout ou assis ; écu couronné ou surmonté d'un heaume ; initiale couronnée ; buste couronné ; écu et initiale dans des rosaces ; main tenant une épée ; châtel ; croix pattée ; saint Vincent debout ; Notre-Dame de la Conception ; croix cantonnée de la date, etc.

Les m. d'or d'Alphonse Ier, de Sanche Ier et d'Alphonse portent la figure du roi à cheval ; on les a qualifiées de *marabotins alfonsins*. Jean V émit de grandes pièces d'or analogues à celles d'Espagne.

Des m. portent les noms réunis d'Alphonse V et de Jean II. Emmanuel frappa des petites pièces de cuivre avec une légende arabe signifiant : *Manuel, roi de Portugal*. Béatrice, femme de Jean Ier, monnaya à son nom seul (1383-90). Jean II, Emmanuel et Jean III prennent sur leurs m. le titre de DOMINUS GVINEE. En 1580, Don Antonio, vaincu par l'armée espagnole du duc d'Albe, se vit forcé d'abandonner son royaume. Les îles Açores, seules, refusèrent de reconnaître la domination espagnole et on frappa en 1582, à Angra, dans l'île de Tercère, des m. d'or, d'argent et de bronze, au nom d'Antonio, qui sont marquées d'un A et d'un faucon, signes monétaires des Açores (Chalon, *Rev. belge*, 1868, 52; cf. *R. N.*, 1889, 352).

On a d'Antonio des testons imités de ceux de Henri III de France. Nous savons par divers documents que cette imitation eut lieu avec l'assentiment du roi de France. Mais le Conseil du roi présenta des remontrances et conclut qu'il fallait autoriser seulement la fabrication de m. de cuivre au moulin par Aubin Olivier et que ces m. n'auraient pas cours en France (*Archives Nation.*, Z[1B] 379, 19 avril 1583). C'est aussi en 1580, que les cinq gouverneurs du royaume firent frapper des pièces d'or de 500 réaux, des testons et 1/2 testons d'argent avec la lég. GVBERNATORES.ET.DEFENS.REG.D.PO.

Les rois d'Espagne prirent sur les m. le titre de rois de Portugal et y mirent l'écusson de ce pays. Le ℞ conserva la croix avec la légende IN.HOC.SIGNO.VINCES, qui remontait à Emmanuel, et avait rapport à l'ordre du Christ.

Depuis 1854, les m. sont : en *or*, la *couronne*, la 1/2 couronne, le 1/5, le 1/10 de couronne (5 fr. 59) ; en *arg.*, les pièces de 5, 2 et 1 testons, 1/2 teston (0 fr. 25) ; en *cuivre*, des p. de 20, 10, 5 et 3 reis. On compte en *reis* et *milreis* ; ce dernier nom est donné aussi au 1/10 de couronne. La monnaie fiduciaire est composée de coupures de la *banque de Portugal* ayant cours dans tout le Portugal, et de neuf autres banques ayant cours seulement dans le district d'émission.

MARQUES D'ATELIERS SUR LES MONNAIES PORTUGAISES

B. Bahia.
Ç-A. Çamora.
C. Ceuta.
CR-V. Corunha.
D. Diu.
E *ou* EV.
GA. Guimarens.
G *ou* GA. Goa.
L *ou* LB *ou* LISBOA. Lisbonne.
M. Miranda.
M *ou* MM. Minas-Geraes *ou* Villa-Rica.
P *ou* PO. Porto.
P. Pernambuco.
R. Rio-de-Janeiro.
T. Tuy.

ROIS DE PORTUGAL

1094. Henri de Bourgogne, comte de Portugal.
*1112. Alphonse Henriquez, premier roi ; et Thérèse de Castille, sa mère. AFNSI *ou* ALPHONSVS.
*1185. Sanche Ier. SANCIVS.REX.
*1211. Alphonse II. DOMINI.ALFONSI.
*1223. Sanche II Capel. REX.SANCIVS.
*1248. Alphonse III. ALFONSV.
*1279. Denis. D *ou* DIONISII.REGIS.
*1325. Alphonse IV. ALF.
*1357. Don Pèdre Ier. P.
*1367. Ferdinand. FERNANDVS.
*1383. Don Juan Ier d'Aviz. IHNS.
*1433. Édouard. EDVARDVS.
*1438. Alphonse V. ALFONSVS.QVINTI.
*1481. Don Juan II. IOHANNES.II *ou* SECVNDVS.
*1495. Emmanuel, cousin du précédent. EMANVEL.
*1521. Jean III. IOAS *ou* IOANES.III.
*1557. Sébastien, petit-fils du précédent. SEBASTIANVS.I.

*1578. Henri Ier, fils d'Emmanuel. HENRRIQVS.
*1580. Antoine, bâtard de Louis, 2e fils d'Emmanuel. ANTONIVS.
*1580. Philippe Ier, roi d'Espagne.
*1598. Philippe II, *id.*
*1621. Philippe III, *id.*
*1640. Jean IV de Bragance, descendant du roi Emmanuel.
*1656. Alphonse VI.
*1683. Don Pèdre II, frère du précédent.
*1706. Jean V.
*1750. Joseph Ier.
*1777. Don Pèdre III, frère du précédent.
*1786. Marie-Françoise-Élisabeth, veuve du précédent.
*1816. Jean VI.
*1826. Maria II da Gloria de Bragance.
*1827-34. Don Miguel.
*1853. Pierre V.
*1861. Louis Ier.
*1889. Charles.

ANGLETERRE

Honorius abandonna la Bretagne, en 411. Les Bretons, ne pouvant se défendre contre les Pictes, appelèrent à leur secours les Saxons, qui fondèrent les royaumes de Kent, Sussex, Wessex et Essex (455-527). Les Angles suivirent et établirent ceux de Mercie, Estanglie et Deirie-Bernicie. Les Danois, qui ravageaient l'Angleterre depuis 835, y régnèrent avec Suénon (1013-41). En 1066, Guillaume, duc de Normandie, fonda une nouvelle dynastie, remplacée, en 1154, par les Plantagenets, comtes d'Anjou, qui eurent de grandes possessions en France. Après les guerres civiles entre les maisons d'York et de Lancastre (guerre des deux Roses, 1452-85), la dynastie des Tudors monta sur le trône. Elle fut remplacée, en 1603, par Jacques Ier (VI d'Ecosse), qui réunit l'Angleterre, l'Ecosse et l'Irlande. Après la république (1649-52) et la restauration des Stuarts, Guillaume III, prince d'Orange, prit possession de la couronne. Enfin en 1714, commença la maison actuelle de Hanovre.

La monnaie d'Angleterre ne paraît avoir repris une forme nationale qu'après l'introduction du christianisme et l'établissement des colonies anglo-saxonnes, qui formèrent sept royaumes.

Le monnayage anglo-saxon présente de grandes analogies avec celui des Mérovingiens. Seulement, en Gaule, c'est l'or qui domine presque exclusivement, tandis qu'en

Angleterre, c'est la *sceatta* d'argent, numéraire que l'on appelait *saiga* en Gaule.

La *sceatta* porte des légendes d'abord runiques, puis ensuite latines. Le type du droit est généralement une tête barbare, une figure d'oiseau ou d'animal, un dragon, la louve allaitant Remus et Romulus, des croix, des perles, etc. (Sur les *sceattae*, v. J. Dirks, *Rev. belge*, 1870, 81, et Head, *Numism. Chron.*, 1868, 76).

On a signalé quelques *sceattae* en or.

La *styca*, m. d'un alliage où domine le cuivre, est particulière au royaume de Northumberland.

A l'exception des premières m. des rois de Kent et de Northumberland qui sont des *sceattae*, le monnayage des rois anglo-saxons se compose du denier (*penny*) et de l'obole (*half-penny*), qui correspondent aux m. des Carolingiens.

Les rois de Mercie introduisirent sur leur numéraire des types imités dans toute l'Heptarchie et par la plupart des nations de l'Europe septentrionale, qui étaient en rapport avec les Anglo-Saxons, fait qu'explique facilement l'origine de ces derniers. Ces m., d'un nouveau type, portaient le buste du roi, ses nom et titre, et au ℞ un nom de monnayer et des croix ornementées d'une façon si particulière que l'on peut reconnaître les m. anglo-saxonnes ou leurs imitations au seul aspect des croix.

Les archevêques de Cantorbury, qui avaient commencé à battre des monnaies à leur nom en inscrivant au ℞ celui des rois de Mercie, Offa et Coenwlf, continuèrent ce monnayage avec leur nom seul pendant tout le IXe siècle. Ils furent imités par les archevêques d'York. Nous voyons, du reste, par un passage des lois d'Æthelstan, que plusieurs évêques et abbés frappaient monnaie au Xe siècle :

« Placuit nobis ut una moneta sit in toto regni imperio, et nullus monetet extra portum. Si monetarius reus fuerit, amputetur ei manus, et ponatur super monetæ fabricam. Si inculpatio sit, et se purgare velit, eat ad ferrum calidum, et adlegiet manum ad canrafam, quod non falsum fecit. Si in ordalio reus fuerit, fiat ei quod supra dictum est. In Cantuaria sint octo monetarii ; regis quatuor ;

episcopi tres ; abbatis unus. In Roncestria tres ; regis duo, episcopi unus. In Londoniis octo. In Wintonia sex. In Lewes duo. In Hastingecestra unus. In Sceaftsbury duo. In Exonia duo, et in aliis burgis. »

Il est très possible, à notre avis, que les m. portant les noms de saint Edmond, saint Pierre et saint Martin, aient été frappées dans des abbayes placées sous le vocable de ces saints.

Cependant, on considère les pièces au nom de saint Edmond comme ayant été frappées pour le roi d'Estanglie, Eohric (890-905), dont on ne connaît pas de m. signées.

Eadgar, du vivant de son frère Eadwig, roi du Westsex, avait été élu roi du pays compris entre la Tamise et la rivière du Forth. A la mort d'Eadwig, en 959, Eadgar devint roi de toute la Bretagne et fut le premier prince sous lequel les royaumes de l'*Heptarchie* furent définitivement unis.

Depuis Eadgar jusqu'à Guillaume le Conquérant, les m. portent des croisettes, des bustes, diadémés ou couronnés, devant lesquels paraît un sceptre, des croix ornées de diverses façons, cantonnées de points, de fleurons, d'oiseaux, ou des lettres formant les mots CRVX et PACX.

Sur des deniers d'Edouard le Confesseur, on trouve le buste de face et le roi assis de face. Les deniers d'Harold portent au ℞ PAX entre deux traits.

De Guillaume le Conquérant à Edouard Ier, les types sont les suivants : buste couronné de face ou de profil, tenant un sceptre ou une épée, entre deux annelets ou deux astres ; croix très ornées de formes diverses, cantonnées de fleurons, annelets, étoiles, oiseaux, etc.

Hawkins attribue : à Henri, evêque de Winchester, frère d'Étienne, un denier avec HENRICVS.EPC ; à Robert, comte de Gloucester, fils d'Henri, un denier avec RODBERTVS...ST ; à Étienne et Mathilde, une pièce portant deux personnages ; à Eustache, fils aîné d'Étienne, deux deniers portant un lion et un buste d'homme tenant une épée, avec la légende EISTACHIVS.

M. L. Deschamps de Pas a reconnu la fabrique anglaise

de ces pièces, qu'il a étudiées récemment (*M. de Boulogne*, *R. N.*, 1885, p. 276, pl. X).

Hawkins donne encore : à Guillaume, fils d'Étienne, un denier avec WILLELMVS ; à Mathilde, des deniers avec le titre IMPERATRIX ; et à Roger Henri, comte de Warwick, d'autres avec PERERIC.

Les pièces que nous venons de citer sont les seules que puisse revendiquer le monnayage féodal, en Angleterre.

Depuis Edouard Ier jusqu'à Henri VII, le type esterlin domine exclusivement sur les *groats* (gros), *pennies*, *halfpennies* et *farthings*. Sous Edouard Ier, les ateliers monétaires sont les suivants : Londres, Berwick, Bristol, Canterbury, Chester, Durham, Exeter, Kingston, Lincoln, Newcastle, Reading, Saint-Edmundsbury, York. Le classement des pièces appartenant aux princes homonymes, Edouard et Henri, est naturellement très difficile et peu certain.

Sous Henri VII, on voit paraître la tête de profil et l'écusson écartelé de France et d'Angleterre. Sous Edouard VI, on voit, sur les couronnes et les 1/2 couronnes, le roi à cheval. Depuis Henri VIII, la rose devient fréquente sur les monnaies, avec la devise *Rosa sine spina*.

Plusieurs pièces de Marie portent le nom et le buste de son époux, le roi d'Espagne. Le chardon d'Ecosse paraît avec Jacques Ier.

Le règne de Charles Ier offre une riche série de m. avec le buste ou le roi à cheval ; beaucoup de pièces portent les mots : RELIG.PRO-LEG.ANG.LIB.PAR, qui rappelle la promesse faite par Charles de protéger la religion protestante, les lois anglaises et la liberté du Parlement. De 1653 à 1658, le protecteur Olivier Cromwell fit frapper au balancier des pièces d'or et d'argent selon le système des diverses m. en usage, mais beaucoup de numismatistes ne croient pas qu'elles aient eu cours, parce que la *Commonwealth* émettait des m. à la même époque (de 1649 à 1660). A signaler, sous Georges III, le *five-shillings-dollar* de la Banque d'Angleterre, et les *shillings* de 1763, frappés pour l'usage du comte de Northumberland, lord lieutenant d'Irlande.

Les lois d'Ethelbert, roi de Kent, font mention de *solidi* et de *sceattæ*. Mais il n'est pas certain que les monnaies d'or dont il y est question aient été frappées par les rois de l'Heptarchie. Plusieurs triens paraissent bien appartenir au pays anglais ; les deux plus certains portent : + DOROVERNIS. CIVITAS (Canterbury), et LONDVNIV (Londres). Un dinar d'or porte, au milieu de légendes arabes, le nom OFFA. REX, qui se rapporte au roi de Mercie ; cette curieuse pièce est évidemment une imitation de m. arabe, et probablement un spécimen des 365 mancuses d'or que Offa avait promis d'envoyer annuellement au pape. Vigmond, l'archevêque d'York, imite les sous d'or de Louis le Débonnaire, sur une pièce portant VIGMVND.AREP. ℟, MVNVS.DIVINVM. On possède d'Ethelred une pièce en or, aux types des deniers du même roi, avec la tête casquée. Pareil fait se présente pour Edouard le Confesseur.

Henri III fit frapper des monnaies d'or, qui devaient valoir 20 pennies, et qui portent : HENRIC.REX.III, le roi assis de face. ℟, croix cantonnée de roses, WILLELM.ON. LVND. Cette fabrication ne fut pas continuée, et c'est seulement à partir d'Edouard III que le monnayage de l'or devient régulier. On a alors les *florins* (le roi assis entre deux lions), le 1/2 et le 1/4 de florin (léopard avec écusson ou heaume), le *noble* et le demi (le roi armé dans un navire), le 1/4 de noble (écu de France-Anglet. dans une rosace). On trouvera de bons tableaux des émissions dans l'ouvrage de Lloyd Kenyon. Richard II, Henri IV, V et VI continuent le monnayage des nobles. Edouard IV introduisit les *anges*, qui portent l'archange Michel terrassant le démon, et au ℟ une nef avec l'écusson de France-Anglet., surmonté d'une croix. Les *angelets* sont aux mêmes types. Du même règne datent les *rials* ou nobles à la rose, au type de la nef, mais sur lesquels paraît la rose (1/2 rials aux mêmes types).

On attribue à Richard III des *anges* et angelets portant une petite rose à côté de la lettre R au ℟. Sous Henri VII paraissent des *souverains*, grande pièce d'or portant le roi assis sur un trône, et au ℟ un écu sur une large rose double. Le *rial* conserve le type du roi dans la nef, et prend au ℞ un écu de France sur une rose double.

Sous Henri VIII : de magnifiques essais du double souverain ; le *noble-Georges* (Saint Georges à cheval perçant le démon), les *couronnes* (rose double sous une grande couronne fermée ; ℞, écu écartelé de France-Angl., couronné), et 1/2 couronnes ; des souverains et 1/2 avec écusson supporté par un lion et un dragon ; des anges, des angelets et des 1/4 d'anges. Sous Edouard VI paraît le buste royal, quelquefois à mi-corps. Marie et Elisabeth conservent les types de leurs prédécesseurs.

Sous Jacques Ier, le lion d'Ecosse et la harpe d'Irlande prennent place dans l'écusson (1) ; le même prince introduit le *rial* à la rose (le prince assis sur un trône), et le *spur-rial ;* un autre *rial* présente un lion placé derrière l'écusson qu'il supporte ; le *souverain* porte alors un buste avec sceptre et globe ; l'*unite* ou *laurel* (buste lauré) dont la valeur de 20 shillings est indiquée par les chiffres XX ; la double couronne ou 1/2 laurel est marquée X ; la couronne au chardon porte d'un côté une rose, de l'autre un chardon, couronnés. Un *unite* de Charles Ier porte à la fin des légendes un B, marque de Nicolas Briot, graveur en titre dès 1633. A signaler les *unites* frappés à Oxford avec la légende RELIG.PRO.LEG.ANG.LIBER.PAR. et le buste du roi tenant une épée et une branche de laurier ; la grande pièce de 3 livres est aux mêmes types.

De 1649 à 1660, la Chambre des Communes fit frapper des *unites*, des *doubles couronnes* (X) et des *couronnes de Bretagne* (V) dont le type uniforme était celui-ci : écu à la croix de Saint Georges, entre une branche de laurier et une palme, THE.COMMONWEALTH.OF.ENGLAND ; ℞, écus accostés portant la croix de Saint Georges et une harpe, au-dessus la valeur, V, XX, X, GOD.WITH.VS.

(1) Le roi d'Angleterre portait écartelé : au 1er et 4e, contrécartelé, 1 et 4 de France, 2 et 3 d'Angleterre, qui est *de gueules à trois léopards d'or l'un sur l'autre, armés et lampassés d'azur ;* au 2e grand quartier, *d'or au lion de gueules enfermé dans un double trescheur, fleuronné et contrefleuronné de même*, Ecosse ; au 3e grand quartier, *d'azur à la harpe d'or*, Irlande.

Charles II introduisit sur ses m. le type des quatre écussons, Angleterre, Ecosse, France et Irlande, cantonnant le sceptre et la main de justice posés en croix. Ce type s'est conservé jusque sous Georges Ier, alternant avec l'écusson écartelé couronné, le droit étant toujours réservé à la tête du souverain. Sur les doubles souverains de Georges IV et les souverains de Georges III et de Victoria, on voit reparaître le saint Georges à cheval.

Sur un certain nombre de m. d'or et d'argent, depuis Henri VIII, on voit la herse de fer, armes des Tudors. A partir de 1552, les m. sont presque toujours datées.

Sous Charles II, le monnayage au marteau continue à fonctionner concurremment avec celui au moulin. Vers la même époque, les *souverains* ou p. de 20 sh. reçurent le nom de *guinées*, parce que la Compagnie africaine avait importé beaucoup d'or de Guinée.

Voici l'évaluation des différentes m. d'or sous Henri VIII ; mais, même sous ce règne, leur valeur a varié :

Souverain, 20 shillings.	Angelet, 3 s. 4 d.
Ryal, 10 s.	Couronne, 5 s.
Ange, 6 s. 8 d.	1/2 couronne, 5 s. 6 d.

Toutes les pièces en or de 1703 portent VIGO sous le buste, car le métal dont elles sont faites venait des gallions espagnols pris dans la baie de Vigo en 1702. Sur les m. d'argent de Georges Ier, l'origine du métal est indiquée par divers signes ou lettres : S.S.C (South Sea Company) ; W.C.C. ou plume et deux C (Welsh Copper Company) ; des plumes indiquent l'argent de Galles, et des roses, l'argent anglais. Sous Georges II, des pièces en or portent E.I.C (East India Company) ou LIMA, qui indique l'or pris par des corsaires.

La première m. légale de cuivre en Angleterre fut une p. de la communauté de la cité de Bristol, sous Elisabeth qui avait accordé un privilège spécial. Cette p. est carrée et porte C.B, et au ℟ les armes de Bristol (un navire sortant d'un château) (*Num. Chr.*, t. XX, p. 176). Les m. de cuivre, dont on a des essais sous la République, paraissent sous Charles II. Le *halfpenny* et le *farthing* portent dès lors la Bretagne assise, BRITANNIA. Il existe aussi des *farthings* en étain avec NVMMORVM.FAMVLVS, à partir du même règne. Sous Georges IV et Guillaume IV, on frappa pour les colonies des *demi-farthing* et des *tiers de farthing*.

Les m. actuelles de l'Angleterre sont :

En or : le souverain, le demi-souverain (25 fr. 22 et 12 fr. 61).

En arg. : La couronne de 5 shillings, la 1/2 couronne, le florin (2 shillings), le shilling (12 pence), 6 pence, 4 pence (groat), 3 pence, 1 penny.

En bronze : le penny (ou denier), le 1/2 penny, le farthing ou liard (1/4 du penny). On compte en livres sterling (pounds, 25f22) de 20 shillings à 12 pence. La *guinée* figure encore par exception comme m. de compte (26f48).

La m. fiduciaire est représentée par des billets de la *banque d'Angleterre*, de la *banque d'Irlande* et des banques d'Ecosse.

ROIS DE KENT (1)

765-791. Egcberht. EGCBERHT.RX. ℟ BABBA (monnayeur).

794. Ethelberht. EADBEARHT.REX.

798. Cuthred. + CVDRED.REX.CANT. ℟ + EABA.

805-823. Baldred. +BELDRED.REX.CANT. ℟ Divers noms de monétaires.

Le royaume de Kent finit avec Baldred détrôné par Egbert, roi du Westsex.

ROIS DE SUSSEX (Saxons du Sud)

On n'a pas encore trouvé de monnaies de ce royaume.

(1) N.-B.— On ne trouvera dans ces listes que les rois auxquels appartiennent des monnaies. Dans la transcription des légendes, nous avons rendu le D barré saxon par TH dont il a la valeur. Sur les m. des Guillaume, on trouve le signe Ƿ (le *wen*) qui a la valeur de W.

ROIS DU NORTHUMBERLAND

670. Ecgfrith, ECGFRID.REX ℟ croix avec LVX +.
685-705. Aldfrid, + ALFRIDVS.
737. Eadberht, EOTBEREhTVΓ ℟ ECGBERHT, figure tenant deux croix.
759. Moll Ethilwald, EDIΓhDΓV ℟ EGBERhT.AR.
765. Alchred, AΓCHRED.
779-788. Elfwald, ALEFVALD.
806. Elfwald II, EL.VALD.R.
808. Eanred, EANRED.REX.
840. Æthelred II, EDELRED.REX.
844. Redulf, REDVLF.REX.
848. Osbercht, OSBERCHT.REX.
875. Halfden, ALFDENE.REX.
Sitric, comte, SITRIC.COMES.
883. Cnut
900. Siefred
} Ces pièces sont considérées avec raison comme appartenant à l'Angleterre (Hawkins, 3e édit., p. 83 ; voir *Carolingiens*).
901-905. Alwald, ALVALDVS. ℟ DNS.DS.REX.
921. Sitric, SITRIC.CVNVNC A.
927-954. Eric, ERIC.REX.
912-944. Regnald, REGNALD.CVNVL.
941. Anlaf, ANLAF.CVNVNC.

Types : sur des *sceattae* de Eadberht, on voit la figure debout de son frère Ecgberht qui était archevêque d'York ; lion ou loup ; ornement trifolié comparable aux anneaux de Maestricht (c'est peut-être un symbole des anneaux servant de monnaie ; *Rev. belge*, 1888) ; objet appelé étendard danois ; épée ; le corbeau danois ; buste ; légende en deux lignes.

ROIS DE MERCIE

757-796. Offa. + OFFA.REX. ℟ Noms de monétaires.
Cynethryth, femme d'Offa. CYNETHRYTH.REGINA. Champ, M. ℟ EOBA, buste.
794. Coenwlf, COENVVLF *ou* CENVVLF.REX.M.
818. Ceolwlf Ier. + CEOLWLF.REX.M.
820. Beornwlf. BEORNWVLF.REX.M.

824. Ludica. LVDICA.REX.ME.
825. Wiglaf. WIGLAF.REX.M.
839. Berhtulf. BERHTVLF.REX.
852. Burgred. BVRGRD.RE.M.
874. Ceolwlf II. CIOLVVLF.REX.

Types : Noms en plusieurs lignes ; bustes ; croix de formes diverses, quelquefois séparant les lettres du nom de monnayeur ; chrisme, etc.

ROIS D'ESTANGLIE

750. Beonna. Nom en runes ℟ EFE.
819. Eadvald. EADVALD.REX en 3 lignes.
828. Ethelstan Ier. ETHELZTAN.REX.
837. Ethelweard. ETHELWARD.REX.
850. Beorhtric. BEORHTRIC.REX.
855. Eadmund. EADMVND.REX.AN.
870-890. Ethelstan II (Guthrum) EDEGSTAN.

Types : Croix cantonnée de points, A dans le champ.

SAINTS (*Monnaies portant des noms de*)

900. S. Edmond, grand A dans le champ. ℟ ERIACE.
905-941. S. Pierre. SCI.PETR.MO. ℟ EBRACET.
921-942. S. Martin. SCI.MARTI. ℟ LINCOIA.CIVIT.

ARCHEVÊQUES DE CANTORBURY

763. Jaenberht. + IENBERHT.AREP. ℟ OFFA.REX.
790. Æthilheard. AEDILHARD.PONT *ou* AREP ℟ OFFA.REX. MER *ou* COENVVLF.REX.M.
803. Vulfred. + VVLFRED.ARCHIEPIS. ℟ noms de monnayeurs.

830. Ceolnoth. CEOLNOTH. ARCHIEP,
871. Ethered. ETHERED. ARCHIEPI.
891. Plegmund. PLEGMVND. ARCHIE.

ARCHEVÊQUES D'YORK (Eboracum)

796. Eanbald. EANBALD. ARE.
831. Vigmund. VIGMVND. AREP.
854. Vulfhere. VLFHERE. ABEP.

Voir les rois de Northumberland dont quelques m. portent au ℟ le nom de l'archev. d'York, Ecgberht.

ROIS DU WESTSEX

800. Egbert, + ECGBEORHT. REX. Monogramme.
837. Ethelwlf, EDELVVLF. REX. ℟ nom de monétaire, SAXONIORVM en trois lignes.
856. Ethelbert, + AETHELBEARHT. REX.
866. Ethelred Ier, AETHELRED. REX.
872. Alfred le Grand, AELBRED *ou* ELFRED. REX, etc.
901. Edouard l'Ancien, EADVVEARD. REX. SAXONVM.
925. Æthelstan, ÆTHELZTAN. REX.
941. Edmond, EADMVND. REX.
946. Eadred. EADRED. REX (ANGLOR *ou* SAXONVM).
955-959. Eadwig, EADVVIG. REX.

Types : bustes ; croix ancrée, recroisettée, cantonnée de lettres ; monogrammes ; temple ; main ; astre, etc.

ROIS D'ANGLETERRE

959. Eadgar. EADGAR. REX (ANGLORVM *ou* TO. BI, *totius Britanniae*).
975. Eadweard II, le Martyr. EADVEARD. REX. AGL.
978. Æthelred II, ÆTHELRED. REX. ANGLOR.
1016. Cnut, CNVT. REX. ANGLORVM.
1035. Harold Ier, HARELD, etc., REX. AN.
1039. Harthacnut, HARTHACNVT. R.

1041. Edouard le Confesseur, EDWERD *ou* EADWARD.
1066. Harold II. HAROLD.REX.ANGL.
*1066. Guillaume Ier le Conquérant, duc de Normandie.
*1087. Guillaume II le Roux. PILLEMVS.REX.
*1100. Henri Ier, frère du précédent. HENRICVS.REX.
*1135. Etienne, comte de Blois, neveu du précédent, STIEFN *ou* STEPHANVS.REX.
1154. Henri II Plantagenet, petit-fils de Henri Ier, par sa mère Mathilde.
1189. Richard Ier Cœur de Lion.
1199. Jean Ier Sans Terre, frère du précédent.
*1216. Henri III.
*1272. Edouard Ier, EDWARDVS.REX.ANGL'.
*1307. Edouard II.
1327. Edouard III.
*1377. Richard II, petit-fils du précédent. RICARDVS.
*1399. Henri IV de Lancastre, petit-fils d'Edouard III. HENRIC.
*1413. Henri V.
*1422. Henri VI.
1455. Richard, duc d'York, protecteur du royaume.
*1460. Edouard IV, fils du précédent.
*1471. Henri VI, rétabli.
*1472. Edouard IV, rétabli.
*1483. Edouard V, fils du précédent.
*1483. Richard III, duc de Glocester, oncle du précédent, RICARD.
*1485. Henri VII Tudor, HENRICVS, HENRIC.VII.
*1509. Henri VIII; roi d'Irlande en 1562. HENRIC.VIII *ou* 8.
*1547. Edouard VI, EDWARD.VI.
*1553. Marie Tudor, sœur du précédent, et Philippe II, roi d'Espagne. — Jeanne Grey, duchesse de Northumberland, fut élue en 1553, et décapitée en 1554.
*1558. Elisabeth, sœur de Marie Tudor.
*1603. Jacques Ier Stuart, roi d'Ecosse.
*1625. Charles Ier.
*1647 à 1658. Protectorat de Cromwell.
*1660. Charles II, fils de Charles Ier.
*1685. Jacques II, frère du précédent.

*1689. Guillaume, prince d'Orange, petit-fils de Charles Ier, par sa mère, et gendre de Jacques II.
*1702. Anne et George, de Danemark.
*1721. George II.
*1760. George III.
*1820. George IV.
*1830. Guillaume IV.
*1837. Victoria.

PRINCIPAUX ATELIERS D'ANGLETERRE

BARD, Bardney.
BAD, Bathenceaster, Bathe.
BEDO, Bedford.
BERI, Berwick.
BRIC, BRUCC, Bristol.
BRIUTU, Brewton.
BRY, BRIU, BRUD, BRYDIA, Bryidge, Bridgenorth.
BUCCI, Buckingham.
CENTWA, CENTY, GECNT, CENT, CA, Cantorbery.
CARDI, Carlisle.
CICC, CISE, Chichester.
COL, Colenceaster, Colchester.
CROC, CRECCI, Crekelade.
CRUCE, Cruckton *ou* Cruck-meal.
DEORBY, Derby.
DIVE, DU, Dublin.
DOFRA, DOFEER, Dover.
DOR, DORCES, Dorchester.
EX, EAXECS, ECXCEST, Exeter.
EOFRWIC, EBORACE, EVER, York.
GIFEL, GIFELC, Ilchester.
GLEA, GLEVEC, GLEVCCE, Gleaweceaster, Glouces ter.
GEODA, GOTE, GODA, Godestowe.
GRANT, GRINNT, Grantabricge, Cambridge.
GIVESWI, Ipswich.
HAM, HAMTUN, Southampton.
HAMWI, Harwich.

HUNTED, Huntingdon.
LEWE, LEWEN, Lewes.
LEIG, LEGC, Leicester.
LEH, LEGECE, LEHRE, Leherceaster, Chester.
LIN, LINCOL, Lincoln.
LIMN, LYMAN, Lyme.
LUND, LUNDO, LUNDE, LUNDR, London.
LHYDA, LYDAFOR, Lydford.
MELDU, Maldon.
MEAM, MEALM, Malmesburg.
MEO, Meon.
NORD, NORDWIC, NORV, Norwich
NUNTON, Nunton.
OXNA, OCXE, OXSENA, Oxford.
RETH, Reading.
ROFEC, Roffceaster, Rochester.
RUM, Romney.
RUNCOFA, RUNG, RUNEN, Runkhorn.
SAN, Sandwich.
SCEFT, SCE, SCIEF, Sceaftesbury, Shaftesbury.
SCRO, SROBB, SCROB, Shrewsbury.
SER, SEARBUR, SEREB, Salisbury.
SNOT, Nottingham.
STANFO, STA, Stamford.
STED, Stafford.
SUDBY, SUD, Sudbury.
SUDGER, ZUDG, Southwark.
TANTU, Taunton.
DEOD, THEODFO, DEOTFO, Thetford.
TOTTA, TOTAN, Totness.
TUNE, Tunbridge.
WECED, Watchet.
WER, WERH, Wareham.
WERI, Weringwic, Warwick.
WELIG, WELIGA, WELIN, Wallingford.
WIHR, WEREK, Wihraceaster, Worcester.
WANT, Wantage.
WILTU, Wilton.
WIN, WINCI, WINCSTR, WINT, WINCESTRE. Winchester.

ÉCOSSE

En 833, Kenneth II réunit sous son gouvernement les Pictes et les Scots. En 1370, les Stuarts obtinrents la couronne d'Ecosse et devinrent rois d'Angleterre en 1603. L'Ecosse conserva d'abord son parlement et ses lois et c'est seulement en 1707 que les deux royaumes d'Anglet. et d'Ecosse furent réunis en une seule monarchie sous le nom de Grande-Bretagne.

On ne s'accorde pas sur la date du commencement du monnayage en Ecosse. Jusqu'en 956, une grande partie du sud de l'Ecosse fit partie du royaume saxon de Northumberland, pendant que les côtes de l'Ouest et les îles étaient gouvernées par les rois de Man et de Norway. Quelques numismatistes pensent que le monnayage commence seulement avec David Ier tandis que d'autres attribuent des pièces à des prédécesseurs de ce roi. Les premières monnaies qui se rapportent à l'Ecosse sont des deniers au type de la croix cantonnée de CRVX, comme sur les m. d'Æthelred II (978), qui ont été attribués aux rois des Hébrides du XIe siècle, dont voici les noms : Sueno (SVENO), Anegmund-Ingemund (ANEGMD) et Somerled.

A l'origine, la monnaie d'Ecosse était de la même valeur que celle d'Angleterre, mais elle devint d'un aloi beaucoup plus faible à dater de la ruine causée par l'énorme rançon de David II. Ainsi, en 1373, quatre deniers d'Ecosse ne valaient que trois deniers d'Angleterre, et en 1382, le poids des m. d'Ecosse ayant encore été réduit, on ne les accepta plus en Angleterre que comme de la monnaie de billon (1).

(1) Les anciennes lois de David II contiennent quelques renseignements sur les monnaies : Cap. XXXV : « Statutum est quod omnis bona moneta regis Angliæ, auri vel argenti, recipiatur per hoc regnum Scotiæ, ad verum valorem, prout in Anglia potest dari. » — XXXVII : « Moneta nostra, videlicet sterlingi, non deferatur extra regnum per mercatores regni, nec extraneos, clericos, aut alios quoscumque, nisi solvant domino regi de qualibet libra dimidiam marcam. » — XXXVIII : « Statutum est quod fabricetur moneta de materia jam allata in regnum, et quod in pondere et metallo æquipollat monetæ

Alexandre III fut le premier prince qui fit frapper en Ecosse des oboles et des *farthings* (1/4 du denier ou *penny*). Cette innovation eut lieu probablement vers 1279, époque à laquelle elle fut également introduite en Angleterre. Jusqu'à Marie, la m. d'argent ne comporte que le *gros* et ses divisions.

Sur des gros de Robert II, on trouve dans le champ, à côté de la tête du roi, un B, initiale du nom du monnayeur florentin Bonagius. En argent, les m. de Marie, sont des *testons*, 1/2 et 1/4, et des *ryals*, 2/3 et 1/4 de ryal ; plusieurs de ces pièces portent le nom de la reine accompagné de celui de François ou de celui de Henri Stuart Darnley (de 1565 à 1567). Les ryals portent un palmier au ℟. Un certain nombre de m. de billon de Marie sont contremarquées d'un cœur et d'une étoile, armes du comte de Morton. La *couronne d'argent*, de la valeur de 30 s. écossais, fut adoptée en 1565 ; ses divisions, qui valaient 20 s., 10 s., et les marcs d'argent, de la valeur de 3 s. 4 d. anglais, portaient leur valeur indiquée par les chiffres XXX, XX, X. La devise : *Nemo me impune lacesset* apparut pour la première fois en 1578. La *couronne*, du poids d'une once, augmenta graduellement de valeur nominale jusqu'en 1601 : sa marque était alors LX. Sous Charles II, on frappa des *half-merk*, des pièces de 40 et 20 pence ; en 1665, apparurent les premiers *dollars écossais*, qui se subdivisaient en demi-dollar et quarts de dollar.

La série des m. d'or, d'argent et de billon de Jacques VI est extrêmement variée. Nous citerons seulement les *nobles au chardon*, les *lions*, les *pièces au chapeau ;* le *dollar à l'épée*, le *dollar au chardon* et leurs divisions. Lorsque Jacques VI fut devenu roi d'Angleterre, on frappa pour l'Ecosse des m. semblables à celles d'Angleterre, mais qui

currenti in Anglia ; et fiat in ipsa, signum notabile per quod possit ab omni alia prius fabricata evidenter cognosci, quousque in proximo parliamento super hoc avisari possit ; et interim super mercede monetarii et operariorum, conveniat camerarius pro parte regis cum ipsis, prout melius poterit conveniri. » — XXXIX : « Iter camerarii. » Il devait poursuivre les faux monnayeurs. Le chapitre XXXVIII est de 1366 ; le ch. XXXIX du règne de David Ier.

s'en distinguaient en ce que l'écusson était écartelé aux 1 et 4 d'Ecosse, au 2 de France-Angleterre et au 3 d'Irlande. En 1686, Jacques VII frappa des pièces de 60 s., 40 s., 10 s. Lors de l'union des royaumes, toute la monnaie écossaise fut retirée du commerce pour être refondue à Edimbourg, avec la lettre E sous le buste.

La première monnaie d or est le *noble* de David II, imitation des *nobles* anglais de la même époque. Sous Robert II, paraissent le Saint André (le Saint sur sa croix) et le lion ; ces deux m. d'or furent conservées jusqu'au règne de Jacques III, qui frappe des pièces appelées *unicorne* (licorne soutenant l'écusson au lion d'Ecosse), 1/2 *unicorne* et *rider* (cavalier armé). Jacques IV continue ces nouveaux types et reprend le Saint André d'or (2/3 et 1/3 *id.*). Jacques V frappe des *écus* ou *couronnes* (croix cant. de chardons), des p. au bonnet (tête imitée de celle de François Ier). Marie émet des écus, lions, 1/2 lions, ryals, 1/2 ryals et couronnes. Un ducat de 1558 porte son buste et celui de François de France.

En Écosse, la m. de cuivre, antérieure à celle d'Angleterre, fut précédée par la m. de billon appelée aussi monnaie noire, mais le véritable monnayage en cuivre commence au temps de Jacques VI. Le *bodle*, ainsi nommé à cause de Bottwell, directeur de la monnaie, valait deux pence écossais ; le *baw-bee* correspondait au *half-penny* anglais. Jacques VI frappa encore quelques pièces nommées *atkinsons*, et qui avaient une valeur d'un tiers plus élevée que le baw-bee. Citons encore le *hardhead* et le *plack*, le premier valant 3 pence d'Écosse, et le second en valant 4.

ROIS D'ÉCOSSE

Duncan Ier.
*1056. Malcolm III. MA...REX.
?1093. Donald VI, frère de Malcolm.
1094. Duncan II.
1095. Donald VI, rétabli.
1098. Edgar, fils de Malcolm III.
?1107. Alexandre Ier, frère du précédent.

*1124. David Ier, frère du précédent. DAVID.REX.
?1153. Malcolm IV, petit-fils du précédent.
*1165. Guillaume, frère du précédent. WILELMVS *ou* LE.REI.WILAM.
*1214. Alexandre II. ALEXSANDER.REX.
*1249. Alexandre III. *id.* REX . SCOTORVM *ou* ESCÓSSIE.
*1292. Jean Bailol. IOHANNES.
*1306. Robert Bruce. ROBERTVS.
*1329. David II. DAVID.
1331. Édouard, fils de Jean Bailol.
*1342. David II, rétabli.
*1371. Robert II Stuart. ROBERTVS.
*1390. Robert III, *id.*
*1406. Jacques Ier. IACOBVS.
*1438. Jacques II. IACOBVS.
*1460. Jacques III. *id.*
*1488. Jacques IV. IACOBUS. 4.
*1514. Jacques V. IACOBUS. 5.
*1542. Marie. MARIA.
*1567. Jacques VI, fils de Marie et de Henri Stuart Darnley, roi d'Angleterre après la mort de la reine Élisabeth.

IRLANDE

Ce pays, qui eut d'abord des rois indépendants, fut envahi par les Danois, au IXe siècle. Henri II d'Angleterre s'empara d'une partie de l'île en 1171. Son fils Jean fut le premier *vice-roi d'Irlande.*

En 1315, Edouard Bruce, frère du roi d'Écosse, se fit proclamer roi, mais fut vaincu et tué (1318).

Les Anglais ne purent se rendre définitivement maîtres de l'île qu'en 1603. Le Parlement anglais décréta la réunion définitive en 1800.

Avant l'arrivée des Danois, l'Irlande se servait d'anneaux et de fibules en or, argent et cuivre, en guise de m. (*Num. Chron.*, t. VIII, p. 1; VIII, 207; XVI, 150; XVII, 62; XX, 1858, 149; cf. *Revue Archéol.*, 1888, II, 129, et *Rev. belge*, 1890). Le monnayage réel commença donc seulement avec les princes danois qui gouvernèrent les provinces de Dublin, Limerick et Waterford, depuis 853 jusqu'à l'époque où le prince Jean, fils d'Henri II, fut fait lord d'Irlande (1177).

Il existe des deniers portant les noms de Canut et d'Ethelred (978-1035), avec le nom de l'atelier de Dublin, que l'on considère comme des imitations de la m. anglaise à laquelle ils sont inférieurs en style et en titre (cf. *Num. Chronicle*, t. XI, 180).

Lindsay attribue aux princes irlandais un certain nombre de bractéates en étain qui paraissent imitées des m. anglaises depuis Guillaume Ier jusqu'à Henri III.

Jean frappa, jusqu'à son avènement au trône, en 1199, des *oboles* et des *farthings* avec la légende + IOHANNES. DOMIN. IBER ; au ℞, un nom de monnayer suivi du nom d'atelier DWELI (Dublin) ou WATER (Waterford).

Dans la suite, les rois d'Angleterre frappèrent différentes m. d'argent et de cuivre, parmi lesquelles il faut citer les *farthings* de Saint Patrick, les gros d'Edouard IV (grande couronne dans une rosace ; soleil, etc.). Le type le plus fréquent, c'est la harpe d'Irlande couronnée, puis tenue par une femme (HIBERNIA). Sous Georges III, on trouve la pièce de 6 shillings, *bank of Ireland token*. A partir de Georges IV, il n'y a plus de monnayage particulier à l'Irlande.

ROIS DE DUBLIN

*870-872. Ifars Ier. Lég. barbare ; tête de face.
*962-981. Anlaf IV. OELDFO.REX.DIFLI.
*989. Sihtric III. ZITIRDIFLIXINMEO.
*1029-1034: Anlaf V. ONLAF et DIFNLIN (= Dublin).
*1041. Anlaf VI. Lég. barbare.
*1050-1054. Ifars III. RI.FARZ.N.DIFMX.DI, etc.
*1159-1171. Askill Mc Torquil.

Types : Tête de profil ; croix cantonnée de CRVX ; lég. en deux lignes ou dans les cantons de croix en arcs de cercle ; symbole en forme de main qui est une branche à 3, 4 ou 6 feuilles; ossements humains (cf. Dr Aquilla Smith, *Num. Chron.*, 1882 et 1883).

ROI DE WATERFORD

*1023-1036. Regnald II. Lég. barbare.

ILE DE MAN

En 1406, le roi Henri IV donna l'île de Man à sir John de Standley. Le septième comte, Jacques, ayant été tué à Worcester, l'île fut donnée au général lord Fairfax, puis rendue à Charles qui fut le huitième comte. L'île fit retour à la couronne en 1765. John Murrey (1668), le comte de Derby (1705-1733), le duc d'Athol (1758), ont frappé des m. de cuivre portant au ℞ le *triquetrum*, formé de trois jambes, avec la devise QVOCVNQVE.IECERIS.STABIT. Georges III et Victoria, jusqu'en 1840, continuèrent un monnayage spécial à ce type.

DANEMARK

Ce pays eut d'abord des rois goths, les *Skioldungiens*. Les Danois firent, au VIIIe siècle, de nombreuses expéditions, en même temps que les Norwégiens avec lesquels ils sont souvent confondus sous le nom de *Northmans*. Ils conquirent l'Angleterre en 878 et en 1015, mais leur domination dura seulement jusqu'en 1042. Sous les Esthrithides qui gouvernèrent, depuis 1047 jusqu'en 1375, le Danemark acquit Rugen, la Slavonie, le Mecklembourg, l'Esthonie. Marguerite, fille de Valdemar IV, donna, en 1396, la couronne à Eric de Poméranie, roi de Norwège depuis 1389; elle le fit roi de Suède en 1397, par l'union de Calmar, qui, peu stable, fut définitivement rompue par la révolte de Gustave Wasa contre Christian II (1523). En 1448, Christian Ier avait fondé la maison d'Oldenbourg, qui engagea le Danemark dans la guerre de 30 ans, où il perdit ses provinces de Gothie et sa suprématie sur la Suède (1645-60). Le Danemark perdit encore la Norwège, en 1814, et acquit de la Prusse le duché de Lauenbourg (1816), qui lui fut enlevé en même temps que le Sleswig et le Holstein en 1864.

Le monnayage danois paraît débuter avec Sven Tveskaeg, qui adopte le type anglais au buste et à la croix double cantonnée de CRVX. Du reste, ces deniers ont peut-être été frappés en Angleterre où Swen fut roi après plusieurs expéditions. Canut le Grand continue de frapper des deniers aux types anglais, portant d'un côté le buste et le nom du roi et au ℞ une croix avec le nom du monnayeur et de l'atelier (SVARTGOLM-O.PIB ; ALFPINE.ON.LVN, etc.). Le même prince admet, vers 1026, des types originaux : serpent en spirale, dans un cercle ; 4 demi-cercles formant une croix chargée de 5 besants; fronton, bouclier, main, etc.

Sous Magnus le Bon, à côté des deniers du type anglais, paraissent des d. à légendes latines ou runiques et portant des types imités de ceux de Byzance : Jésus-Christ assis, tenant les Evangiles; croix formée de 4 losanges ornés de besants; le Christ assis, la m. droite levée et l'autre sur la poitrine, ou tenant un sceptre. Cette influence byzantine s'accentue encore sous Sven Æstrithson, et sur les m. de ce prince on voit : le Christ debout, les mains levées ou sur la poitrine ; le roi et un ange ailé tenant le labarum; le roi et le Christ debout ; deux anges ailés ; le roi debout tenant une longue croix à deux traverses et un globe crucigère. Des deniers postérieurs, avec une tête de face ou deux têtes de face séparées par une croix, sont également sous la même influence. Comme types remarquables, il faut encore citer : cavalier avec bouclier sur le dos, oiseau, agneau nimbé, nombreuses variétés de croix formées d'arcs de cercle, d'une ellipse.

Sous Harald Hejn et Canut le Saint, les m. portent un saint nimbé tenant une crosse ou une croix, ou le roi couronné à mi-corps, avec une épée.

Sous les rois suivants, voici les types qui se présentent : buste de face couronné ; aigle; mur à 3 tours avec porte ; cavalier tenant une épée; agneau avec croix ; édifice avec croix ; buste de face mitrée ; buste mitré ou couronné sur une muraille ; couronne ; crosse.

On a des bractéates de Sven Grathe et de Canut V, avec leur buste couronné. C'est à la même époque que les noms de monnayeurs disparaissent.

Parmi les ateliers des m. danoises jusqu'au XIIIe siècle, nous devons citer :

LVD̄, Lund.
VIBER, PIBR, Viborg.
SLAHLOV, Slagelse.
ALEBV, Aalborg.
TOFT, Tofte.
RI, *roue*, Ribe.
RI, Ringsted.
ORBEZ, Orbec.
AROSEI, AROCH, Aarhus.
EIDEBIINI, Hedeby.
ODSVN, ODN, Odense.
ROSC, *fronton*, Roskilde.

On classe, pendant la période de 1147 à 1157, des bractéates portant un buste couronné ou une croix, avec le nom des villes suivantes du Jutland :

ALABVRGA, Aalborg.
ARVSIA, Aarhus.
HERINGA, Hjörring.
HORS, Horsens.
RANROSIA, RADRVSIAS, Randers.

De Eric Ploupenning à Valdemar IV, les m. portent quelquefois le nom du roi, mais sont plus souvent anépigraphes. Les types sont très variés : tête couronnée; croix ; crosse ; couronne ; épée ; gril (indique généralement l'atelier de Lund) ; croix ; rosace ; triangle orné de croisettes (atelier de Roskilde) ; lis (atelier d'Odense) ; tours ; croissants ; croix fleurdelisée ; croix recroisettée ; croix de 4 épées ; croix ancrée ; REX entre deux traits ; type du châtel tournois ; épée et clef ; deux clefs ; étoiles ; *svastika ;* losange, etc.

Pour ces p., d'un très mauvais métal, où il n'entre que peu d'argent, frappées pendant les guerres civiles du Danemark, les classifications sont très difficiles à faire et reposent uniquement sur l'examen des trouvailles. Les m. que l'on frappa dans le Danemark occidental, de 1286 à 1340, et en Scanie, de 1319 à 1375, peuvent être partagées en deux grandes séries.

M. portant des lettres : DX ; R.V ; T.V ; V-I ; W ; A.T ; E.N ; I.T ; N.S, etc. (généralement une lettre sur chaque face de la p.); une autre classe de m. ne présente qu'une seule lettre : A ; B ; C ; E ; H ; I ; K ; M ; N ; P ; R ; S ; T ; V ; W ; X.

M. portant seulement des types : Couronne ; épées ; crosses ; mitre ; calice ; clef ; feuille d'ortie ; gril (Lund) ; aigle (Roskilde) ; lis (Odense) ; ancre (Aarhus) ; lion (Ribe) ; roue ; cœur ; 3 tours ; une tour ; rosace ; étoile ; pentagramme ; pointe de flèche, etc.

On a attribué à Marguerite des bractéates, avec une tête couronnée à cheveux bouclés, qui sont probablement allemandes.

Avec Erik de Poméranie, les m. danoises deviennent

d'un classement plus facile ; le monnayage comprend des p. de 4 pennings (*hvid penning*), de 3 p. (*esterlin* dit *engelsk*), de *seslings* et de pennings ? de cuivre, avec une couronne ou la lettre E couronnée et une croix. Il faut citer aussi des bractéates avec E, couronne ou léopard. Puis viennent le *skilling*, le *korshvide*, le *klipping*. Les armoiries paraissent avec Christophe III de Bavière. Jean frappe des m. d'or, dont l'une le représente assis sur un trône, et porte la légende : IOH'S.DEI.GRA.REX.DANOR. IVSSIT.ME.FIERI.AN' 1496. Viennent ensuite le *mark*, le *ducat*, le *thaler*, avec leurs multiples et divisions. Christian VII frappe une piastre en 1777, pour l'Islande, le Groenland et les îles Féröe.

Depuis Eric de Poméranie, les ateliers sont ; CASTRI. GORGE (Gurre), LVNDENSIS (Lund), NESTWEDE (Noestved), OTTOIS, ODENSE (Odense), RANDER (Randers), MALMOIENS (Malmö), AELBORGEN (Aalborg), hAFNIE' (Copenhague), VISBYCENSIS (Visby), etc.

Le Danemark avait aussi, depuis le XIVe siècle, de petites m. de cuivre portant des initiales, des étoiles, etc., qui paraissent être des marques d'ateliers.

La ville de Flensburg, en Sleswig, frappa des blancs et des pfennigs, au XIVe siècle, avec MONETA.hOLSASCIE.

Sören Norby frappa m. à Visby et à Landskrone (LANS : KR) en 1525, avec l'écu parti de Norby, l'agneau de Gotland ou l'écu aux 3 lions et la lég. + SEVERIN + S + NORBI +.

Le monnayage ecclésiastique est important en Danemark. A l'exception du denier de Saint Kilian ou Ketil, évêque de Viberg (+1151), avec KETIL et WIBERGA, les m. des évêques et archevêques sont frappées en participation avec le roi. C'est pourquoi ces m., avec le nom, le buste mitré et la crosse de l'évêque, portent souvent le buste et presque toujours le nom du roi ; on trouve aussi REX seul.

ÉVÊQUES DE ROSKILDE

*1157. Absalon, ABSALON.EP + S. — 11.. Sivord.
1191. Peter Sunesen *ou*
*1214. Peter Saxesen, PE.

*1225. Niels Stigsen, NI, NICHOLAVS : R', EPC.
*1249. Jacques Erlandsen, I sur une crosse ; IA.
*1254. Pierre Bang, P, PETRVS.
*1290. Jean Krag, clef et IO.

ARCHEVÊQUES DE LUND

*1178. Absalon, ABNLON.ARI.
*1202. Andreas Sunesen, ANDREA.
*1228. Uffo, A.V ; VFO.ARC.
*1254. Jacques Erlandsen, I.A.
*1289. Jean Grand, crosse et IO.
?1310. Esler Jul, gril accosté de 2 lis.

ÉVÊQUE D'ODENSE

?1252-67. Regner, REIN.E.

Par convention du 18 décembre 1872, le Danemark a contracté une union monétaire avec la Suède ; la Norwège y a adhéré en 1875. Les m. du Danemark sont, depuis cette époque : en *or*, 10 et 20 couronnes ; en *arg.*, 1 et 2 couronnes, 10, 25, 40 et 50 öre ; en *bronze*, des p. de 1, 2 et 5 öre.

La m. fiduciaire se compose de billets émis par la *banque nationale*.

Le Danemark portait : à une *croix pattée d'arg.*, *bordée de gu.*, *cantonnée de quatre quartiers*, savoir : au 1er, *d'or semé de cœurs de gu.*, *à trois lions léopardés d'azur*, *l'un sur l'autre*, *armés*, *lampassés et couronnés de gu.*, pour le Danemark ; au 2e, *de gu. au lion couronné d'or tenant une hache d'armes d'arg.*, *emmanchée d'or*, pour la Norwège ; au 3e, de Suède, *soutenu d'or à deux lions d'azur*, *l'un sur l'autre*, qui est Sleswig ; au 4e, *d'or à dix cœurs de gu.*, *surmontés d'un lion léopardé d'azur*, qui est Gothie ou Jutland, *soutenu de gu. au dragon ailé et couronné d'or*, qui est Vandalie. Sur le tout, *de gu. à trois feuilles d'ortie d'arg.*, *chargé d'un petit écusson coupé d'arg. et de gu.*, pour Holstein ; parti *de gu. au cygne d'arg., accolé d'une couronne d'or, becqué et membré de sable*, pour Stormarn, coupé *de gu. au cavalier armé d'arg.*, pour Ditmarsen ; sur le tout du tout, *d'or à deux fasces de gu.* pour Oldenbourg, parti *de gu. à une croix pattée d'arg.*, qui est Delmenhorst.

ROIS DE DANEMARK.

935. Harold II.
* 985. Sven Tveskaeg, roi d'Angleterre, 1013; ZVEN.REX. AD.DENER.
*1014. Canut le Grand, CNVT.REX.AGLORM *ou* RE;DANORM.
*1035. Harthecnut, HARDECNVT.REX.I.
*1042. Magnus le Bon (v. Norwège) MANNVS *ou* MAGNVS.
*1046-47. Magnus le Bon et Harald Haardraade, MAHNVS : ARALD.REX.
*1047. Sven Aestrithson, SPEN.REX.DIRRH ; SVEIE.
*1076. Harald Hejn, HARALD.REX.
*1080. Canut le Saint, CNVT.REX.DI *ou* DANOR.
*1086. Oluf Hunger, OLAF.REX.
*1095. Erik Ejegod, EIRIC.REX.
*1104. Niels.
*1134. Erik Emune, ERIC *ou* ERICVS.REX.
*1137-47. Erik Lam, ERIC.
*1138-41. Olaf, en Scanie, OLAF.REX.
*1147-57. Sven Grathe, SVEN.DANORVM, SVENO.
*1147-57. Canut V, CANVT.REX.
*1154. Valdemar I[er] le Grand, VVALDIMER *ou* VVIIDAMARVS, WALDMAR.
*1182. Canut VI, KATVI..
*1202-41. Valdemar II le Victorieux, W, W-A, WALDEMARVS.
*1232. Erik Ploupennig, REX.ERIC.
*1250. Abel, ABEL.REX.
*1252. Christophe Ier, CRISTOFORVS, CRISTOFER.
*1259. Erik Glipping, ERIC.REX.
*1286. Erik Menved, ERICVS.

1319-33. Christophe II.
*1340. Valdemar IV, w.
*1376. Olaf Haakonson, o.
*1387. Marguerite.
*1396. Erik de Poméranie, ERICVS.REX.D.S.N.
*1440. Christophe III de Bavière, CRISTOFER.REX.DACIE.
*1448. Interrègne (6 janvier-28 sept.), MONETA.REGNI.DACIE.
*1448. Christian Ier d'Oldenbourg, CRISTIERN'R'D'.
*1481. Jean *ou* Hans, IOH'S.
*1513. Christian II, CRISTIERN' (roi de Suède, 1520).
*1523. Frédéric Ier, r. de Dan. et de Norw.
*1533. Interrègne.
*1534. Christian III de Holstein-Sleswig.
*1559. Frédéric II.
*1588. Christian IV.
*1648. Frédéric III.
*1670. Christian V.
*1699. Frédéric IV.
*1730. Christian VI.
*1746. Frédéric V.
*1766. Christian VII.
*1808. Frédéric VI.
*1839. Christian VIII.
*1848. Frédéric VII.
*1863. Christian IX de Sonderburg-Glücksburg.

SUÈDE

Ce pays, qui comprit la Gothie au XIe siècle, fut uni au Danemark par l'union de Calmar (1397). Mais la Suède se souleva plusieurs fois et se rendit indépendante sous des administrateurs particuliers. Gustave Wasa secoua définitivement le joug du Danemark (1523) et la Suède devint une grande puissance sous Gustave-Adolphe et Christine. Charles XI acquit la Livonie et l'Esthonie, la Scanie, le Halland, etc. Mais la carrière aventureuse de Charles XII ruina la Suède qui perdit la Finlande, la Botnie une partie de la Poméranie suédoise sous Gustave IV. En 1814, la Suède s'étant jointe aux Alliés, reçut la Norvège enlevée au Danemark. La dynastie actuelle est issue du général français Bernadotte.

Les premiers deniers, d'Olaf Skötkonung et de Anund Jacob, sont au type anglais du buste et de la double croix et frappés à Sigtuna (ZIN, ZITVN). Il y a ensuite de nombreuses lacunes dans le monnayage. Vers le milieu du XIIe siècle, on trouve des bractéates de Canut (avec une tête couronnée de face) d'Eric X ou XI (Epée accostée de E-R), des demi-bractéates incertaines avec croix, couronne; étoile, lettres diverses et édifice. Une série de bractéates présentent : un buste couronné de face, avec épée et globe ; une main tenant une crosse ; buste de face mitré ; tête de lion couronnée ; couronne ; tour à une porte ; oiseau aux ailes éployées.

A Valdemar, on donne des deniers et des oboles avec le

roi à mi-corps. On classe à la dynastie des Folkunger (1250-1363) une série de m. avec diverses initiales entre 3 couronnes et au ℞ le lion sautant devant les 3 fleuves. Albert de Mecklembourg (1363) imite les esterlins et place sur la m. l'écu aux 3 couronnes. Les ateliers des rois de Danemark sont : KALMRNI (Calmar), ABOENSIS (Abo), STOCHOL' (Stockholm), WESTEAR, AROSIENS (Vesteras).

On trouve des bractéates avec initiales qu'on attribue à des villes ; L (Lodöse), S (Stockholm), A (Abo), O (Oslo).

Les administrateurs frappèrent m. pendant les révoltes de la Suède. Charles VIII Knutson Bonde (1448-57, 1464-65, 1467-70) introduit sur ses m. le bateau, armes de la famille Bonde, et prend le titre de roi, KAROLVS. REX. S'G'. Pendant l'interrègne de 1465-67, on frappe à Stockholm des m. avec le nom de Saint Eric, SCS. ERICVS. REX et un buste couronné. Sten Sture l'aîné, administrateur (1471-97, 1501-03) continue ce monnayage anonyme en y inscrivant des dates. Svante Nielsen Sture, administrateur (1504-1512) met un petit écu armorié au commencement des légendes. Enfin Sten Sture le Jeune (1512-1520) signe ses m., ✠ STEEN. STVRE. RITTER, et introduit le thaler dont le monnayage est continué avec ses divisions par la famille Wasa. Christine frappe, entre autres m., des ducats et thalers pour la Poméranie ; Charles XI des *guldens* (2/3 thaler) et thalers pour Brême et Verden et pour la Poméranie, etc.

De 1868 à 1872, la Suède frappa des carolins d'or valant 10 francs. Le 18 décembre 1872, le Danemark a contracté avec la Suède une union monétaire dans laquelle est entrée la Norvège (loi du 4 mars 1875). L'unité monétaire est la couronne, *krona* divisée en 100 ore (1 fr 33).

La banque royale de Suède, *Sveriges Riksbank*, la plus ancienne banque d'émission en Europe, remonte à 1654 ; elle est sous la surveillance directe de la diète nationale. Elle émet des coupures de 5, 10, 50, 100 et 1,000 couronnes.

La Suède porte : écartelé au 1er et 4e *d'azur à trois couronnes d'or* pour la Suède ; au 2e et 3e, *d'arg. à trois barres d'azur, au lion de gu. brochant sur le tout*, pour la Gothie ; sur le tout parti d'un, coupé de deux, savoir : au 1er, *d'arg. à la croix de Lorraine de gu.*, pour Hirschfeld ; au 2e, *de sable coupé d'or, le sable chargé d'une étoile à seize rais d'or*, qui est Ziegenhein ; au 3e, *d'or au léopard de gu. armé et couronné d'azur*, pour Katzenellenbogen ; au 4e, *de gu. à deux lions léopardes d'or, l'un sur l'autre, armés et lampassés d'azur*, pour Dietz ; au 5e, *coupé de sable et d'or, le sable, chargé de deux étoiles à seize rais d'or*, pour Nidda ; au 6e, de Holstein, pour le comte de Schauenbourg ; sur le tout, *d'azur au lion bandé d'arg. et de gu.*, pour la Hesse.

ROIS DE SUÈDE

*995. Olaf Skötkonung, OLVF.REX.ZbEVM.
*1022. Anund Jacob, ANVND.REX.S.

1051. Emund III.
1056. Stenkill.
1066. Eric VII et VIII.
1067. Haquin Ier.
1080-1112. Inge Ier.
1080-90. Halstan.
1112. Philippe.
1118. Inge II.
1129. Sverker Ier.
1155. Eric IX, le Saint.
1161. Charles VII.

*1167. Canut, KANVTVS.REX.S.
1196. Sverker II.
*1208-15. Erik X ou XI (1222-50), ER.
*1215. Jean Ier, IhS, hESN.

*1250. Valdemar, WALR.
*1275. Magnus Ier, M.
1290. Birger.
*1319-63. Magnus II, M.
1350-59. Eric XII.
1361. Haquin II.
*1363. Albert, ALBERTVS.
1389. Marguerite.
*1396. Eric II, de Poméranie, ERICVS.
*1440. Christophe, KRISTOFER.
*1448-70. Charles VIII, Knutson.
*1457-64. Christiern Ier, CRISSTERNNE.

*1465-67. Interrègne.
*1497-1501. Jean II, de Danemark.
*1520. Christiern II, de Danemark.
*1523. Gustave Wasa.
*1560. Eric XIV.
*1568. Jean III.
1592. Sigismond de Pologne
*1604. Charles IX, duc de Sudermanie.
*1611. Gustave II Adolphe.
*1632. Christine.
*1654. Charles-Gustave X de Deux-Ponts.
*1660. Charles XI.
*1697. Charles XII.
*1719. Ulrique-Eléonore et Frédéric de Hesse-Cassel.
*1751. Adolphe-Frédéric II.
*1771. Gustave III.
*1792. Gustave-Adolphe IV.
*1809. Charles XIII, duc de Sudermanie, oncle du précédent.
*1818. Charles XIV, Bernadotte.
*1844. Oscar Ier.
*1859. Charles XV.
*1872. Oscar II.

ALPHABET RUNIQUE (1)

a	b	c	d
e	f	g	h
i	k	l	m
n	o	p	q
r	s	t	u
v	w	th	

(1) Les caractères qui composent cet Alphabet ont été gracieusement mis à notre disposition par l'*Imprimerie nationale*, à Paris. Nous adressons tous nos remerciements à la direction. Cet alphabet devra être consulté pour certaines m. du Danemark, de la Suède, de la Norwège et de certains royaumes Anglo-Saxons.

NORWÈGE

La Norwège, réunie à la Suède depuis 1814, possède une certaine autonomie et un parlement particulier (*Storthing*).

A l'origine, les divers moyens d'échanges ont le bétail, les draps de laine, puis les métaux précieux eurent cours pour leur poids ; l'or circulait ordinairement en forme d'anneaux, ayant quelquefois des poids bien délimités et qui étaient souvent entrelacés, de façon à former une chaîne dont on détachait un anneau à l'occasion (cf. p. 308).

Holmboe croit que l'ancien système de poids de Norwège est, comme ceux de Suède et de Danemark, le même que celui dont on se sert aujourd'hui dans l'Inde méridionale.

Le premier roi de Norwège qui fit battre m., Erik dit Blodöx, le fit en Angleterre où il possédait le duché de Northumbrie. La première m. frappée en Norwège est celle d'Olaf Tryggvason (995-1000) ; c'est une imitation des deniers anglo-saxons qui servirent de modèles au monnayage norvégien jusqu'au XIIIe siècle. Il y eut du reste des monnayeurs anglo-saxons travaillant en Norwège ; et, au moyen âge, la circulation des m. anglaises était plus considérable dans ce pays que celle des m. nationales et les trouvailles faites sur le sol des Etats scandinaves ont révélé un grand nombre de variétés de monnaies anglo-saxonnes.

On frappa d'abord 240 deniers au mark d'argent fin (216 gr.), mais ce monnayage excellent dégénéra depuis 1260 jusqu'au XIVe siècle. A cette époque, l'*ore* valait 24 *pennigs* (deniers) et l'*ortug* en valait 8. Il y eut également des oboles (*skefpennig* ou *skef*).

Les deniers présentent d'abord le buste du prince et des croix de formes diverses ; ceux de Magnus Ier sont plus variés et offrent le buste de face ou un saint debout ; au R̸, on trouve un donjon avec la légende IVLE ME.FECIT.

Dans la seconde moitié du XIe siècle, les m. deviennent très barbares et n'offrent plus que des légendes runiques et de pseudo légendes latines ; au droit, on voit le buste et au R̸ la croix. Au XIIe siècle, de petits deniers avec une tête marquent l'acheminement vers un monnayage de petites bractéates muettes présentant une tête humaine de face ou des figures d'animaux. On a une série de deniers avec des têtes, des rosaces et des donjons ; des deniers et des bractéates avec buste d'évêque et crosses, appartiennent probablement à un monnayage ecclésiastique. On en a conclu que l'archevêque de Nidaros (Throndhjem) s'était arrogé le droit de battre m. avant 1220, époque à laquelle il l'obtint.

On donne à Magnus III Erlingssön des bractéates avec M ou MA liés, et des deniers avec une tête couronnée de face et MAGNVS.REX.SVERVS. D'autres bractéates avec les lettres S, H, G, A, B, K, N, T, V paraissent porter les initiales de noms d'ateliers (Nidaros, Tunsberg, etc.)

La comparaison de ces pièces avec les monnaies danoises portant des lettres (voy. p. 313) s'impose évidemment, mais nous ne considérons pas comme absolument certaine l'explication qu'on en a donnée.

Le monnayage signé reprend avec Magnus IV et présente ensuite depuis 1260, l'écu aux armes de Norwège, le lion debout tenant une hache ; une tête couronnée de face ou de profil ; une couronne ; une croix, avec CRVX.SCA.IHV.XPI ; N couronné. Plus tard, au XVIe siècle, lorsque paraît le thaler, le buste et le lion sont toujours les types principaux.

On attribue à l'archev. Gaute Ivarsson (1474-1510) un denier avec MON.AREPI.NIDROSI ; à Eric Walkendorf (1510-22) appartiennent les p. avec ERICVS.WALKENDORP.AREP'N', et à Olaf Engelbrektsson (1523-37) celles avec OLAWS.DEI.GRA.ARC'EP NID'SEN' (*Nidarosiensis*). Ces m. portent au droit SANCTVS.OLAWS.REX.NORVEGIE, avec l'écu au lion sur une croix pattée coupant la légende ; au R̸ une N.

ROIS DE NORWÈGE

*933-35. Erik Ier Blodoxe, ERIC.REX.
*995-1000. Olaf Ier Tryggvessön, ONLAF.REX.NOR.
*1000-1014. Sven Tjugeskegg, ZVEN, etc.
*1000-1015. Erik Haakonsson Jarl, HEINRICVS.COMes.
*1000-1015. Olaf Svenske, OLVF.REX.zbEVQX.
*1015. Haakon Eriksson Jarl, AACONE.
*1015-28. Olaf II Haraldsson, le Saint, VNLAFI + E + ANOR.
*1014-15, 1028. Knut le Grand, CNVT.REX.ANGLOR.
*1035. Magnus Ier Olafssön, le Bon, MAGNVS.REX.NAR.
*1046. Magnus Ier Olafsson et Harald III Sigurdsson, MAHNVS.ARALD.REX.
*1047. Harald III Sigurdsson, HARALD.REX.NO *ou* ARALD.REX.NAR.

1066-69. Magnus II.
1067. Olaf III Kyrre.
1093. Magnus III.
1103-22. Eystein Ier.
1103-30. Sigurd Ier.
1130-35. Magnus IV, l'Aveugle.
1130-36. Harald IV ; Sigurd II.
1136-61. Ingo Ier.
1142-57. Magnus V et Eystein II
1161-84. Magnus VI ; Hagen III; Sigurd III.
1177-1202. Swerre, compétiteur.
1201-04. Haakon IV.
1205. Ingo II Baardsson.
1217. Haakon V.

*1263. Magnus IV Haakonsson, REX.MAGNVS.
*1280-99. Erik II Magnusson, ERICVS.
* — Haakon Magnusson, hAQVIN'DVX.NORWEGIE.
*1299. Haakon V Magnusson, hAQVINVS.REX.
*1319. Magnus V Eriksson.
*1355. Haakon VI Magnusson, hAQVINVS.REX.
*1380. Olaf V Haakonsson.
*1389. Erik III de Poméranie (V. *Danemark*).

www.ingramcontent.com/pod-product-compliance
Lightning Source LLC
LaVergne TN
LVHW020618060726
842526LV00003B/786